FREUD NO SÉCULO XXI

Volume I
O que é psicanálise?

Gilson Iannini

FREUD NO SÉCULO XXI

Volume I
O que é psicanálise?

1ª edição
2ª reimpressão

autêntica

COLEÇÃO
**Psicanálise
no Século XXI**

Copyright © 2024 Gilson Iannini
Copyright desta edição © 2024 Autêntica Editora

Todos os direitos desta edição reservados pela Autêntica Editora Ltda. Nenhuma parte desta publicação poderá ser reproduzida, seja por meios mecânicos, eletrônicos, seja via cópia xerográfica, sem a autorização prévia da Editora.

EDITOR DA COLEÇÃO PSICANÁLISE NO SÉCULO XXI
Gilson Iannini

EDITORAS RESPONSÁVEIS
Rejane Dias
Cecília Martins

REVISÃO
Aline Sobreira

PROJETO GRÁFICO E CAPA
Diogo Droschi

IMAGENS DE CAPA
Sigmund Freud em frente ao seu busto, do escultor Oscar Nemon. Viena, 1931 (Fotógrafo desconhecido).
Adobe Stock.

DIAGRAMAÇÃO
Waldênia Alvarenga

Dados Internacionais de Catalogação na Publicação (CIP)
(Câmara Brasileira do Livro, SP, Brasil)

Iannini, Gilson
  Freud no século XXI : Volume I : o que é psicanálise? / Gilson Iannini. -- 1. ed.; 2. reimp -- Belo Horizonte: Autêntica, 2024. -- (Psicanálise no Século XXI ; 6)

Bibliografia.
ISBN 978-65-5928-379-8

1. Freud, Sigmund, 1856-1939 - Crítica e interpretação 2. Freud, Sigmund, 1856-1939 - Psicologia 3. Psicanálise 4. Sonhos - Aspectos psicológicos I. Título. II. Série.

24-190615   CDD-150.1952

Índice para catálogo sistemático:
1. Freud, Sigmund : Clínica psicanalítica : Psicologia 150.1952

Aline Graziele Benitez - Bibliotecária - CRB-1/3129

Belo Horizonte
Rua Carlos Turner, 420
Silveira . 31140-520
Belo Horizonte . MG
Tel.: (55 31) 3465 4500

São Paulo
Av. Paulista, 2.073, Conjunto Nacional
Horsa I . Sala 309 . Bela Vista
01311-940 . São Paulo . SP
Tel.: (55 11) 3034 4468

www.grupoautentica.com.br
SAC: atendimentoleitor@grupoautentica.com.br

A coleção Psicanálise no Século XXI

A coleção Psicanálise no Século XXI quer mostrar que a psicanálise pode se renovar a partir de perguntas que a contemporaneidade nos coloca, assim como sustentar a fecundidade da clínica e da teoria psicanalítica para pensar o tempo presente.

Para Claudinha, meu ar, meu respiro.
Para Rafa, minha bússola.
Para Gabi, meu tesouro.

*Bons leitores são cisnes ainda mais tenebrosos
E singulares do que os bons autores*

Jorge Luis Borges

15	Prólogo
19	**De peito aberto**

33	**PARTE I: Introdução em quatro movimentos**
37	Capítulo 1: Biblioteca, labirinto, extimidade
47	Capítulo 2: Por um novo retorno a Freud
63	Capítulo 3: Quanto tempo dura um século?
81	Capítulo 4: A psicanálise freudiana entre ciência e arte

111	**PARTE II: Ler o inconsciente**
115	Capítulo 5: Interseccionalidades entre sexo, raça e classe na Viena freudiana, 100 anos depois
129	Capítulo 6: O que é psicanálise?
145	Capítulo 7: Palavra, magia empalidecida
157	Capítulo 8: Heresias, minimalismo

167	**PARTE III: O corpo pulsional freudiano**
171	Capítulo 9: Pulsões, fronteiras, litorais
191	Capítulo 10: Indeterminação pulsional
197	Capítulo 11: Corpo falado, corpo falante
205	Capítulo 12: Para que serve uma análise? Crítica e clínica

217 **PARTE IV: Sonhos que interpretam o século**
221 Capítulo 13: Sonhos litorais
233 Capítulo 14: Sonhos desmascarados

245 **PARTE V: O infamiliar na e da psicanálise**
249 Capítulo 15: Mas, afinal, o que é o infamiliar?
267 Capítulo 16: Bem-vindos ao vale infamiliar!
301 Capítulo 17: Generalização contemporânea do infamiliar

313 Epílogo
315 **Vagalumes**

321 **Referências**

335 **Agradecimentos**

337 **Origem dos textos**

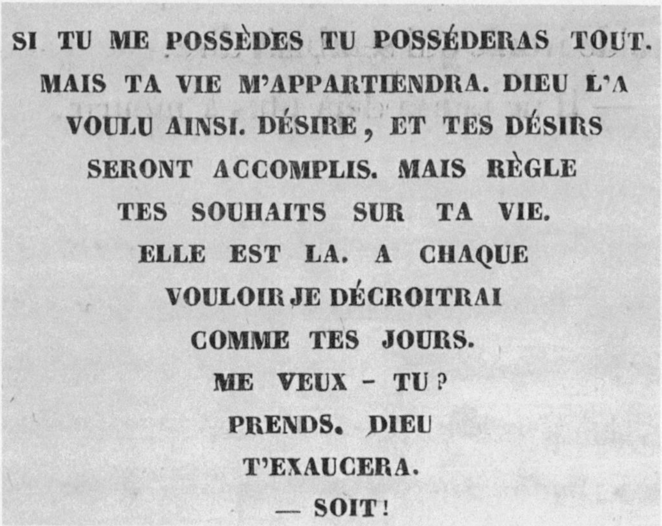

> SI TU ME POSSÈDES TU POSSÉDERAS TOUT.
> MAIS TA VIE M'APPARTIENDRA. DIEU L'A
> VOULU AINSI. DÉSIRE, ET TES DÉSIRS
> SERONT ACCOMPLIS. MAIS RÈGLE
> TES SOUHAITS SUR TA VIE.
> ELLE EST LA. A CHAQUE
> VOULOIR JE DÉCROITRAI
> COMME TES JOURS.
> ME VEUX - TU ?
> PRENDS. DIEU
> T'EXAUCERA.
> — SOIT !

Figura 1: Balzac. *La Peau de chagrin.*
Fonte: http://gallica.bnf.fr/ark:/12148/btv1b8600285b/f17.image.

Prólogo

Sigmund Freud morreu por volta das 3 horas da manhã do dia 23 de setembro de 1939, em sua residência londrina, à Rua Maresfield Garden. Havia pouco mais de um ano que tinha se estabelecido na Inglaterra. A decisão de emigrar teria sido tomada no dia em que sua filha Anna fora interrogada pela SS no quartel-general da Gestapo em Viena. Já há algum tempo, a situação era insustentável: depois da anexação da Áustria por Hitler, o modo como cidadãos comuns austríacos incorporaram a violência antissemita havia surpreendido até mesmo os oficiais alemães.

A luta de Freud contra um câncer que destruiria sua mandíbula e seu palato durou cerca de uma década e meia. Quando se entregou aos cuidados de Max Schur, selou um pacto com seu novo médico. Tinha o direito de saber a verdade, era capaz de suportar bastante dor, mas não queria sofrer desnecessariamente. No dia 21 de setembro, despediu-se dos mais próximos e aceitou a morfina que induziria primeiro o sono, depois o coma, até o desfecho final.

Um dos últimos livros que Freud leu foi A pele de onagro, *de Balzac. O romance narrava a sina de Raphaël de Valentin, um jovem que, depois de perder tudo que possuía na mesa de jogo, estava decidido a tirar a própria vida. Vagando pelas ruas de Paris, resolve entrar numa loja de variedades. De andar em andar, de galeria em galeria, depara-se com objetos cada vez mais insólitos: xícaras chinesas, vasos do Vesúvio, múmias que pareciam vir do Egito, esculturas da Índia ou da Pérsia, obras de arte da Renascença italiana, punhais e pistolas de diferentes calibres e origens, perfumes, livros raros, talismãs. Esgotado, seu olhar é atraído por uma pele dependurada na parede, de onde refletiam raios fulgurantes como os de um cometa. Desvenda matematicamente o aparente mistério do reflexo da luz e devolve a pele ao velho mercador, que tinha as barbas brancas cuidadosamente aparadas. Com o ar de superioridade próprio aos cientistas, desconfia dos supostos poderes mágicos do talismã oriental, quando percebe, de relance, uma inscrição misteriosa no verso da pele. Seria uma espécie de carimbo? Empunhando uma lâmpada, descobre que havia letras de tal modo incrustadas na pele que pareciam fabricadas pelo próprio tecido celular, como se tivessem sido escritas pela própria natureza. Com um estilete, retira cuidadosamente uma camada de pele, descobrindo um verdadeiro poema visual, provavelmente escrito em sânscrito, onde se lia algo como: "Se me possuíres, possuirás tudo. Mas tua vida pertencerá a mim. Desejes, e teu desejo será satisfeito. A cada vontade, descontarei teus dias. Me desejas? – Que seja".*

Fascinado, o jovem resolve selar o pacto diabólico. Daí em diante, realiza toda sorte de desejos: jantares regados aos melhores vinhos, bacanais delirantes, aventuras em praias virgens, mas percebe que o círculo dos dias ia se fechando rapidamente. Assustado, procura farmacêuticos e químicos para desfazer o pacto fáustico, mas vislumbra sua vida reduzida a não mais do que a mera sobrevivência, à vida nua. Na noite derradeira, deseja possuir a jovem Pauline, mesmo sabendo que a satisfação lhe custaria a própria vida.

Quando termina a leitura do romance, Freud teria dito ao seu médico que aquele era o livro certo na hora certa. Desde então, Freud nunca parou de morrer ou de ser morto. Obsoleto, ultrapassado, falsário, inútil, perigoso. De tempos em tempos, a notícia de sua morte é requentada em circunstâncias e por motivos os mais variados. No disputado mercado de variedades psi, curas milagrosas vestidas de ciência, de redenção ou de exotismo não descuidam de ejetar a psicanálise. Nos últimos anos, não apenas adversários querem se livrar de Freud. Até mesmo muitos psicanalistas querem se desvincular da herança "maldita", acreditando, talvez, possuir um talismã mágico. Como se fosse necessário se desvencilhar de Freud para sobreviver ao século XXI.

Prefiro o humor freudiano. Foram meses de negociação para que a permissão de deixar a Áustria fosse concedida. Instado a assinar uma declaração de que não sofrera maus tratos, teria acrescentado, de próprio punho, ao final do documento datilografado: "Ich kann die Gestapo jedermann auf das beste empfehlen" *(Posso recomendar fortemente a Gestapo a todos) (Gay, 1989, p. 567). Na mesma linha, sempre que dizem que precisamos nos livrar de Freud, imagino uma manchete estampada na primeira página do tabloide* Planeta Diário: *"Freud morre, mas passa bem".*

O livro que o leitor tem em mãos não se preocupa em saber se Freud sobreviverá ao século XXI, mas se o século sobreviverá a Freud.

De peito aberto

> – Você caiu de uma montanha?
> – Não, eu lutei com um urso.
>
> Nastassja Martin

"Não vai tirar o tubo?", pergunta a mulher atacada por um urso nos confins gelados da Sibéria. Enquanto o rosto era costurado cuidadosamente pela doce enfermeira russa, Nastassja Martin já tinha passado do estado da dor, não sentia mais nada, apesar de o urso ter devorado seu maxilar, destruído parte de seu crânio e desfigurado seu rosto. Mas a antropóloga francesa, de 29 anos, continuava lúcida, "para além de minha humanidade, separada de meu corpo e ainda habitando nele" (Martin, 2021, p. 9). As mãos delicadas e a voz suave da enfermeira eram tudo que existia. Quando a mulher e o urso se encontraram nas montanhas de Kamtchátka, não foram apenas os limites entre os mundos humano e animal que se diluíram, abrindo fendas nos corpos de ambos e marcas de sangue na neve das estepes, mas também as fronteiras entre o tempo do mito e o da realidade, o outrora e o atual, a contingência e o impossível. A estrangeira acorda em um hospital da base secreta do exército russo, que vigia a fronteira com o Ocidente, um pouco ao sul do Estreito de Bering. Quando desperta, seus pulsos e tornozelos estão presos à maca por correias. "Um tubo passa pelo meu nariz, pela minha garganta; levo um bom tempo para entender por que respiro de forma tão estranha e o que é aquela coisa de plástico verde e branco presa ao meu pescoço" (p. 11). Tenta se soltar, mas sem sucesso. Ela tinha sido traqueostomizada. Para piorar, uma caixa de música ressoa no quarto uma sinfonia desagradável, acompanhada por um rufar de tambores estancados numa batida seca, que se repetia num *looping* infinito a cada três segundos. Aprende, então, que "um estudo científico muito antigo, mas muito sério, provou que esse réquiem, tocando sem parar, ajudava os pacientes a não se esquecerem de respirar: rrrrrrrrrrrrrouuuuuuuuuullllllll Klang! rrrrrrrrrrrrrouuuuuuuuuullllllll Klang! E respiramos. Decididamente. Estamos no coração do sistema de saúde russo" (p. 25). Quando recebe sua primeira visita, um dos representantes dos povos even, que ela estudava havia alguns anos, ele pergunta: "você perdoou o urso?". Sim, ela havia perdoado. "Ele não quis matar você, quis marcar você." De agora em diante, eu seria metade humana, metade ursa, compreendeu a francesa.

Quando voltei da anestesia, estava com braços e pernas atados. Não esperava isso. Os olhos se mexiam o suficiente para ver o relógio da parede bege e insossa ao meu lado esquerdo. Eram quase 9 horas. Da noite ou da manhã? Quanto tempo se passara desde que entreguei, não por querer, minha vida nas mãos do cirurgião? Mas quem, efetivamente, estava voltando da anestesia? Ainda era o mesmo de antes? Durante as horas em que minha subjetividade, minha identidade, meu eu ficaram apagados, submersos em anestésicos, hipnóticos e seus efeitos amnésicos, a vida e a morte jogaram seu jogo, sem que eu tivesse qualquer notícia ou participação. Nem mesmo como espectador. Uma espécie de radical despossessão de "mim". O tubo orotraqueal que descia goela abaixo impedia qualquer tentativa de dizer o que quer que fosse. Uma máquina barulhenta ventilava os pulmões, enquanto diversos aparelhos mediam sinais vitais, produzindo gráficos e bipes ininterruptamente. Minha vida não era mais guardada na minha intimidade: não pertencia, rigorosamente, a mim. Era monitorada e transmitida. Não havia nenhuma necessidade de alguém se dirigir a mim, a essa coisa que chamamos de eu. Meu corpo era não mais do que um emissor de sinais, numa linguagem altamente codificada que podia ser lida na tela. Corpo-objeto da ciência, cortado, costurado, perfurado por sondas, acessos, e coberto de eletrodos. "Sempre, escreve a mulher-urso, vejo tudo fora de foco ao acordar da anestesia, não me acostumo com isso. Esse sentimento de estranheza que me toma toda vez, é meio como voltar de uma longa viagem e chegar em casa, mas não mais se sentir em meu próprio lar. Tento me reapropriar desse corpo do qual me ausentei por várias horas. Será que fui mesmo lá?" (Martin, 2021, p. 52).

Não fui atacado por um urso nem respirava por traqueostomia. Eu havia apenas sido intubado, para uma cirurgia cardíaca, banal para o hospital, única para mim. Mas a sensação ao acordar da anestesia também era um estranhamento de a vida ter ficado apartada de mim em algum deserto distante e desconhecido, em alguma floresta infamiliar. Não era a Rússia nem a Amazônia. Com um gesto de mão, pedi caneta e papel. O espaço de manobra das mãos, ainda atadas, não era grande. Escrevi alguma coisa. Queria que o tubo fosse retirado. Não fui atendido. Talvez a letra fosse ilegível, talvez eu estivesse mais anestesiado do que supunha, mais longe de mim e dos demais. Seria um sonho? Adormeci de novo? Não, apenas um branco espesso, impenetrável. Não se sonha anestesiado.

Agora, o relógio marcava pouco menos de 11 horas. Acenei de novo, nova tentativa frustrada. Eram beges ou verdes as paredes? Seria um sonho ou um pesadelo? Na terceira tentativa, consegui perguntar se deveria "respirar ativamente". Era impossível saber se minha letra seria legível ou se minha vontade faria alguma diferença nas decisões médicas, obviamente guiadas pelos protocolos do tratamento intensivo.

Uma voz feminina, imediatamente, disse um "sim!", sonoro, vocálico, enfático, insistente, como se tentasse se comunicar com alguém que não estava ali, mas muito, muito longe. Como saber se havia despertado? O que me ligava ao mundo dos vivos era apenas aquela voz, destacada de toda a massa de ruídos de máquinas e de eventuais gemidos em volta. A mulher, talvez enfermeira ou fisioterapeuta, chamou outra, talvez médica, e uma equipe se juntou em volta do leito. Uma enfermeira me olhava, não sabia se com indiferença ou compaixão. Ouvia vozes femininas, múltiplas vozes, que pediam que eu respirasse, que eu não parasse. Uma movimentação de aparelhos e equipamentos barulhentos, por sorte não havia a sinfonia e os rufares russos. O corpo-objeto era então um corpo-falado, um turbilhão de pensamentos e desejos, mas que também já escutava e esboçava alguma atividade muscular. A médica me diz, firme e docemente: o tubo seria retirado e eu não poderia parar de respirar. Como assim? Por que diabos insistir nessa necessidade? Nem sabia que era possível parar de respirar. Os russos sabiam, e a sucessão infernal de rufares de tambores ritmava a respiração dos pacientes. Preferia minha ingenuidade: toda criança já brincou de prender a respiração o máximo possível debaixo d'água. É impossível ultrapassar certo limiar. Os pulmões parecem exigir que o ar impuro seja expelido, e a criança emerge na superfície da água, com um suspiro de alívio e uma explosão de alegria.

Havia uma máquina, com seu ritmo, com seu pulso. Era preciso vencê-la. Foi a ficção que construí. O corpo-objeto da ciência já era também um corpo atravessado por raios de pensamento, por *flashes* de memórias, por uma ainda frágil participação no destino da minha própria vida, se é que a palavra "própria", àquela altura, ainda fazia algum sentido. De início, a máquina respirava mais forte do que meus pulmões. Aos poucos sentia que ela ia trabalhando menos, e eu, mais. A vida semiautômata, compartilhada momentaneamente com a máquina, era aos poucos devolvida a "mim". Estranha sensação.

Durante as horas em que meus pulmões recebiam ventilação mecânica, na pouco mais de meia hora em que meu sangue havia circulado extracorporeamente, nos poucos minutos em que meu coração tinha sido induzido a uma espécie de "hibernação" para que a circulação que o alimenta pudesse ser manualmente reconstituída, onde "minha" vida vivia? Por algum tempo, a tarefa da vida não dependia apenas de meus órgãos, do meu corpo, muito menos da minha vontade, minha alma ou o que quer que seja. A vida circulava entre o corpo e o fora-do-corpo, o corpo e a máquina, o humano e o autômato, o meu corpo e as mãos de outra pessoa, que, por sorte, não devia se colocar esse tipo de pergunta. Quando pude, finalmente, respirar sozinho, fui inundado de alegria. Tive uma certeza imediata: o impulso que nos liga à vida é absolutamente erótico. Até o ato de respirar parecia profundamente libidinal, mesmo com aquele cheiro frio que o ar em ambiente hospitalar tem. "É isso o que Freud chamou de pulsões de vida *versus* pulsões de morte", pensei, enquanto respirava aliviado. Finalmente, o corpo objeto, furado e costurado, era também corpo falado, corpo habitado por pensamentos e memórias pessoais e impessoais, corpo fantasiado e imaginado, mas, sobretudo, corpo pulsional. Era corpo falante. Mas, por algum instante, tinha deixado de sê-lo? Não é porque não fala que um corpo deixa de ser corpo falante (cf. Laurent, 2016; Vieira, 2018, p. 128).

Não havia um corpo intruso dentro de mim, como o coração transplantado de Jean-Luc Nancy, que transformara em um belo livro sua experiência. Lançado em 2000, *L'Intrus*

(*O intruso*) narra essa experiência, se é que uma "experiência" pode ser "narrada". O ensaio é uma espécie de escrita de "si" que, justamente, interroga o "si", mas também uma reflexão filosófica pungente sobre a fragmentária identidade contemporânea, sobre o estrangeiro. Nancy parte da experiência de receber, de ser *forçado* a receber, um coração de outra pessoa. Experiência de intrusão de uma estrangeiridade radical, em que o corpo imunitário percebe como intruso o "corpo estranho" do qual se defende, mas que, no entanto, poderá integrar-se e fundir-se totalmente ao "corpo próprio".

Num primeiro momento, o filósofo francês interroga: se meu próprio órgão, meu coração condenado à terra, abandonava-me, ainda fazia sentido dizer "meu" coração, "meu" órgão? Fora de "mim", meu coração ainda era um "órgão"? Enquanto esperava o transplante, notava que "meu coração se tornava estrangeiro: estrangeiro, precisamente, por estar dentro" (Nancy, [2000] 2010, p. 17). Além disso, esse estrangeiro era também múltiplo: envolvia toda uma rede, das pessoas próximas que o esperam, de médicos, que recomendam o procedimento, de burocratas que decidem, na longa fila de espera, quem vai ser o próximo a receber a dádiva. Mais ainda, a vida dependia da morte de um estranho, da morte de alguém, mas da sobrevida de seu órgão, que continua vivo, em algum lugar, antes de, em mim, intrometer-se. Mais: "o estranho múltiplo que faz intrusão na minha vida [...] não é senão a morte, a vida/morte" (p. 25).

O *continuum* da vida é suspenso e, com ele, o sujeito escandido. Não apenas isso, pois um transplante coloca toda a questão do paradigma imunitário: preciso me defender contra o intruso, preciso rejeitá-lo; preciso identificar e suprimir o estranho.[1] Ao receber o corpo estranho que salvaria o seu

---

[1] "Teorias mais recentes sugerem que, na verdade, o sistema imunológico identifica o estranho a partir de traços de semelhança e não

corpo adoecido, Nancy percebeu que "a vida 'própria' não está em nenhum órgão e que sem eles não é nada" (p. 27).

Tive a "mesma" impressão, ao experimentar um pulmão artificial. Tudo se passa como se tivéssemos não apenas um "corpo sem órgãos", mas, ainda mais fundamentalmente, "órgãos sem corpo". Nada disso é perceptível cotidianamente, quando essas modalidades de corpo submergem sob a camada, às vezes fina, às vezes espessa, dessa imagem do corpo próprio que espelha a superfície do eu. A moça-urso sabe dizer melhor: "a unicidade que nos fascina aparece enfim como aquilo que ela é, um engodo. A forma se reconstrói segundo um esquema que lhe é próprio, mas com elementos que são, todos eles, exógenos" (Martin, 2021, p. 55). Para que o engodo se perpetue, para que a mágica aconteça, o truque não pode ser revelado. Há a cortina, ou a fumaça, ou o coelho, ou a cartola. No caso do corpo, o véu é a pele, se quisermos, o eu-pele, se preferirmos, o espelho, a tela. Mas a vida é bem mais complexa do que essa superfície que diz "eu". Não havia um corpo intruso nem a mordida do urso, mas havia peças fora do lugar, havia grampos, sondas, pontes.

∞ ∞ ∞

A experiência comum se interrompe aqui. Nancy descobre a fratura da identidade e conclui que o estranho

---

propriamente da diferença. O sistema re-conhece, reencontra no elemento exterior algo que já lhe é próprio. Biologicamente, o estranho é incorporado por semelhança (o re-conhecimento), enquanto o que é próprio só se mantém como próprio na incorporação da alteridade. Além disso, o 'corpo próprio' também é percebido como corpo estranho. Essa é a base da atividade autoimune, que é estrutural e que só às vezes se manifesta como doença (a doença imunomediada ou autoimune) quando essa atividade fisiológica ultrapassa certos limites" (comunicação de Alexandre Barbosa).

não pode perder sua estranheza, sua estrangeiridade; que o acolhimento político do estrangeiro no sentido de sua assimilação, paradoxalmente, apaga o que há de mais singular, o próprio caráter intruso do estrangeiro. No contexto político francês, trata-se de um pensamento sobre a integração do estrangeiro, do imigrante. Questão de identidade, de acolhimento, de assimilação, mas também de apagamento. Especialmente, trata-se do problema da identidade nacional francesa, posta na berlinda pela "intrusão" de levas de imigrantes. A conclusão de Nancy está cravada na primeira página de seu livro: não se trata de "naturalizar" o estranho/estrangeiro. O estranho/estrangeiro nunca cessa de chegar, ele chega o tempo todo, e nunca cessa de perturbar nossa "intimidade": "é isso que se trata de pensar, e, pois, de praticar: caso contrário, a estrangeiridade do estrangeiro é reabsorvida antes mesmo que tenha atravessado o limite" (Nancy, [2000] 2010, p. 12). Mas Nancy dá um passo além. "Sou um androide de ficção científica, ou mesmo um morto-vivo, como um dia me disse meu filho mais novo" (p. 43). O homem contemporâneo é uma espécie de realização técnica do trágico sofocleano, quer dizer, daquele homem que realiza seu destino no próprio movimento de tentar fugir dele (p. 44).

De sua parte, Nastassja, depois de passar por várias cirurgias, de voltar às montanhas geladas onde havia mergulhado em um encontro para sempre marcado, para sempre sonhado, com o urso, descobre que o devir-urso não é apenas um mito, ou é um mito que se realiza: seu destino estaria para sempre ligado ao do urso. Sua mandíbula, seu rosto, sua vida não seriam sem o urso. Ela também entendeu que se curar daquele combate não era apenas uma necessidade pessoal, mas também um gesto político. "Meu corpo se tornou um território onde cirurgiãs ocidentais dialogam com ursos siberianos" (Martin, 2021, p. 55).

O que distancia as experiências de Jean-Luc, de Nastassja – a essa altura somos íntimos – e a minha não é a cirurgia que se impôs quase de emergência, embora ela me esperasse há tempos imemoriais, o transplante longamente aguardado ou o encontro súbito com o urso. Cada acontecimento é, radicalmente, singular, cada experiência, radicalmente própria, embora todas se situem no limite do dizível. O que torna improvável esse "nós", esse novelo de três fios que se desdobram cada um numa direção, é o lugar de onde falamos, as escolhas que nos tornamos: o filósofo, o antropólogo, o psicanalista. Mas esses fios se cruzam em vários pontos, constituindo aqui e ali um nó difícil de desatar, mais à frente um embaraço, eventualmente uma costura.

O coração intruso foi o acontecimento de Nancy, o rosto-urso foi o de Martin, o meu foram os pulmões: de dentro e de fora do corpo. O estrangeiro do filósofo era o fora, o da antropóloga era o animal, o do psicanalista seria o corpo? Um pulmão é um vazio. Mas esse vazio precisa ser incitado, ele não existe nem subsiste por si só. Fui saber que, quando ventilados mecanicamente, os pulmões não voltam a respirar por conta própria. É preciso que ações musculares *voluntárias*, envolvendo diafragma e intercostais, disparem o processo. Do ponto de vista dos pulmões, minha vida é apenas uma tarefa incômoda, um detalhe inconveniente. Nossos pulmões não estão nem aí para nós. Por que estariam? Nem para mim nem para você, caro leitor. Meus órgãos, meus próprios órgãos, não estão ligados à minha identidade pessoal, não *ligam* para o meu corpo, embora estejam ligados a ele. Obedecem a princípios supraindividuais, relacionados à vida e à morte, e ao seu baile infinito.

Uma cicatriz testemunha o encontro com o real do corpo, o rompimento da superfície imaginária. Os cortes se fecham, mas os corpos ficam marcados. Não há corte sem marca. Teoricamente, sabia que nosso corpo é fragmentado, despedaçado; que a unidade corporal é apenas uma miragem, ligada ao eu. Quando respirei por conta própria, um texto de Freud me caiu no colo da mente. Era o *Além do princípio de prazer*. Suas frases enigmáticas, que diziam que o órgão quer voltar ao inorgânico, que a meta da vida é a morte, não eram, afinal, tão enigmáticas mais. Mas eram ainda mais cortantes. Meus pulmões pareciam entregues ao princípio de Nirvana. Naquele momento, entendi o que era o antagonismo pulsões de vida *versus* pulsões de morte, em toda sua dramaticidade, em toda sua concretude, em toda sua singularidade.

Pulsões são entes mitológicos, grandiosos em sua indeterminação, são forças supraindividuais ou pré-subjetivas, às quais emprestamos nossos corpos para sua dança infinita. Somos o teatro, o palco onde as pulsões jogam seu jogo, sua luta. Mas, ao mesmo tempo, somos a outra cena, em que nos apropriamos singularmente dessas forças. Aquilo que Freud apresentava não era uma teoria desencarnada, não era uma "metapsicologia", mas uma descrição quase empírica, uma ficção-verdade mais que concreta, do que estava acontecendo em mim, na minha carne, ou através de mim, naquele instante preciso.

No *Projeto* de 1895, numa frase até então enigmática, Freud falava de três necessidades básicas que depois originariam as pulsões: a respiração, a fome e a sexualidade (Freud, [1895] 1995, p. 10-11). Nunca havia entendido o que a respiração tinha a ver com as pulsões. De todo modo, naquele instante, a pulsão, despertada pela voz do Outro, surgia como puro Eros. Contudo, Eros nunca é puro. É sob o fundo da morte que as pulsões de vida se impõem. A respiração, sua ausência, metaforiza – quer dizer, corporifica – a própria morte. Para não serem "agredidos" pelo fora, pelo ar externo, os alvéolos se distendem, afinam-se, criando uma pressão negativa, uma espécie de vazio que sorve, delicadamente, o outro. Ao exercer pressão positiva, a ventilação mecânica força, transgride a dinâmica fisiológica. É essa "agressão" que a mulher-urso descreve como estranha. Se a saúde é o "silêncio dos órgãos", é porque, quando um órgão se desprende da frágil totalidade, parecendo nos querer dizer alguma coisa, nós o experimentamos como um objeto ao mesmo tempo familiar e estranho, interno e externo, íntimo e êxtimo. Há uma palavra freudiana para isso: o infamiliar. Essa palavra é o fio que costura os capítulos deste livro.

∞ ∞ ∞

A despeito da intensidade de suas formas de experiência, dor, sofrimento, medo, por si sós, não ensinam nada, absolutamente nada: "os humanos têm essa curiosa mania de se agarrar ao sofrimento como ostras nas rochas" (Martin, 2021, p. 31). É preciso, pois, desgarrar a ostra da rocha, para que surja uma fenda tão profunda, *entre* elas e *em* cada uma delas, que faça pulsar uma tênue e inaudita sensação de partilha do in-comum. Partilha de um sopro de vida que "não tem mais nome, embora ele não se confunda com nenhum outro" (Deleuze, 2002, p. 14), que não é mais sujeito, nem objeto, nem indivíduo, nem sociedade, mas singularidade.

O poeta francês Joë Bousquet foi vítima de uma bomba na Primeira Guerra Mundial. Como resultado, ficou tetraplégico. Contudo, ele "não trata esse episódio como tantos o fariam, como um acidente trágico interrompendo a linha da vida. Vive-o como um verdadeiro acontecimento, ao afirmar, de maneira aparentemente absurda: 'meu ferimento já nasceu antes de mim. Nasci para encarná-lo'" (Vieira, 2018, p. 133). Comenta Vieira (p. 134): "só é possível ter uma ideia do que isso significa se assumirmos que os acidentes da vida, por mais drásticos que sejam, não podem mudar nosso próprio modo de estar nela, o tom fundamental de nossa lalíngua singular, nosso *sinthoma*".[2] A questão passa a ser então como se reconstituir sem, no entanto, cair no engodo da reconciliação com o passado ou com a natureza e assim por diante. Trata-se, mais uma vez, de lembrar a potência da diretiva clínica freudiana: "*Wo Es war, soll Ich werden*". Intraduzível, essa frase pode ser declinada de muitas maneiras. Por exemplo: onde a gente estava, devo falar o indizível... em nome próprio.

A tradução era impossível, mas o sentido, claro: ali onde estava respirando por aparelhos deveria advir uma respiração diafragmática, decidida, pulsional. Para ler o que estava escrito no corpo, era preciso tirar o esparadrapo, os restos de cola grudados nos pelos, com cuidado, para não abrir a sutura, para que paredes mais profundas do corte não fossem colonizadas.

∞ ∞ ∞

O que significa ler? "Não se percebem absolutamente as mesmas coisas se ampliamos nossa visão ao *horizonte* que se estende, imenso e imóvel, além de nós; ou na proporção que se aguça nosso olhar sobre a *imagem* que passa minúscula e movente, bem próxima de nós" (Didi-Huberman, 2014, p. 115). De que distância, de que perspectiva enxergamos melhor o que queremos ver, escutamos melhor o som ao redor? "Bons leitores", dizia Borges, "são cisnes ainda mais tenebrosos e singulares do que os bons autores" (2016, p. 7).

---

[2] "Lalíngua" e *sinthoma* são neologismos criados por Lacan. "Lalíngua" remete à língua em seu caráter de puro som, anterior à estrutura e à significação. *Sinthoma* é, em linhas gerais, o núcleo duro de nosso ser, nosso sintoma esvaziado de sofrimento desnecessário. Voltaremos a isso.

Para quem aprendeu que a movente linha divisória entre o homem e o animal é decidida mais do que constatada, e que a "máquina antropológica" (Agamben, 2017) não realizou sua tarefa de uma vez por todas, não é possível dissimular que a de-cisão que separa, em cada indivíduo, em cada corpo, o humano e o animal, a natureza e a história, a vida e a morte, é um acontecimento permanentemente em curso. Especialmente em nosso século, quando a biopolítica desliza para sua versão mais funesta, a necropolítica, respirar, quer dizer, interpor um hiato, uma pausa, uma vírgula, um abismo, pode ser um ato erótico e político.

∞ ∞ ∞

Não há lugar neutro de enunciação. O que não impede que a coreografia dos astros no universo infinito seja totalmente indiferente ao nosso gozo, *à nossa contemplação* ou aos nossos *cálculos*. Ou será que os planetas não falam simplesmente porque não há ninguém disposto a escutá-los? Não existe, a rigor, um ponto ótimo, uma distância segura ou, ao contrário, uma intimidade suficiente que nos permitisse descrever de onde falamos, de onde escrevemos, com a acuidade e a precisão necessárias. O que também não implica que tudo seja discurso ou construção. Não há um lugar epistemológica ou politicamente neutro de enunciação, ainda mais em questões nas quais estamos implicados desde nossos corpos: onde fincamos nossos pés, onde pisamos, onde dançamos, onde tropeçamos, de onde falamos e somos falados, como um. Nesse sentido, sou profundamente lacaniano: não penso com meu cérebro, tampouco a alma me pensa, mas penso com meus pés. O que não quer dizer que devamos nos entregar, como a cobra que engole o próprio rabo, a um perspectivismo fundado na equivalência de si a si, deixando-nos seduzir pela falsa transparência que o pertencimento a uma identidade promete oferecer ou nos curvarmos a um suposto imperativo de adequação às exigências do contemporâneo.

Este livro reúne algumas coisas que tenho pensado sobre psicanálise, como tenho lido Freud nos últimos anos. Trata-se de um esforço de arejar nosso jeito de ler Freud. Mesmo que a respiração tenha de ser forçada por alguns instantes, pressionando as paredes alveolares, mesmo que as vozes que incitam à vida venham de fora, mesmo que tudo em volta *conspire* contra, trata-se de encontrar, na letra de Freud, a força inigualável que nela transborda, o coração infamiliar que nele pulsa. Este livro é um esforço de ler, corpo a corpo, ou com e a partir do corpo, um Freud para o século XXI.

PARTE I
Introdução em quatro movimentos

Os quatro movimentos que compõem a primeira parte deste livro cumprem uma função programática, mas não apenas. Servem para preparar o terreno onde pretendo situar estratégias para ler Freud no século XXI. Começo estabelecendo alguns parâmetros metodológicos – e também literários – acerca da seguinte pergunta: o que significa ler Freud hoje, em pleno século XXI? Mostro, de uma forma um tanto metafórica, algumas tensões e dificuldades inerentes à posição do leitor e sugiro estratégias de leitura. Ao final do primeiro movimento, sugiro como método de leitura a extimidade, que atravessa de ponta a ponta cada página deste volume. No segundo movimento, proponho que um novo retorno a Freud é não apenas necessário, como também urgente. Descrevo, em seguida, suas principais coordenadas epistemológicas e políticas. Ler Freud a partir do inconsciente estruturado como uma linguagem é uma coisa, a partir do inconsciente real, outra. O essencial do programa está apresentado, em linhas gerais, nesse movimento.

Problematizar o que parece óbvio é um vício que adquiri tanto nos anos que dediquei à filosofia quanto na própria psicanálise. Intitulei o terceiro movimento com uma pergunta provocativa. "Quanto tempo dura um século?" pretende mostrar que o tempo está fora dos eixos, quer dizer, que diferentes temporalidades se sobrepõem umas às outras. Freud morreu muitas vezes, e é nisso que reside sua força inatual. Estaria o século XXI à altura de Freud? Ou, dizendo de outro modo, o nosso século sobreviverá a Freud? O quarto e último movimento desta introdução aborda o infame problema da cientificidade da psicanálise, a partir de uma perspectiva êxtima. A psicanálise é uma ciência? Uma pseudociência? Uma pseudopseudociência? Ou ainda uma ciência do pseudos? A discussão acerca da cientificidade da psicanálise raramente se encerra em âmbito propriamente epistemológico, envolvendo também fatores políticos e interesses diversos. Nesse último movimento da primeira parte, pretendo abordar o tema a partir de outro ângulo, qual seja, o cofuncionamento de diferentes matrizes de racionalidade, especificamente a científica e a literária. A natureza do assunto exigiu uma escrita um pouco mais densa, que pode justificar que o leitor mais interessado em clínica dê apenas uma passada de olhos meio de soslaio, antes de pular para o livro propriamente dito.

Capítulo 1
Biblioteca, labirinto, extimidade

A obra de Freud é uma biblioteca inteira, feita de livros, de mapas, de instantâneos, de infiltrações, de baús, de velharias, de tesouros escondidos, de correntes subterrâneas mais ou menos ocultadas sob superfícies estáveis. Tem tralhas num canto ou noutro, um cadeado sem chave, muitas janelas, nem sempre abertas ou arejadas. Mas tem também muita poeira, algumas quinquilharias, traças. Muitos leitores transitam pelas estantes, leem os livros, abrem uma janela ou outra. Tem gente que se fixa nas velharias, para apontar os buracos deixados por uma infiltração, por um tropeço, por um exagero. Outros só consideram verdadeiros os exageros. Há ainda quem se concentre na poeira. Aspirador de pó em punho, começa a limpeza. Há aqueles que preferem o tribunal, a inquisição e a fogueira. Fazem sucesso. Outros preferem o altar. Tanto a fogueira quanto o altar respondem à lógica sacrificial. Há ainda aqueles que roubam folhas amarelecidas para escrever cartas de amor, formando novos palimpsestos. Há quem se perca nesses labirintos, especialmente quando estes se multiplicam. Freud é muitos. Há a dureza especulativa dos textos metapsicológicos, a riqueza narrativa dos casos clínicos, o estilo polemista dos escritos engajados, a ousadia do criador de novas mitologias, o rigor naturalista das incursões nas ciências naturais, a leitura fina do presente dos ensaios sobre problemas contemporâneos, a retórica didatista dos textos de iniciação e de técnica, a oratória persuasiva do mestre que arregimenta e disciplina os discípulos, o criador de autoficções, entre outros. Como se movimentar nesses labirintos? A primeira coisa que devemos ter clara é que cada livro de Freud nos lê de uma maneira diferente. Nossos segredos são descobertos enquanto percorremos páginas que beiram uma centena de anos.

Começo, portanto, com uma observação, digamos, de cunho metodológico. O labirinto mais terrível, conforme Borges, não é o circular nem o espiral, mas aquele que se compõe de uma única linha reta, invisível e incessante. Muitas vezes, confessamos nossa dificuldade em ler Lacan e supomos fácil ler Freud. A clareza da prosa freudiana, contudo, pode esconder o mais terrível labirinto. Os conceitos de Freud não estão alojados apenas nos livros da estante, mas também na vida das pessoas que uma vez se deixaram escutar e que, mal ou bem, foram marcadas pela psicanálise; na cultura e na história do século que, querendo ou não, viu-a nascer; no pensamento de autores e de autoras de tantos campos conexos que os incorporaram ou os expulsaram.

Alguns conceitos caíram no chão, foram varridos, outros ainda ganharam o mundo e aparecem em camisetas, em letras de música, no cinema, nas mesas de bar. Uma das fontes do ressentimento psi contra a psicanálise decorre justamente do sucesso de sua implantação na cultura. Não por acaso, cinema e psicanálise são absolutamente contemporâneos e viveram juntos as metamorfoses do século, sobrevivendo aos incontáveis anúncios de suas respectivas mortes. Nos corredores do pensamento de Freud, temos muitos tipos de leitor: os arautos da verdade, os dicionaristas, os exegetas, os especialistas. Temos os curiosos, os turistas, que querem apenas tirar uma foto. Temos os inquisidores, que, certos da culpa, procuram indícios e provas para sentenças proferidas antes mesmo do crime. Temos também os defensores, certos da sacrossanta especificidade da psicanálise, de sua irrevogável imperfectibilidade. Seria preciso escrever algo como "Em defesa de Freud contra seus intérpretes"? Há quem pense que as bibliotecas de Freud e/ou de Lacan são planetas, o(s) único(s) habitado(s) por vida inteligente. Outros pensam nessa biblioteca como um museu de curiosidades do passado, importante para visitar, como se visita um museu de cera. Outros agem como se tivessem entrado numa casa de espelhos e veem a si mesmos em cada página. Assustam-se, riem, empacam. As redes sociais nos mostram isso cotidianamente.

    Há algum tempo, tenho feito um exercício de reler os mesmos textos, com outras perguntas, outras inquietações, outros interlocutores. O resultado costuma ser uma vontade de desgrifar as linhas já grifadas por mim, ou por alguns outros. Mas desgrifar não é possível. As marcas de uma leitura podem enfraquecer, o amarelo do marca-texto pode se misturar ao amarelo da página envelhecida, mas alguma marca sempre resta. Nunca tive dó ou pena de sublinhar um livro, grifar, escrever à margem, dobrar páginas, inserir papeizinhos. Meus livros são marcados às vezes com lápis bem apontados, com canetas vagabundas, com marcadores coloridos. Há exclamações, interrogações, setas, círculos, remissões a outros textos, sinais que mal me recordo o que queriam dizer. Há, enfim, anotações feitas pelos vários leitores que fui e pelos muitos que ainda sou. Um belo dia, num texto especialmente poluído, linhas que nunca tinham sido grifadas saltaram, literalmente, aos olhos. Estavam ali pérolas que nunca tinham sido descobertas, pelo menos não por mim. Meio que por acaso, fiz exercícios de desacostumar o olhar, como quem remixa frequências inaudíveis numa gravação antiga para ouvir uma voz abafada. Às vezes, basta um deslocamento sutil para perceber outros campos de força, para deixar tensões subterrâneas emergirem, para desenhar outras linhas de fuga. Outras vezes, trata-se de extrair, de uma sentença velha e gasta, outro uso, como uma criança que deixa de lado o brinquedo novo para brincar com a caixa de papelão ou com o embrulho do presente. Muitas vezes, precisamos ensinar a mosca a sair da garrafa; outras vezes, precisamos nos convencer de que não há garrafa, nem mosca, nem labirinto.

Um exercício de mergulhar em algumas afirmações que parecem ter sido esquecidas, de enveredar por sendas abandonadas, mas que continuam férteis, se aradas com outras técnicas de leitura.

∞ ∞ ∞

A psicanálise ocupa um lugar *sui generis* na disposição dos saberes modernos. Lacan dedicou muito esforço para pensar um espaço de constituição da racionalidade psicanalítica que mostrasse ao mesmo tempo sua inserção na racionalidade moderna e seu ponto de ruptura com essa mesma racionalidade. Não por acaso, o texto de Lacan abunda de referências a Descartes ou Hegel, chegando a afirmar equivalências (como "o sujeito sobre quem operamos em psicanálise só pode ser o sujeito da ciência"), assim como, no mesmo gesto, mostra a distância intransponível entre eles ("o sujeito em questão continua a ser o correlato da ciência, mas um correlato antinômico") (Lacan, 1998, p. 873 e 875).

As estratégias epistemológicas de constituição desse espaço meio "fora de lugar" são várias. Ao mesmo tempo que conhecia bastante bem a literatura psicanalítica dos psicanalistas de sua época, incluindo Karl Abraham, Melanie Klein e Winnicott, Lacan procurou tensionar a psicanálise com o que havia de mais contemporâneo em seu tempo: a linguística estrutural, a etnologia, as matemáticas e assim por diante. Qual o estatuto das incursões lacanianas nesses domínios exteriores à psicanálise? Qual o estatuto das inúmeras referências, explícitas e inexplícitas, a Hegel, por exemplo? Em que medida, quando Lacan aprofunda uma discussão com Hegel, como a que ocorre em "Subversão do sujeito e dialética do desejo no inconsciente freudiano" (Lacan, [1960] 1998), por exemplo, trata-se de uma referência "externa"?

O que pretendo sugerir é que a modalidade dessas referências obedece mais à lógica da extimidade do que à da exterioridade. Ou seja, quando Lacan se refere a Hegel (ou à linguística estrutural, ou à etnologia, ou às matemáticas), ele visa justamente àquilo que está mais longe e, ao mesmo tempo, mais próximo do objeto da psicanálise. Quando ele fala de Hegel, não é com a filosofia que está dialogando: é com aspectos de seu pensamento que a filosofia desdenhou, desprezou. O mesmo vale para os outros domínios. Para lembrar apenas o exemplo mais saliente: quando já nas primeiras incursões lacanianas no campo da linguística estrutural, o que interessa a ele? Justamente aquilo que fora rejeitado pela linguística. Senão vejamos. A primeira tarefa a que Saussure se dedica em seu *Curso de linguística geral* é a delimitação do "objeto da linguística".

Para Saussure, a linguística só pode se constituir como ciência ao definir seu objeto como sendo a língua. A fala, por sua contingência, e a linguagem, por sua generalidade, estão excluídas da linguística estrutural. Ora, qual é o primeiro gesto de apropriação de Lacan em relação à linguística estrutural? O primeiro texto não é justamente "Função e campo da fala e da linguagem em psicanálise"? Note-se bem: fala e linguagem haviam sido desprezadas no ato de fundação da linguística estrutural. Quer dizer, no primeiro gesto lacaniano em direção à linguística, naquele momento que ficou conhecido, por assim dizer, como "auge de seu estruturalismo", Lacan se apropria precisamente daquilo que Saussure rejeitou. As torções que Lacan impõe aos conceitos e modelos tomados de empréstimo das mais variadas áreas obedecem sempre a essa lógica. É a fidelidade ao objeto da psicanálise, ao campo epistêmico constituído por esse objeto complexo e paradoxal, que determina as torções impostas aos conceitos importados de fora. Trata-se de uma leitura em palimpsesto. Como se o que realmente importasse fosse o texto rasurado, o que permanece impensado no pensamento.

A biblioteca de Lacan não era a biblioteca de um psicanalista comum. Era erudita e atualizada. Sobre Freud podemos dizer o mesmo. A biblioteca de Freud contava com dicionários os mais diversos, uma volumosa seção de história das religiões, de antropologia, de teoria social, e muita literatura.

Gostaria de provocar a reflexão com esta pergunta: quantos de nós realmente possuem em suas prateleiras livros de outras áreas? Livros atualizados de outras áreas? Não pergunto acerca das referências que o próprio Lacan mobilizou, como Jakobson, Koyré ou Duras; Lévi-Strauss, Frege ou Joyce. Para dizer a verdade: quem de nós realmente tem uma ideia acerca do que é produzido hoje em áreas conexas ou nem tão conexas assim? Quais são as disciplinas que hoje tensionam a racionalidade psicanalítica e forçam nossos conceitos e nossas práticas em direção à sua extremidade? Podemos desprezá-las?

∞ ∞ ∞

Em certo sentido, podemos pensar "extimidade" como o correlato lacaniano do conceito freudiano de "*unheimlich*".

O ensaio de Freud *Das Unheimliche* (1919) não por acaso começa com uma longa análise linguística e etimológica da palavra-título. Freud transcreve longas citações de diversos dicionários; especula sobre palavras equivalentes em línguas estrangeiras, como latim, grego, inglês, francês, italiano, português, árabe e hebraico; compara diferentes dicionários, para finalmente concluir essa primeira parte de seu texto com a ideia de que "*heimlich*" é uma palavra cuja evolução semântica ruma em direção à ambiguidade, terminando por coincidir com seu oposto. Nesse caso, o prefixo "*un-*", que denota oposição e que faz parte da composição de antônimos, parece funcionar com outra lógica. É a esse exercício que se dedica o texto de Freud. Mais ou menos do mesmo modo, podemos dizer que a topologia proposta por Lacan para a "extimidade" é homóloga a essa. Aquilo que é mais exterior e, no entanto, mais interior; que está mais longe e, contudo, mais perto; que é mais estranho e ao mesmo tempo mais familiar dá-nos uma mostra do que está em jogo na complexa relação entre intimidade e extimidade. A extimidade é oposta à intimidade na exata medida em que se opõe a e coincide com ela.

A palavra "*extimité*" é um neologismo criado por Lacan. Contudo, é uma palavra que atende a todos os requisitos de uma palavra bem formada. A oposição ao congênere "*intimité*" basta para indicar isso com clareza. O prefixo "*in-*" foi substituído pelo prefixo "*ex-*", mais ou menos do mesmo modo como "*intérieur*" opõe-se a "*extérieur*". Em português, a morfologia do vocábulo não é diferente: "ex-timidade" (neologismo) opõe-se a "in-timidade", assim como "ex-terior" opõe-se a "in-terior". Isso não quer dizer que "êxtimo" seja equivalente a "exterior": apenas do ponto de vista morfológico as duas palavras são semelhantes. Mas a morfologia não basta. A topologia implicada na oposição entre "interior" e "exterior" não é a mesma implicada na oposição entre "íntimo" e "êxtimo". Isso ficará claro quando abordarmos a análise linguística proposta por Freud para "*das Unheimliche*". Por ora, vale anotar que, se, nas línguas neolatinas como o francês e o português, "êxtimo" e "extimidade" são neologismos, em latim existe o vocábulo "*extĭmus*".

No *Dicionário etimológico do latim-francês*, de 1934, Gaffiot registra: "Extĭmus (extŭmus), 1. situado na extremidade, que está na ponta, o mais distante; [...] 2. Desdenhado, desprezado" (Gaffiot, [1934] 2006, p. 581). A principal referência é o capítulo 6 da *República*, de Marco Túlio Cícero, conhecida como "O sonho de Cipião". A história da sobrevivência do texto de Cícero é uma verdadeira saga. O texto original foi descoberto em um palimpsesto. Por baixo de *Comentário aos Salmos*, de Agostinho, Angelo Mai descobriu, por volta de 1819, restos de letras de outro escrito, copiado provavelmente por volta do ano 700. O manuscrito em questão fora trazido à Biblioteca Vaticana por monges beneditinos em 1618. Embora tivesse sido raspada pelo copista, procedimento comum à época, a escritura original havia penetrado no pergaminho. Escondido sob o texto de Agostinho, o texto de Cícero sobreviveu. No caso do capítulo em pauta, "O sonho de Cipião", o texto de Cícero sobreviveu graças ao comentário de Macróbio, *Commentarium in Ciceronis Somnium Scipionis*, que copiou grande parte do texto original.

Os dois sentidos anotados por Gaffiot são preciosos para nós: aquilo que é mais externo ou mais distante é também aquilo que é mais desprezado, mais desdenhado. Não é justamente isso que está em jogo no objeto *a*? Com a extimidade, não estaríamos diante de um método – ou, mais do que isso, de uma posição de leitura? Afinal, o que faz um psicanalista na biblioteca de um linguista, ou de um antropólogo, ou de um neurocientista? O que procuramos – e o que encontramos – nos livros de Judith Butler ou de Achille Mbembe?

Que tipo de aventura nos dispomos a enfrentar, a quais riscos nos expomos, que paisagens queremos vislumbrar? Quaisquer que sejam as marcas visíveis e invisíveis de sua corporeidade, um psicanalista, ao abrir janelas, ao se engajar "fora" de seu campo próprio, visa no estranho, no exterior, àquilo que, na verdade, é êxtimo. Visa ao ponto de fuga, ao ponto cego, que, no entanto, fixa, cintila; visa àquilo que escapou da teia conceitual desses próprios autores e textos. Seu olhar e sua leitura são clínicos, de ponta a ponta. O mesmo que se aplica a Freud – nem sempre ele tinha ideia do que acabara de descobrir – aplica-se, como método de leitura, a todos e a cada um. A extimidade como *método de leitura* é a aposta que unifica este livro.

Capítulo 2
Por um novo retorno a Freud

> *[...] até que um dia, por astúcia ou acaso, depois de quase todos os enganos, ele descobriu a porta do Labirinto... Nada de ir tateando os muros como um cego. Nada de muros. Seus passos tinham – enfim! – a liberdade de traçar seus próprios labirintos.*
> Mário Quintana

Gosto de pensar no retorno lacaniano a Freud como uma viagem a um país desconhecido, na companhia de alguns amigos e mestres. Nessa ficção, Jacques Lacan teria ido a Roma procurar Freud. O palpite era realmente bom. Poderia encontrá-lo sentado em frente à estátua de Moisés na Igreja de São Pedro Acorrentado. Afinal, foram horas e horas em repetidas viagens nas quais Freud se sentava à frente da estátua e tentava decifrar seu segredo. Poderia tê-lo encontrado amedrontado diante do Panteão. Ou, ainda, colocando a mão na Boca da Verdade, aonde jurou retornar. Ou procurando vestígios e restos das várias camadas que subsistem na cidade eterna. Ou poderia tê-lo encontrado vagando, numa cidade vizinha, nas ruas das casas de luz vermelha, em que putas tristes olhavam o olhar daquele estrangeiro usando trajes austríacos, em plena sensação de perda de si, em pleno desconcerto infamiliar. Para Freud, Roma era um labirinto, e ele precisava desenhar um primeiro mapa.

Nessa viagem, Lacan teria levado na mala alguns livros e ficaria consultando-os enquanto procurava Freud, enquanto esperava por ele, como quem espera Godot. Tinha na mala o *Curso de linguística geral* (Saussure), as *Estruturas elementares do parentesco* (Lévi-Strauss), *Do mundo fechado ao universo infinito* (Koyré) e a *Fenomenologia do espírito* (Hegel), além de algumas revistas e artigos avulsos amontoados em pastas mal organizadas. Muita coisa já tinha sido escrita no jovem psiquiatra: as lições de Clérambault, os manifestos e sonhos dos surrealistas, a etologia, as aulas de chinês. Ao fim dessas viagens, de volta a Paris, Lacan acabaria elaborando um sistema próprio de pensamento, acabaria se tornando lacaniano. Eram os anos 1950-1960. Algum tempo depois, ele desistiu de procurar. Foi mais ao final de seu ensino, quando parou de procurar, quando chegou à pulsão e ao inconsciente real, quando formulou o falasser, atravessando o limiar do sujeito moderno, que Lacan encontrou Freud. Quando sua mala de livros de alemães e franceses fora extraviada, o psicanalista francês foi desembarcar na solar Grécia, se não na China, em outras companhias.

Com efeito, Lacan retornou a Freud em companhia do que havia de melhor em seu tempo: (1) a linguística estrutural, de Saussure e Jakobson, (2) a antropologia de Lévi-Strauss, (3) a epistemologia de Koyré, (4) a dialética de Kojève-Hegel, e assim por diante. Nenhuma dessas disciplinas funciona como "ciência-piloto", como alguns compreenderam, rápido demais. Lacan se serviu delas não como nos servimos de coisas que não nos pertencem, com as quais não temos nenhuma intimidade; mas como campos que produzem suas próprias extimidades, que nos interessam intensamente.

Além disso, havia as referências estéticas e literárias, como *Um lance de dados*, de Mallarmé, o *Ubu rei*, de Jarry, havia a língua chinesa, que desestabiliza a estrutura desde muito cedo, havia elementos de topologia e por aí vai. Mas os quatro elementos enumerados antes certamente foram os mais determinantes *operadores* para reler Freud nas décadas de 1950-1960. A maneira como Lacan se serviu desses operadores é extremamente *sui generis*: sempre foi fiel ao objeto e à ética da psicanálise, muito mais do que aos autores aos quais recorreu.

Perder-se no labirinto

Gostaria de situar os textos por vir no âmbito de um retorno a Freud, de um novo retorno, necessário e urgente. Um retorno não a partir do inconsciente estruturado como uma linguagem, como fez Lacan nas décadas de 1950-1960, mas do *inconsciente real*. Ou, mais precisamente, desse inconsciente *entre* simbólico e real. Seria mais preciso chamá-lo de *inconsciente litoral*? Esse inconsciente que, sem forçar muito, sempre foi o inconsciente freudiano, em suma, o inconsciente pulsional.

Não sei prever o que aconteceria ao final dessa aventura de ler Freud a partir desse inconsciente que não se esgota, que não se encerra em uma estrutura simbólica, com suas leis de metáfora e metonímia. Um programa desse porte de retorno a Freud englobaria, inicialmente, pelo menos dois eixos de trabalho: um epistemológico e um clínico-político. Quando sonho um retorno a Freud, não posso sonhá-lo sozinho. Preciso de comparsas, de amigos próximos e nem tão amigos assim. Não sei o que levar na mala. Mas não iria a Roma, nem a Viena, nem a Paris, nem a Liubliana, nem a Dublin, nem a Nova York, nem mesmo à Grécia. Seria preciso ir às montanhas geladas onde, finalmente, a mulher encontrou o urso? Talvez pudesse começar visitando algumas experiências radicais que psicanalistas andaram fazendo aqui mesmo no Brasil, nas praças ou nas quebradas, ou no baixo centro, ou junto a populações ribeirinhas, junto a jovens do sistema socioeducativo, em quilombos urbanos, às margens – e nas brechas – do sistema de saúde, e tantas outras experiências nas quais a psicanálise se depara com a matéria que coloca à prova sua aposta de convidar a falar aqueles que sofrem e que não têm quem os escute.

Ainda que essas experiências costumem ser marcadas por um limite temporal dificilmente transponível, elas evidenciam que os limites da psicanálise não se restringem às quatro paredes dos consultórios dos centros urbanos. Seria o caso de procurar também, então, outras experiências que esticam a psicanálise até o seu limite, como a clínica do autismo, ou a clínica com pessoas surdas, por exemplo. Além disso, é claro, seria imprescindível examinar a experiência de passe, essa "situação-limite a que nos conduz o final de análise" (Vieira, 2018, p. 92). Ao fim e ao cabo, toda experiência de análise, quando efetivamente há uma análise, é uma experiência-limite, uma experiência radical. Uma experiência, uma aventura que consiste em escutar o real do sofrimento de cada um. Como indica Lacan, "seria necessário que tivéssemos na análise [...] o sentimento de um risco absoluto" (Lacan, [1975-1976] 2007, p. 44). Arrisco aqui alguns roteiros possíveis.

(A) Do ponto de vista estritamente epistemológico, um novo retorno a Freud exigiria um levantamento de matrizes e modelos contemporâneos. A linguística não parou em Saussure, nem a etnologia, em Lévi-Strauss. Para entender a ciência contemporânea, Koyré não nos ajuda muito, assim como o debate sobre a dimensão social do sofrimento e do desejo não se encerrou na leitura kojeviana de Hegel. Quem sabe a psicanálise poderia se servir não apenas de novos achados e perspectivas, mas também e principalmente de novos impasses, oriundos, por exemplo, disso que se movimentou nesses campos? De tempos em tempos, uma ciência, uma disciplina, uma prática precisam se reconfigurar epistemologicamente. Se isso culminaria ou não em novos deslocamentos epistêmicos e numa nova disposição da psicanálise na geografia dos saberes, não temos como adivinhar. De toda maneira, um programa desse tipo envolveria coisas que já hoje são bastante claras. Vejamos:

(1') mesmo que diversos princípios e conquistas da linguística estrutural pareçam, se não definitivas, pelo menos indispensáveis, não temos como desconhecer que a linguística contemporânea pode nos fornecer elementos extremamente fecundos para pensarmos nossa prática. Modelos baseados no uso, caracterizados por emergentismo, perspectivismo, corporeidade, processualismo, performativismo e assim por diante, parecem nos devolver o caráter vivo da palavra. Passaríamos do modelo do tabuleiro de xadrez ao modelo de redes descentradas pluridimensionais ou de nuvens.[3] Recolheríamos nos conceitos novas perspectivas, novas metáforas, mas sobretudo extrairíamos dessa aventura novas extimidades.

(2') Algo parecido se passa no que toca à etnologia. Enquanto a etnologia lévi-straussiana promoveu uma acentuada oposição entre natureza e cultura, que deixou marcas profundas na psicanálise, nas últimas décadas paradigmas como o multinaturalismo e diversas versões de perspectivismo têm insistido em borrar essas fronteiras. Vários psicanalistas já perceberam a necessidade de rever essa paisagem e redescrevê-la em outros termos, o que teria forte repercussão na nossa

---

[3] O que Lacan percebeu e promoveu em "Lituraterra", sob a forma de um apólogo, poderia receber um tratamento conceitual e formal. Como afirma Miller, "o apólogo do Japão é o indicativo de uma reviravolta no ensino de Lacan e que deixa para trás sua antiga mecânica em proveito de uma meteorologia do significante" (Miller, 2011, p. 230; cf. também Santiago, 2023, p. 54).

clínica, por exemplo, na maneira como lemos operadores como o Nome do pai – e sua pluralização ou pulverização – na forma como descrevemos a fronteira entre neurose e psicose.

(3') No que diz respeito à epistemologia propriamente dita, a matriz koyreana pouco nos ajuda a pensar os rumos do fazer científico contemporâneo, especialmente no que compete às ciências da vida e aos sistemas complexos, que pouco têm a ver com o formalismo inspirado na física matematizada que forneceu o modelo de ciência para Koyré. Inúmeros são os caminhos aqui. Não pode haver dúvidas de que a "natureza" rejeitada no auge do pensamento estruturalista não condiz com o que se entende por natureza contemporaneamente (Deacon, 2013). Nesse sentido, refazer nossos laços de pesquisa com as neurociências é indispensável, não apenas para a psicanálise, mas também para as próprias neurociências, de costume fortemente dependentes de teorias psicológicas, em geral bastante duvidosas. Em linhas gerais, parte considerável da discussão estritamente epistemológica contemporânea parece ter sido colonizada pelo cognitivismo. Por outro lado, a palavra "epistemologia" passou a descrever práticas bastante diversas tais como epistemologia feminista, epistemologia do armário ou epistemologias do sul. Esse movimento mais ou menos recente merece ser lido como um sintoma da época: de um lado, epistemologias naturalistas, de outro lado, epistemologias perspectivísticas locais. Tal impasse epistemológico parece estar intimamente relacionado ao estatuto e ao prestígio da própria ciência no mundo contemporâneo. Não obstante, há perspectivas epistemológicas contemporâneas que podem ser-nos bastante úteis, desenvolvidas por autores como Ian Hacking, conforme sugere Beer (2023). Um dos muitos caminhos, que me parece especialmente fecundo para pensar epistemologicamente a prática freudiana e que passa ao largo desse embate, é o método paradigmático proposto por Agamben, que discutiremos oportunamente.

(4') Finalmente, no que tange aos destinos da vertente dialética do retorno a Freud, que tem a ver justamente com a dimensão política e social do sujeito do inconsciente, seria preciso rever o legado hegeliano que tanto marcou a recepção lacaniana de Freud. Aqui também a cena se desdobra em inúmeras rotas possíveis: diversas vertentes de teorias críticas contemporâneas e teorias do reconhecimento, que não apenas tematizam gênero, sexualidade, raça, poder, mas que também falam de outros lugares. Outros lugares que nos permitem e nos convidam a enxergar outros ângulos da afirmação freudiana de que a psicologia individual é, também, psicologia social, assim como outros ângulos da afirmação lacaniana de que o inconsciente é a política, que retomaremos oportunamente. Essa discussão, de natureza explicitamente social e política, não se restringe ao âmbito coletivo, pois assume consequências incisivas no terreno da clínica, que é nosso mais importante guia na formulação de uma política do *sinthoma*.

É claro que esse roteiro só faz sentido se supusermos um mapa da mesma espécie da enciclopédia chinesa de Borges, contendo coordenadas imaginadas, linhas de fuga e, certamente, novos labirintos. Como não lembrar aqui do riso que essa classificação arrancou de ninguém menos que Foucault no célebre Prefácio de *As palavras e as coisas*? Nesse mapa dos saberes contemporâneos, a deliciosa classificação proposta nessa enciclopédia chinesa, que dividia os animais em "(a) pertencentes ao Imperador, (b) embalsamados, (c) domesticados, (d) leitões, (e) sereias, (f) fabulosos, (g) cães em liberdade, (h) incluídos na presente classificação, (i) que se agitam como loucos, (j) inumeráveis, (k) desenhados com um pincel muito fino de pelo de camelo" (Borges *apud* Foucault, 1995, p. 5)? Quero, com isso, reiterar o caráter exploratório dessa pesquisa. Mas não abro mão de escrever com pincel muito fino de pelo de camelo. Não há – e não pode haver – nenhum ímpeto de "adequar" ou de encontrar convergências entre a psicanálise e as ciências e os saberes contemporâneos, quaisquer que sejam eles. Assim como a inexistência da relação sexual nunca impediu os encontros amorosos, a inexistência de convergências metodológicas entre psicanálise e linguística cognitiva, por exemplo, não nos impede de nos servirmos de seus achados na medida de nossas necessidades teóricas e clínicas. Para dizer com todas as letras, a psicanálise não precisa de nenhum fundamento externo a ela própria: nenhuma disciplina que funcione como "ciência-piloto" ou que empreste trajes científicos; nenhum saber externo que funcione como medida de validade de seus achados próprios. Não por acaso, Freud ([1920] 2020, p. 205) concluía o último parágrafo de *Além do princípio de prazer* dizendo: "Só aqueles crédulos que exigem da ciência um substituto para o catecismo abandonado levarão a mal o pesquisador por desenvolver ou por até mesmo reformular seus pontos de vista".

(B) No que diz respeito ao eixo clínico-político: um novo retorno a Freud precisa estar à altura da "subjetividade de sua época" (voltaremos a isso criticamente), mas, sobretudo, dos corpos que nos falam. Porque são outros corpos, outros gozos, outras crianças, outros idosos, outras linguagens, outros discursos. São outras perguntas, são outros sintomas, são outras configurações do laço social, são outras temporalidades. Sobretudo, são outros corpos. Corpos lidos como interseccionais,[4] incluindo mulheres negras,

---

[4] Trabalho com esse conceito na concepção ampliada de Carla Rodrigues, que propõe o que chama de "interseccionalidade radical", em que "corpos estão carregados de inúmeros marcadores – como raça, classe, religião, local de nascimento, lugar de moradia, idade, orientação sexual – que vão além de sexo e gênero" (Rodrigues, 2021, p. 57). A autora sugere ainda que não se trata de se contrapor a políticas identitárias, mas, ao contrário, de "ampliá-las a ponto de

pessoas trans, mas também crianças autistas, pessoas surdas bilíngues[5] e tantos outros (sem esquecer os "(h) incluídos na presente classificação, (l) et cetera, (m) que acabam de quebrar a bilha, (n) que de longe parecem moscas" (Borges *apud* Foucault, 1995, p. 5). Em suma, corpos que não aceitam os lugares prescritos de opressão e silenciamento, e cujos discursos se organizam em redes de proteção mútua algumas vezes qualificadas em nossa nada sutil retórica como "identitarismo". Mas, sobretudo, corpos que portam um saber, ou uma suspeita,[6] sobre sua condição marginalizada, subalternizada, racializada e/ou patologizada e assim por diante. Corpos produzidos por teorias e que produzem teorias. Uma pessoa não binária ou gênero fluído não apenas performa desta ou daquela maneira, mas também incorpora um conjunto muitas vezes heterogêneo de saberes que retroalimenta sua posição; outras vezes, essa pessoa produz saberes que podem circular em redes de reconhecimento e de validação já implantadas em paralelo ao universo acadêmico ou ao discurso analítico e que estão em crescimento espiralar há algumas décadas. Redes que buscam fazer ouvir os efeitos de violência e segregação que sofrem e sofreram em seus corpos. Uma mulher negra hoje pode mobilizar um conjunto de conceitos e operadores críticos que chegam a ela não apenas no mundo acadêmico, mas também através de outras redes e comunidades, tornando expressões como "lugar de fala", "racismo estrutural" ou "violência interseccional" amplamente disponíveis, embora ainda inacessíveis a muitas delas. Um jovem autista lê literatura produzida por e para autistas, e suas produções pressionam o saber

---

abarcar todos os corpos carregados de marcadores de vulnerabilidade, precariedade e subalternidade" (p. 58).

[5] Cf. Jaeger (2023); Souza (2021).

[6] Cf. Guerra (2022).

científico acerca deles. A suposição de saber não é mais como era antigamente. Há quem lamente esse estado de coisas. Em que medida a psicanálise pode estar à altura não apenas dessas subjetividades, mas também de seus corpos e dos laços que os organizam? O que nos gabamos de saber fazer como ninguém não é ouvir os corpos que falam? Mas, afinal, o que constitui um corpo?

    Quando reiteramos a desqualificação epistêmica distribuindo o selo de "discurso identitário" ao que vem de fora, não estamos agitando o sistema imunitário diante do intruso, a máquina antropológica contra o urso? Ao mesmo tempo, quando nos deixamos fascinar pela pujança com que a fala de segregados e dissidentes é recolocada em seu lugar, não flertamos rápido demais com o gozo culposo do supereu? A história da psicanálise não é contínua nem homogênea. Num capítulo não tão longínquo assim, analistas homossexuais viveram à sombra da proscrição,[7] como um órgão transplantado, como um corpo estranho funcionando dentro de outro corpo não menos estranho. Quem são os ursos, os corações transplantados, os objetos infamiliares da clínica contemporânea? Desconfio, seguindo uma intuição freudiana, de que onde nossas defesas são mais passionais devemos olhar com mais cuidado. Certamente, problemas formulados pelas lutas antirracistas, pelas teorias de gênero e pelos estudos *queer*, pelos pensamentos pós-, anti, de(s) e contracoloniais, e assim por diante, não podem definir a *agenda* do pensamento psicanalítico. Menos ainda a psicanálise pode ser alheia a eles, numa espécie de defesa imunitária que identifica, suprime e rejeita o intruso. A agenda política da psicanálise é definida por sua *clínica*, isso é uma evidência e um truísmo. Mas *quem* chega à nossa clínica e a renova com sua chegada? *Aonde* levamos

---

[7] Cf. Bulamah (2014).

nossa escuta, para desafiar nossa prática e nossa doutrina? Poderíamos, retoricamente, multiplicar essas perguntas indefinidamente, com outros moduladores: como? Para quê? Mas não é esse o caso.

Em suma, um retorno contemporâneo a Freud precisa, no mínimo, ser compatível com um projeto de democracia radical, ou democracia porvir, ou democracia real, isto é, de uma democracia que possa ir além da democracia liberal meramente tolerante às diferenças.[8] Ser *compatível com* não quer dizer estar *a serviço de,* muito menos *submetida a.* A psicanálise, quando tomada em sua radical singularidade política e epistêmica, é estruturalmente incompatível com todos os tipos de racismo,[9] com a violência política ou econômica, com a opressão sexual, com o silenciamento e com totalitarismos (de todos os espectros) (cf. Costa, 1984). Mas, astúcia da história, racismos, sexismos, fascismos mudam de figurino e de lugar, e nem sempre é fácil reconhecer seus mecanismos e os dispositivos, às vezes sutis, com que operam. Por outro lado, ela é igualmente incompatível com modismos. Sua prática, sua teoria e sua ética é decididamente avessa a qualquer tipo de adaptacionismo, em qualquer ân-

---

[8] Rancière (2014, p. 116-117) aprofunda o que ele chama de "o novo ódio à democracia", que faria da democracia "um operador ideológico que despolitiza as questões da vida pública para transformá-las em 'fenômenos de sociedade', ao mesmo tempo que nega as formas de dominação que estruturam a sociedade. Ele mascara a dominação das oligarquias estatais identificando a democracia com uma forma de sociedade e das oligarquias econômicas assimilando seu império aos apetites dos 'indivíduos democráticos'".

[9] Tomo racismo aqui no sentido de Gilmore (*apud* Butler, 2021, p. 157, nota 4): racismo é "a produção e a exploração extralegais e/ou autorizadas pelo Estado da vulnerabilidade à morte prematura, [que é] diferenciada por grupos". (No original: *"the state-sanctioned and/or legal production and exploitation of group-differentiated vulnerabilities to premature death"*.)

gulo do espectro político. A crítica às vertentes da psicologia pós-freudiana que se deixaram seduzir pelo conformismo adaptativo do *american way of life* vale igualmente para toda e qualquer vertente contemporânea de formas de vida que busque moldar a psicanálise a esse ou àquele sufixo, tanto à direita, quanto à esquerda. A psicanálise é, e precisa ser, radicalmente infamiliar e insubmissa às exigências da "atualidade".

Impossível retornar

Esse novo retorno é, portanto, impossível. Mas como só as causas impossíveis valem a pena, sigo, sozinho, mas não sem alguns outros. Além disso, as dificuldades se avolumam. Para onde eu for, não consigo me desvencilhar dos livros que *são* em mim. Posso não levar o *Curso de linguística geral* ou *Do mundo fechado ao universo infinito*, ou a *Fenomenologia do espírito*. Mas a gente não consegue desler, pelo menos não nesse sentido trivial da palavra. Outras desleituras são possíveis e até desejáveis. Posso eventualmente fazer um exercício de ler *contra* Koyré ou *contra* Hegel, mas já não me é possível pensar sem eles. Então um novo retorno sempre pressupõe o antigo. Não posso retornar a Freud como se aquilo que teve lugar, o retorno via sujeito, via simbólico, via estrutura, não tivesse ocorrido. Não se apagam vestígios impunemente. As cicatrizes nos lembram disso. A urgência, por exemplo, do *letramento* racial do analista vai além da imagem, fixada em nossa prática, do analista como especialista da desidentificação, exigindo, no século XXI, algo da ordem de um desletramento radical, de um se deixar ensinar pelo novo da clínica. Do mesmo modo, a psicanálise tem uma sofisticada teoria da letra cuja fecundidade política ainda está por ser incorporada e canalizada pelo pensamento crítico contemporâneo. Podemos e devemos ir um passo além do analista-cidadão. Que nem todos estão dispostos a fazer. Vieira (2022, [s.p.]) sintetiza o tamanho do desafio clínico e político do século XXI:

> Não podemos mais afirmar, como dizemos às vezes, lacanianos, que o sujeito não tem cor ou gênero. Nem mesmo visar um pretenso "comum" que só existe negando-se uma diferença que pode ser baseada em efeitos imaginários de superfície, de pele, por exemplo, mas nem por isso é menos mortífera. Como analista, não é um grande problema. Pode ser duro ser reduzido a um lugar, uma posição discursiva fixa, mas meu trabalho não é impedido por isso, já que ele consiste em encontrar a singularidade que expõe cada um à sua estranheza sem passar necessariamente por uma desidentificação radical. Nesse sentido, vejo-me bem mais como parteiro de identidades abertas do que herói da desidentificação.

De todo modo, este livro *não* tem a pretensão de *realizar* esse retorno a Freud a partir das disciplinas contemporâneas listadas anteriormente. Uma tarefa dessa dimensão não pode ser realizada por uma pessoa apenas, ainda mais quando ela não dispõe nem do talento, nem da energia, nem da formação multidisciplinar necessária, nem da situação concreta que a habilite, especialmente se fosse para tomar a palavra por quem quer que seja. Ao contrário, trata-se de um programa prático-teórico-político para uma comunidade de trabalho, uma comunidade polifônica disposta a mergulhar nas linhas gerais desse programa e, sobretudo, em sua continuada reformulação. O retorno a Freud que este livro propõe é um retorno a partir do horizonte de problemas que o programa aqui esboçado enseja. Sua tarefa é bem mais modesta, mas ao mesmo tempo bem mais ousada. E volumosa. O que era uma monografia transformou-se numa obra estruturada em três volumes: (1) *O que é psicanálise?*; (2) *O avesso da necropolítica*; (3) *O inconsciente litoral*.

Nesses três volumes, trata-se de criar *condições* para um retorno a Freud a partir do inconsciente litoral. Tenho me servido da expressão "inconsciente real" de maneira bastante livre, sem, contudo, definir seus contornos ou desdobrar suas consequências, o que pretendo fazer nos volumes posteriores. O trabalho do conceito encerra, necessariamente, um componente algo herético, se não profano. Embora pouco ortodoxo, o uso que faço do conceito de inconsciente real é amplamente devedor do trabalho desenvolvido por Jacques-Alain Miller, embora não coincida perfeitamente com ele. Em linhas bastante gerais, Miller considera que o ensino lacaniano, no final dos anos 1970, inaugura uma concepção do inconsciente diferente daquela que havia vigorado nos anos 1950-1960. Num primeiro momento, Lacan havia se esforçado por formalizar o inconsciente estruturado como linguagem, aquele que trabalha segundo o modelo da metáfora e da metonímia e que é, no fundo, um inconsciente produtor de sentido (S_1-S_2) a partir da ordenação simbólica que o configura. Temos aí o que Miller chamou de inconsciente transferencial, compreendendo especialmente o percurso inicial de Lacan nos anos 1950, sublinhando três livros freudianos fundamentais para sua teoria do significante: *A interpretação do sonho*, *Psicopatologia da vida cotidiana* e *O chiste e sua relação com o inconsciente*. Já nos anos 1970, quando já não se dedicava mais a explorar os textos freudianos, Lacan teria nos dado pistas para pensarmos um inconsciente real, que não opera pela via do sentido e não espera por uma decifração. Essa perspectiva envolve tanto uma reconsideração do próprio estatuto do inconsciente – sendo ele fundamentalmente um inconsciente fora do sentido, e não um inconsciente produtor de significações – quanto uma perspectiva do que se encontra no final de uma análise. Em meu esforço de leitura, ou seja, do ângulo a partir do qual viso a psicanálise, tenho apostado em um reencontro fortuito dessa formulação lacaniana do inconsciente real com os elementos pulsionais que caracterizavam o inconsciente freudiano, deixados numa certa sombra por uma leitura que enfatizava sua dimensão significante. É claro que cada giro de perspectiva gera novas visibilidades, assim como novas sombras.

∞ ∞ ∞

Trata-se, portanto, de injetar alguns litros de oxigênio no debate, quem sabe driblar o ruído dos aparelhos ou da marcial sinfonia russa. Em termos lacanianos, um retorno a partir não apenas da estrutura, mas também de *lalíngua*; não limitado ao sujeito, mas vetorizado rumo ao corpo falante; não restrito à dialética do desejo, mas aberto ao gozo do Um. Na verdade, quero mostrar um conjunto de maneiras de ler Freud que nos permita encontrar aquilo que já está lá, à espera do século XXI. Não é Freud que precisa chegar ao século XXI, mas o século que precisa descobrir o Freud que pacientemente o espera. Trata-se, portanto, de mostrar certas trilhas, certas pistas de leitura do texto freudiano que sejam minimamente consistentes com uma perspectiva renovada da prática psicanalítica no século XXI e que possam ser mais ou menos compatíveis com o programa anteriormente rascunhado. Um trabalho de terraplanagem, talvez, de oxigenação, certamente. Como ler Freud hoje? Para responder, ou mesmo para entender melhor a pergunta, é urgente desativar certas leituras-padrão, consolidadas não apenas no imaginário social, mas também, muitas vezes, dentro da própria psicanálise. Ou seja, trata-se de extrair de Freud ferramentas para ler o mundo de hoje. Em suma:

fazendo novas perguntas, podemos aprender a reler Freud e aprender a ler o presente *com* Freud. O que quero dizer é que não precisamos servir a Freud. Podemos *nos servir dele*. Mais ou menos como um músico improvisa ou compõe variações a partir da fidelidade radical a um tema, que ele aprofunda e realiza no gesto mesmo de subvertê-lo. Quando o fazemos, modulamos nossa leitura, giramos a perspectiva, encontramos, no mesmo Freud, outro Freud.

Capítulo 3
Quanto tempo dura um século?

"Pertence verdadeiramente ao seu tempo", escreve Agamben (2014, p. 22), "aquele que não coincide perfeitamente com ele nem se adéqua às suas exigências e é, por isso, nesse sentido, inatual; mas, precisamente por isso, exatamente através dessa separação e desse anacronismo, ele é capaz, mais do que outros, de perceber e de apreender o seu tempo." Quando apago a luz do quarto ou entro subitamente num ambiente escuro, a escuridão toma conta de tudo. Não sou capaz de dar um passo sem arriscar um tropeço. Estendo a mão, procurando alcançar o interruptor do abajur ou, talvez, o celular sobre a mesa. Enquanto vou tateando, procurando sem achar, aos poucos começo a enxergar certos contornos de objetos, uma ou outra nesga de luz, uma espécie de aura. Na verdade, alguns minutos depois de cair na escuridão, nossas retinas acabam se adaptando à ausência de luz, ajustando a sensibilidade à luminosidade, num jogo complexo do sistema fotoquímico. Fato é que, aos poucos, conseguimos como que enxergar na escuridão ou mesmo enxergar a própria escuridão.

O fenômeno é bem descrito e facilmente replicável por qualquer um. Analogamente, o presente não é imediatamente visível. Quem, com toda honestidade, sabe dizer "o que está acontecendo, de verdade, aqui, hoje"? As marcas do presente só se dão a ver a quem se acostuma a enxergar na penumbra. Afinal, "contemporâneo é, exatamente, aquele que sabe ver essa obscuridade, que é capaz de escrever mergulhando a pena nas trevas do presente" (Agamben, 2014, p. 25).

Tomemos, por exemplo, o processo de escrita do *Além do princípio de prazer*, alvo de diversas disputas e controvérsias. Para começar, ele foi elaborado num período especialmente turbulento, tanto do ponto de vista histórico quanto do ponto de vista pessoal, sem contar as próprias transformações da teoria e da clínica psicanalíticas. O texto foi iniciado logo após o final da Primeira Guerra Mundial, enquanto a epidemia de gripe espanhola vitimava milhões de pessoas, incluindo a jovem e saudável Sophie, filha de Freud. Do mesmo modo, a clínica receberia um forte influxo dos traumatizados de guerra, cuja gramática de sofrimentos parecia denunciar certo esgotamento de hipóteses teóricas e de protocolos clínicos calcados em um primeiro modelo da interpretação. Em que medida a superfície do texto espelha todos ou alguns desses acontecimentos? Como tais acontecimentos "exteriores" incidem no texto? Se um texto fosse uma superfície plana, como um espelho bem polido, talvez acontecimentos paralelos pudessem ser refletidos em ângulos idênticos aos ângulos de incidência. Refletida, a luz seria devolvida a seu meio de origem, sem que houvesse refração, sem opacidades ou ruídos. Foi isso que supuseram – e ainda supõem – alguns leitores. O *Além do princípio de prazer* espelharia o pessimismo de Freud, seu luto, suas perdas.

Mas acontecimentos quase nunca são paralelos: são antes oblíquos, ou tangenciam outros acontecimentos, ou os cortam. Além disso, não incidem em superfícies planas, dispostas a devolver aos olhos do leitor o que o autor mesmo recebeu. Do mesmo modo, um texto não é uma superfície plana, mas, antes, é composto por camadas ou placas que se chocam e que deslizam umas sobre as outras, amarradas por fios nem sempre visíveis, nem sempre ancorados em terra firme. Tampouco um texto é uma matéria opaca, impenetrável, que nada absorve do exterior ou que extingue tudo que lhe é estranho.

Exatamente porque mergulhou profundamente nas trevas do presente é que Freud construiu, com escombros e materiais diversos, um texto que nos fornece ainda hoje elementos potentes para pensar desde problemas clínicos, como a ubíqua compulsão à repetição, até a política, com a instrumentalização perversa da pulsão de morte a serviço da bio e da necropolítica.

Nesse sentido, Freud é perfeitamente contemporâneo, não apenas de seu próprio tempo, mas também do nosso. Justamente porque neutraliza as luzes de sua época, ele está profundamente enraizado naquilo que, em seu tempo histórico, é, na verdade, inatual. Não foi a psicanálise que desativou o dispositivo médico que silenciava o sofrimento histérico e, ao fazê-lo, deu-lhe voz, uma voz que, justamente, denunciava o liame invisível entre um certo saber psicopatológico e a hipocrisia sexual? Não foi Freud quem retirou os sonhos e as fantasias sexuais infantis das brumas do absurdo e da inexistência, e lhes emprestou uma linguagem e uma forma? Não foi o divã – e a associação livre – que liberou a palavra das regras tácitas da conversação ordinária e lhe ofereceu um espaço em que aquilo que não se pode dizer finalmente ganhava corpo e surpreendia inclusive aquele que fala? A psicanálise está, nesse sentido, enraizada na história. Não apenas como testemunha: também como agente transformador dessa mesma história.

Não é por acaso que o crítico literário palestino Edward Said (2004, p. 55) sublinhou que "textos inertes permanecem em suas épocas", mas "aqueles que se contrapõem vigorosamente às barreiras históricas são os que permanecem conosco geração após geração". Segundo Said, Freud foi um inversor e remapeador de geografias e genealogias aceitas ou estabelecidas. Ele assim se presta, pela memória, pesquisa e reflexão, a uma estruturação sem fim, tanto no sentido individual como coletivo. Que nós, diferentes leitores de diferentes períodos históricos, em contextos culturais diferentes, continuemos a fazê-lo em nossas leituras de Freud, me parece nada menos do que uma justificação do poder que o seu trabalho tem para instigar novos pensamentos, bem como para iluminar situações com que ele mesmo talvez jamais tenha sonhado (Said, 2004, p. 57).

Eu não poderia expressar melhor o que este livro sonha. Tomemos um exemplo. Um pouco mais ou um pouco menos de um século nos separa, hoje, dos textos de Freud, cuja obra se estende, aproximadamente, de 1895 até 1939. Há neles, contudo, algo de extremamente contemporâneo. Freud não esteve apenas à frente de seu tempo. Em uma série de aspectos, ele ainda está à frente do nosso. Por exemplo, quando afirma que "a Patologia não pôde fazer justiça ao problema da causa imediata da doença nas neuroses enquanto esteve preocupada apenas em decidir se essas afecções eram de natureza endógena ou exógena" (Freud, [1912] 2016 p. 79). Talvez até hoje certo discurso psicopatológico esteja demasiado aprisionado nessa pobre – ou até mesmo falsa – dicotomia entre fatores genéticos ou ambientais, biológicos ou psíquicos. A perspectiva freudiana é, nesse sentido, mais moderna e mais ousada: "a Psicanálise nos advertiu a abandonarmos a infecunda oposição entre fatores externos e internos, entre destino e constituição, e nos ensinou a encontrar a causação do adoecimento neurótico regularmente em uma determinada situação psíquica que pode se produzir por diversos caminhos" (p. 79). Ou, ainda, quando insiste: "assim se mistura e se une continuamente na observação aquilo que nós, na teoria, queremos distinguir como um par de opostos – herança e aquisição" (p. 192).

Mas será que esse raciocínio se limita a sintomas neuróticos? Em uma longa nota de "Sobre a dinâmica da transferência", Freud aborda com muita clareza e sofisticação algo que me parece extremamente contemporâneo em termos de modelos causais complexos:

> Protejamo-nos aqui contra a objeção errônea que acredita termos negado a importância dos fatores inatos (constitucionais), por termos destacado as impressões infantis. Tal crítica origina-se na estreiteza da necessidade de causalidade dos homens, que quer se satisfazer com um único momento originário, ao contrário da configuração usual da realidade. A Psicanálise se pronunciou muito sobre os fatores acidentais da etiologia e pouco sobre os constitucionais; mas isso apenas porque pôde trazer algo de novo no primeiro caso, e no segundo não sabia mais do que em geral já se sabe. Rejeitamos o estabelecimento de uma oposição fundamental entre as duas sequências de fatores etiológicos; supomos, antes, uma colaboração regular entre ambas, produzindo o efeito observado. Δαίμον καὶ Τύχη [Destino e Acaso] determinam o destino de um homem; raras vezes, talvez nunca, uma dessas forças apenas. A distribuição da eficácia etiológica entre as duas só poderá se realizar individualmente e em cada caso específico. A sequência em que grandezas alternantes de ambos os fatores se compõem certamente também terá seus casos extremos. Dependendo do nível do nosso conhecimento, iremos avaliar de modo diferente a parcela da constituição ou da vivência em cada caso específico, e nos reservamos o direito de modificarmos o nosso juízo com a mudança de nossas compreensões. Aliás, poderíamos arriscar a entender a própria constituição como o precipitado das influências acidentais sobre a infinita série dos antepassados (Freud, [1912] 2017, p. 107-108, nota ii).

∞ ∞ ∞

Tudo isso tem grandes implicações clínicas e políticas. Tomemos um caso em que fatores externos e internos, exógenos e endógenos, destino e constituição se retroalimentam: a batalha em torno do autismo, ocorrida em diversos países, como a França e o Brasil. Se é inegável que fatores constitucionais ou disposicionais – ou, para dizermos com os termos de hoje, genéticos – desempenham papel determinante no autismo, esses mesmos fatores não excluem uma complexa trama de fatores acidentais que retroalimentam os constitucionais, tampouco excluem o fato de que determinadas configurações familiares, históricas, sociais favorecem ou desfavorecem a construção de bordas para uma criança autista. Além disso, mesmo se considerarmos a improvável hipótese de uma determinação inteiramente genética do autismo, na ausência de uma terapia genética também completamente eficaz, ainda assim, a psicanálise lida com outra coisa: com a singularidade irredutível, com o modo como cada pessoa autista vai se virar com o intervalo entre destino e acaso, isto é, entre a aparente necessidade das determinações – genéticas, simbólicas, corporais – e a contingência das invenções e dos arranjos passíveis de serem construídos por um falasser em sua vida. Além disso, uma condição como o transtorno do espectro autista (TEA) não é inteiramente imune ao discurso sobre ela, à teoria que se produz sobre ela, às formas de vida que se inventam.

Para enfrentar problemas dessa natureza, o filósofo da ciência canadense Ian Hacking distinguiu "tipos indiferentes" e "tipos interativos". O comportamento dos átomos não se altera de acordo com o que falamos sobre eles. Os rumos da economia, ao contrário, variam de acordo com as expectativas e os discursos dos agentes econômicos. No primeiro caso, estamos diante de um *tipo indiferente*; no segundo, de um *tipo interativo*. Parte significativa dos assim chamados "transtornos mentais" ou das "estruturas clínicas" ou de "condições subjetivas" podem ser mais bem descritos como tipos interativos. Além disso, pode haver efeitos de *biolooping* e *biofeedback*, que embrulham a fronteira entre o indiferente e o interativo, o disposicional e o contingente. Por razões que ficarão claras ao longo do livro, essa distinção parece mais adequada do que a distinção entre ciências naturais e humanas. O autismo, para retomarmos a discussão nesses termos, parece ser uma condição em que as formas como as crianças e a sociedade lidam com ela afetam essa própria condição. Por isso, precisamos de uma ontologia aberta à história e de uma espécie de *nominalismo dinâmico*.[10]

Retomando a nota de Freud sobre destino e acaso citada anteriormente, que agora ficará ainda mais clara e contundente: "iremos avaliar de modo diferente a parcela da constituição ou da vivência em cada caso específico" (Freud, [1912] 2017, p. 107-108, nota ii). Quer dizer, a proporção entre fatores constitucionais ou não constitucionais é modulada a cada caso, singularmente! E isso não exclui efeitos de *looping* ou de *feedback*. Alguém poderia ser tentado a traduzir no vocabulário "científico" vigente: combinação de fatores genéticos e ambientais. Mas a noção de "ambiente" costuma ser um balaio de gatos no qual se confundem fatores psíquicos, sociais, históricos etc. O importante do argumento de Freud é que apenas singularmente podemos avaliar a participação de diversas linhas causais.

Nesse sentido, e contra um psicologismo rasteiro que impera em muitos lugares, Éric Laurent (2014, p. 33) tem razão ao afirmar que "a psicanálise não supõe uma psicogênese das doenças mentais. Ela afirma, em contrapartida, a importância do corpo para todo ser falante, para todo falasser parasitado pela linguagem, o que é bem diferente. A psicanálise, na sua aplicação no autismo, não depende das hipóteses etiológicas sobre seu fundamento orgânico".

---

[10] Para uma discussão aprofundada do tema, ver Beer (2020, 2023).

Tensões internas

Não por acaso, também, Freud é um autor no qual se cruzam conflitos e contradições. Tomemos rapidamente alguns exemplos bastante elucidativos. Não obstante o aparente conservadorismo da vida doméstica da Bergasse, "nas campanhas da época relativas a temas sexuais, tais como a reforma da lei do divórcio, a legalização da homossexualidade e do aborto, Freud era um liberal sem qualquer ambiguidade" (Appignanesi; Forrester, 2011, p. 603). Se sua vida familiar não deixava de observar certo "estilo vitoriano", ainda que indiretamente e quase sem querer, suas teorias e sua prática teriam um papel inestimável na consolidação de algumas bandeiras das lutas das mulheres: "ciente de que sua doutrina, não obstante afastada das lutas feministas, participava amplamente da emancipação das mulheres, [Freud] via-se como um homem do passado, não tendo ele mesmo desfrutado da revolução sexual que impusera à sociedade ocidental. De certa forma, o século XX era mais freudiano do que Freud" (Roudinesco, 2016, p. 347). De fato, "se os pontos de vista do homem Freud muitas vezes foram conservadores, a prática do psicanalista Freud com certeza foi revolucionária" (Appignanesi; Forrester, 2011, p. 38). Pode haver algum exagero em formulações desse tipo? Certamente. O que não invalida as consequências radicais do campo de prática aberto por Freud, as quais em muito ultrapassam seu sujeito. Para dizer com todas as letras: não haveria Judith Butler ou Achille Mbembe se não houvesse Freud.

As tensões internas ao pensamento de Freud e as contradições entre a obra e a vida não precisam ser resolvidas ou apagadas. Porque é justamente essa fricção que produz o calor, a energia que precisa ser absorvida pelo leitor. É o que mantém o texto vivo, torna a interpretação difícil e convida ao porvir. Se Freud é contemporâneo, isso não provém de seu arbítrio, mas de uma exigência que se impôs a ele. Isso, porque "o contemporâneo é aquele que percebe a escuridão de seu tempo como algo que lhe diz respeito e não cessa de interpelá-lo, alguma coisa que, mais que qualquer luz, dirige-se direta e singularmente a ele" (Agamben, 2014, p. 26).

Não por acaso, as ideias e os textos de Freud causaram escândalo, e nunca deixaram de fazê-lo. Por um lado, a moral sexual cultural, o *establishment* científico e certos valores da família burguesa ficaram fortemente incomodados e até mesmo ofendidos pelas ideias psicanalíticas acerca da sexualidade infantil e da disposição bissexual inerente ao ser humano, e pela clivagem entre anatomia e posição sexual; por outro lado, certas vertentes de movimentos políticos, principalmente algumas vagas do pensamento feminista e, mais recentemente, dos estudos de gênero e *queer*, viram justamente o contrário: a perpetuação de uma lógica binária da sexualidade, o prolongamento do patriarcado ou a hipóstase do falo-logocentrismo. Essa polarização da recepção mostra, por si só, a complexidade das posições freudianas, que exige uma leitura cuidadosa e sutil, justamente porque não se deixa apreender em lugares predeterminados por discursos e saberes prévios.

Discussões acerca da moral sexual nunca encerram apenas aspectos psíquicos, ou sociais, ou políticos. Além disso, e esse é o ponto-chave, há uma dimensão ontológica em jogo. Aliás, bastante recentemente, Alenka Zupančič sintetizou o que há de perturbador na noção freudiana de sexualidade, mesmo aos olhos de uma sociedade "permissiva" e "tolerante" como a nossa: "aos vitorianos que gritavam 'sexo é sujo', Freud não respondia dizendo algo como 'Não, sexo não é sujo, é apenas natural', mas muito mais algo como: 'o que é esse "sexo" do qual vocês estão falando'?" (Zupančič, 2023, p. 18). O que continua sendo inquietante – e que tem implicações clínicas e ontológicas maiores – é a noção de que o sexo é algo intrinsecamente errático e opaco, algo "problemático e disruptivo" (p. 18) para nossas identidades, mais do que uma matéria lisa e macia, pronta para ser modelada ou esculpida, sem resistência, conforme nossa imaginação e arbítrio.

De fato, a polarização da recepção da psicanálise freudiana coloca-nos diante de uma exigência. Uma exigência de leitura atenta não apenas à letra do texto e à clínica que ela funda, mas também a aspectos biográficos, a contextos históricos e sociais, ao contexto institucional do debate interno à comunidade psicanalítica e, claro, à própria história da recepção da psicanálise. Freud herda não apenas vocabulários e gramáticas fortemente vinculadas ao complexo cenário da Viena no fim do século, como também inquietações e perspectivas que ecoavam ali. Mas o que importa, sobretudo, é aquilo que seu discurso é capaz de desativar nos dispositivos que herda.

Vinte e um

O século XX começou a terminar com o 11 de Setembro de 2001. A enorme nuvem de fumaça e a tempestade de poeira dos escombros das Torres Gêmeas pareciam metaforizar perfeitamente o fim de uma era e o começo de outra. Muita gente celebraria seu fim naquela ocasião. Mas o século resistiu. Era, certamente, o começo do fim, mas, até bem pouco tempo atrás, ainda vivíamos no mundo do século XX. Iniciado com a Primeira Guerra Mundial, entre 1914 e 1918, que começara com cavalaria e baionetas, e encerrado com tanques e bombas de gás, o século XX sobreviveu à queda do Muro de Berlim, ao "*bug* do milênio", à crise financeira de 2008, à Primavera Árabe, ao Occupy Wall Street. Mas a pá de cal que parece ter enterrado de vez o século moribundo foi a paralização planetária provocada pela pandemia de covid-19 – evento de dimensões mundiais, que, por um instante, fez-nos perder as principais referências que nos fincam ao mundo que conhecíamos. De fato, fomos dormir em um mundo e acordamos em outro, se é que acordamos. De ponta a ponta, fomos, de uma maneira ou de outra, surpreendidos por um corte que afetou todas ou quase todas as esferas de nossas vidas, como se mergulhássemos no escuro, desorientados, sem reconhecer as coordenadas do mundo ao qual estávamos minimamente acostumados. Por um instante, o horizonte se dissolveria, antes de se reconstituir, como sempre acontece. Afinal, todo marco temporal é apenas um marco diferencial, que resiste pouco à inércia implacável do Mesmo. Estão aí as comemorações de aniversário e as promessas de fim de ano que não nos deixam mentir. Fato é que, tudo somado, não podemos mais duvidar de que fomos lançados no século XXI (Schwarcz, 2020).

O acontecimento-pandemia não inventou nada: nem a biopolítica nem a necropolítica, por exemplo; mas mostrou como a primeira pode deslizar para a segunda num piscar de olhos. A pandemia não inventou a corrosão interna das democracias liberais pelo estado de exceção e pelo fantasma do neofascismo, mas mostrou que a exceção que pulsa em seu coração pode tornar-se regra latente, como muitos já sabiam. Do mesmo modo, a pandemia não inventou o "homem plástico" e seu correlato, o "sujeito digital" (Mbembe, 2020b, p. 31), mas mostrou nossa dependência ao discurso digital como nova figura do laço social contemporâneo; não inventou a distribuição desigual do direito ao luto, mas mostrou que a tragédia de Antígona, a filha de Édipo que foi impedida por uma lei imoral de prestar homenagens fúnebres ao seu irmão, generalizou-se a segmentos populacionais inteiros. E assim por diante. O ponto de virada é que ela mostrou tudo isso, e muito mais, a setores sociais que costumam não enxergar muito além da própria miopia: "a pandemia funcionou como um revelador fotográfico: o que estava debaixo de nosso nariz, mas não enxergávamos, apareceu à luz do dia" (Pelbart, 2021, p. 14). Por mais que a miopia, quer dizer, a inércia dos dias, queira nos devolver a sensação de normalidade, as cicatrizes não param de gritar: não por acaso, a clínica nos mostra um efeito tardio, na forma de sofrimentos os mais diversos.

∞ ∞ ∞

E o que foi o século para a psicanálise? Não há muita dúvida de que o século XX foi o século de ouro da psicanálise, o século de Freud e de Lacan. O século em que a psicanálise sobreviveu a incansáveis anúncios de sua morte, de sua obsolescência, de sua ineficácia, até mesmo de sua fraudulência etc. A psicanálise sobreviveu a bons livros, como *Conjecturas e refutações* (Popper), e a todos os catequistas da ciência normativa; a *O anti-Édipo* (Deleuze; Guattari), à *História da sexualidade* (Foucault), aos *Problemas de gênero* (Butler). Os livros negros, de calúnia e de divulgação científica nem merecem ser lembrados, a não ser que queiramos sorrir de novo.

Sobreviveu talvez porque ela seja, a seu modo, uma espécie bem particular de subproduto da ciência e contenha em si mesma um potencial crítico abundante. A psicanálise sobreviveu aos ferozes bons costumes e à desconstrução. Mais do que isso, ela sobreviveu até mesmo aos riscos mais perigosos, quer dizer, aos próprios psicanalistas, não apenas às infindáveis guerras internas, mas também às tentativas de estandardização, ao risco sempre iminente de *psicologização*, à assimilação de técnicas modernas, ao ecletismo, ao hermetismo, e assim por diante…

Ao contrário do que querem alguns, parece que a psicanálise está viva, muito viva, e talvez seja exatamente por isso que declaram sua morte de tempos em tempos. Se a tivessem matado apenas duas ou três vezes, talvez pudéssemos comemorar seu passamento ou chorar sua saudade. Mas morreu tantas vezes que a gente desconfia. E, no entanto, se dermos mais um giro no parafuso, perceberemos que a existência da psicanálise é, ela própria, infamiliar. Escreve Freud: "Não me admiraria ouvir que a psicanálise, ocupada em descobrir essas forças misteriosas, tornou-se, ela mesma, infamiliar para muitas pessoas" (Freud, [1919] 2019, p. 91). Melhor que permaneça assim. Mas, para que ela permaneça infamiliar, é preciso aperfeiçoar nossas técnicas de leitura, levando-as ainda mais longe.

Como ler nosso mundo, como ler nosso tempo e suas questões, sem também nos deixar fascinar com respostas rápidas, com os mea-culpa e com as carapuças que muitos insistem em vestir? Porque o que nos permite ler o mundo, o tempo, o texto é também, sobretudo, sintoma. Então podemos reformular a questão: quais são os sintomas de nosso tempo? Quais soluções de compromisso abraçamos para continuar a gozar do mesmo jeito? O que significa, afinal de contas, ler? Uma leitura – de certa forma – diz mais sobre quem lê do que sobre quem é lido. Ou seja, como nosso tempo lê a psicanálise, como nosso tempo gosta de ler Freud? O que sublinhamos no texto? Que passagens citamos? O que encontramos lá, senão aquilo que confirma o que já sabíamos? A maneira como lemos Freud (ou Lacan, ou quem quer que seja) acaba nos fornecendo uma imagem de nós mesmos.

Nas últimas décadas, acostumamo-nos a dizer – ou a contradizer – coisas do tipo: Freud é um autor heteronormativo, eurocêntrico, colonial; o Édipo é um dispositivo normativo, oriundo de um modelo patriarcal de família burguesa que quer se replicar e se impor como universal; a psicanálise seria uma prática elitista, racista, misógina etc. Enunciados desse tipo circulam nos corredores físicos ou digitais, perpassam textos e teses acadêmicas. Para além dos inevitáveis truísmos de formulações desse gênero, podemos ver outra coisa.

Quero propor outra maneira de ler Freud. Não para desculpá-lo, para desenterrá-lo ou qualquer coisa assim. Ninguém morreu mais vezes do que Freud. Mas para mostrar, letra por letra, como podemos achar lá verdadeiras ferramentas, instrumentos poderosos para as principais lutas que queremos – e podemos, e devemos – fazer. Certamente, se repetirmos as citações que todos sabem de cor, encontraremos frases misóginas, machistas, normativas e assim por diante. Mas realmente sabemos dimensionar o peso relativo dessas passagens no interior dos argumentos, na organicidade dos conceitos, no conjunto da obra? Sabemos reconstruir os debates intelectuais e políticos que nelas reverberavam ou calcular seus ecos? E se fizéssemos um simples exercício de desgrifar as páginas que nossos professores nos ensinaram a sublinhar e grifássemos duas linhas abaixo, ou três acima? Desacostumar o pensamento, desrepetir as citações, triturar o lugar-comum, dessacralizar o cânone.

Quem nos fez acreditar que o Édipo e o falo são o *centro* da psicanálise, se o próprio Freud foi de Édipo a Hamlet e de Hamlet a Dostoiévski? Se ele foi ainda, num passo audacioso, da Grécia ao Egito, em companhia de Moisés? Ou os textos "estéticos" e "culturais" seriam meros adornos desprovidos de relevância para o pensamento clínico, meros ornamentos incapazes de redesenhar o campo de força dos conceitos estabelecidos? Ou nos esquecemos de que o Édipo só faz sentido como uma máquina simbólica que visa unificar um corpo erógeno perverso e polimorfo, que nunca se dobra inteiramente às exigências das normas sociais? Quem nos fez esquecer que uma satisfação obtida nunca é abandonada, que o inconsciente é atemporal e que a pulsão é sem objeto? Não é isso o real? Não é isso, para dizer com todas as letras, senão o inconsciente literal-litoral, pelo menos seu fundamento?

Quando o sujeito passa a responder com seu corpo à normatividade simbólica, buscando nela se (des)inserir à sua maneira, muita água já rolou, muitas camadas e sedimentos já foram depositados, muitas apostas já foram feitas. O pobre Édipo tenta erguer seu castelo sobre escombros, mas o fundo das ruínas e dos restos desse vulcão pulsional do corpo erógeno não se cala. Daí a tragédia de Édipo, manco, cego, exilado de sua própria cidade, vagando pela noite sem ter onde se fixar. Édipo é uma tragédia do exílio forçado. O século XXI é o século do exílio.

    O que quero dizer, mais uma vez, é que não precisamos servir a Freud. Mas podemos nos servir dele. Uma psicanálise do século XXI realmente precisa gravitar em torno da significação do falo, da lógica do (não) ser/(não) ter o falo? Os corpos falantes na sociedade dos infinitos modos de gozo no século XXI ainda giram em órbitas circulares em torno desse centro de gravidade único? Que resultados teríamos se, num exercício de de(s)colonizar a língua, para pensar os destinos do falo, pudéssemos extrair consequências de uma das mais triviais, ubíquas e peculiares categorias de nossa língua e, portanto, de nossa experiência, isto é, a distinção entre ser e estar? Ser (não-ser) o falo ou estar (não-estar) com o falo? Podemos, inclusive, encontrar para isso uma espécie de antecedente na discussão lacaniana de Hamlet, em que o psicanalista extrai importantes consequências da seguinte afirmação do príncipe: "*The body is with the king, but the king is not with the body*". Ele sugere que substituamos a palavra "rei" pela palavra "falo" – o corpo está com o falo, mas o falo não está com o corpo: "o corpo está comprometido nesse negócio do falo, e quanto!, mas que o falo, em contrapartida, não está comprometido com nada e sempre escorrega por entre os nossos dedos" (Lacan, [1958-1959] 2016, p. 378). No segundo volume desta obra, voltaremos detidamente ao que caracterizo como "faloexcentrismo freudiano".

    Não sei responder a essas perguntas. Mas sei que Freud extraiu do que havia no solo da língua alemã muito do que ganhou o estatuto de conceito psicanalítico, assim como Lacan fez com o francês. "De(s)colonizar", no sentido que me interessa, não significa nos afastarmos do que aprendemos com os autores estrangeiros, mas sermos capazes de vencer nossa timidez epistêmica e extrair de nossa língua o que ela acumulou. Podemos, por exemplo, pensar o final de análise a partir de um modelo algo idealizado como a travessia da fantasia ou podemos pensá-la como um arranjo da ordem de uma invenção precária para lidar com a pulsão, isto é, como uma *gambiarra* (Teixeira, 2022).

Se não sei respondê-las, pelo menos desconfio de que as respostas deveriam se nutrir da clínica contemporânea, orientada pelos corpos falantes. O que será a psicanálise no século XXI? O que é claro para nós, seus atores e personagens? O que é obscuro? Quais são as luzes do nosso século, que iluminam, mas que também nos cegam? Contemporâneo não é aquele que consegue ver o que no seu próprio tempo não está claro para todos? Não sei o que é ou o que será a psicanálise no século XXI. Não podemos cair num exercício de futurologia. Mas podemos, contudo, dizer o que ela não é mais, o que ela não pode ser mais. Claramente, ela não pode ser indiferente às camadas de mundo, aos sedimentos, aos horizontes, às ruínas de nosso tempo. Não pode ser insensível às múltiplas formas contemporâneas de segregação, não pode ser indiferente às diversas lutas por reconhecimento, tais como as lutas antirracistas; não pode ser insensível às conquistas e aos desafios das novas formas de viver e de pensar o corpo, o gênero e a sexualidade; não pode ser alheia ao pensamento pós e de(s)colonial e ao que significa fazer psicanálise no contexto brasileiro; não pode ser indolente quanto ao aumento das desigualdades; muito menos pode ser neutra em relação à urgente – e provavelmente duradoura – luta antifascista.

Num outro viés, não pode se comportar com bela indiferença – ou defesa imunitária – em relação às impressionantes descobertas científicas atuais, por exemplo, as das ciências contemporâneas que estudam o cérebro, muitas delas convergentes com perspectivas nossas, outras que tensionam e que exigem trabalho. Parte do que se costuma chamar de neurociências tem o costume ruim de se apoiar numa psicologia pretensamente científica, mas fortemente compromissada com um modelo de indivíduo historicamente datado e socialmente limitado. Um dos pecados de partes do vasto e heterogêneo campo das neurociências é seu compromisso com pressupostos psicológicos meramente comportamental-cognitivos, não com a biologia, ou a engenharia, ou a IA. O que rapidamente descamba para alianças para lá de duvidosas, como psicologia positiva, *coaching*, *mindfulness* e assemelhados, que fariam corar qualquer epistemólogo.

Mas podemos dar um passo além: o que nisso tudo, e através disso tudo, ainda permanece obscuro para nós mesmos? A luz excessiva nos cega, ainda que momentaneamente. Não devemos desconfiar daquilo que é demasiado claro para ser verdadeiro? Afinal, o contemporâneo é um emaranhado complexo de temporalidades: "ser contemporâneo, nesse sentido, seria obscurecer o espetáculo do século presente a fim de perceber, nessa mesma obscuridade, a luz que procura nos alcançar e não consegue. Seria [...] ver aparecer os vaga-lumes no espaço de superexposição, feroz, demasiado, luminoso, de nossa história presente" (Didi-Huberman, 2014, p. 70). Nada mais freudiano: o tempo empilhado em camadas na célebre metáfora arqueológica das várias Romas sobrepostas, mas cortado pelos vagalumes da transitoriedade. Afinal, quantos séculos cabem dentro de um minuto? Voltaremos a isso. Mas, se quisermos ser consequentes, precisaríamos recorrer a "montagens temporais" (Didi-Huberman, 2014, p. 71), já que o contemporâneo nunca é transparente a si, e nele cruzam-se, subterrânea ou visivelmente, o arcaico e o moderno.

De todo modo, se fizermos as perguntas certas, o texto freudiano pode nos surpreender com respostas extremamente modernas. Esses exemplos servem para nos lembrar de que as lutas de hoje, as perguntas de hoje podem ecoar no texto de Freud e nos fornecer duas coisas: a possibilidade de desativar certas leituras-padrão não apenas do texto freudiano, mas também dos próprios fenômenos em pauta, indicando outros caminhos possíveis. Em suma: fazendo as perguntas certas hoje, podemos aprender a reler Freud e aprender a ler o presente com Freud.

Alguns preferem ler Freud como uma caixa de ferramentas. Meu propósito é mais arriscado. Talvez possamos ler Freud como uma máquina de guerra, uma máquina que nos fornece esta ou aquela lanterna para ver na escuridão. Especialmente na escuridão do século da necropolítica. E, justamente, para desativar o tom apocalíptico que muitas vezes o contemporâneo encerra. Ler Freud, portanto, não no sentido de saldar uma suposta dívida histórica da psicanálise quanto a este ou aquele ponto, mas no sentido de nos responsabilizarmos por estar à altura da subjetividade, dos corpos e dos laços de nossa época. Ainda que não seja nada fácil determinar que época é a nossa. Os clarões dos holofotes podem nos cegar tanto quanto a própria escuridão, à qual, afinal de contas, podemos nos acostumar. O que quero propor são vagalumes, essas pequenas luzes intermitentes e fugidias, que nunca estão no mesmo lugar: quando tentamos apanhá-los com as mãos, já estão em outro lugar. Vagalumes nos ensinam a arte de resistir aos holofotes e à escuridão. Na contramão do obscurantismo contemporâneo, da epistemofobia reinante e das renascentes ondas neofascistas, mas também contra as "grandes luzes do presente", contra os holofotes que nos cegam tanto quanto a escuridão, podemos recuperar a figura dos vaga-lumes.

Como lembra Didi-Huberman (2014, p. 14): "a vida dos vaga-lumes parecerá estranha e inquietante, como se fosse feita da matéria sobrevivente – luminescente, mas pálida e fraca, muitas vezes esverdeada – dos fantasmas. Fogos enfraquecidos ou almas errantes". O que quero propor a seguir são alguns lampejos, alguns vagalumes freudianos.

Capítulo 4
A psicanálise freudiana entre ciência e arte

*Duas almas moram, ai,
em meu peito*
Goethe

A psicanálise está intimamente conectada com as ciências desde seu nascimento. Embora o problema da cientificidade da psicanálise tenha ocupado várias levas de psicanalistas, filósofos da ciência e outros cientistas, o tema continua despertando paixões. Alguns gostam de opor ciência e psicanálise como inimigos íntimos, ao estilo *Meu malvado favorito*. Mesmo que muita tinta já tenha sido gasta nessa discussão nem sempre produtiva, gostaria de acrescentar uma ou outra perspectiva frequentemente negligenciada.

Antes de tudo, precisamos ter absoluta clareza de que, na imensa maioria das investidas contra a cientificidade da psicanálise, o debate *nunca, ou quase nunca, é sobre ciência*. Discute-se a inexistência de provas empíricas de hipóteses teóricas, alega-se a impossibilidade de verificação experimental de enunciados e de conceitos, na expectativa de encontrar, por exemplo, correlatos neuronais das instâncias e dos processos psíquicos postulados, critica-se a falta de evidência da eficácia clínica. Conclui-se que a psicanálise é uma pseudociência, uma fraude. Não demora para a discussão descambar para a desqualificação moral de seu fundador ("Freud é uma fraude"). Na maior parte das vezes, o que está em jogo não são questões de natureza propriamente epistemológica, envolvendo validação ou justificação e por aí vai. Salvo honrosas exceções, o que está em jogo, em geral, são disputas políticas, que envolvem prestígio, reconhecimento e inserção em espaços variados, especialmente na academia, nos serviços de saúde e no multimilionário mercado da saúde mental. Essa é a primeira coisa que devemos ter em mente antes de respondermos a esta ou aquela provocação dissimulada, ou nem tão dissimulada assim, sob a máscara de uma nobre preocupação com a validade ou a eficácia da psicanálise. Não é sobre ciência, *baby*!

No que se segue, quero retomar o problema em outra angulação, deslocando alguns lugares-comuns em sua discussão. Antes de prosseguir, quero deixar apenas mais algumas pistas rápidas. O que conhecemos como "problema da demarcação", a célebre questão acerca de como distinguir ciência e não ciência, é um problema obsoleto na epistemologia moderna. Durante muitas décadas, essa foi a preocupação central dos filósofos da ciência. Na primeira metade do século XX, a aposta central era que o que distinguiria ciência e não ciência era o *método científico*. Foi nesse contexto que teorias indutivistas, falsificacionistas e correlatas surfaram na onda, culminando numa mitologização do método, como denunciou a teoria crítica. Foi no contexto desse momento fetichista do método que a psicanálise foi descrita por Karl Popper como uma pseudociência. De lá para cá, muita pedra já rolou. A filosofia da ciência abandonou ou marginalizou o problema da demarcação há décadas, em direção, por exemplo, a abordagens multicriteriais (cf. Ludwig, 2021; Hansson, 2021). Afinal, de que lugar, de que tribunal poderíamos julgar, com os mesmos critérios, a cientificidade de campos tão diferentes quanto a astronomia e a psicolinguística, a microbiologia e a ciência política, a mecânica quântica e a psiquiatria? Ao mesmo tempo, foram feitos esforços tanto na direção de buscar evidências experimentais, por exemplo, do inconsciente psicodinâmico, de processos psíquicos correlativos ao recalcamento ou ao esquecimento ativo, quanto na direção de medir a eficácia clínica através de metanálises (cf. Beer, 2016; Leite, 2023; Dunker; Iannini, 2023). Mas não é essa a perspectiva que me interessa aqui. O que chama a atenção é justamente a insistência da questão. Outros campos e tratamentos psis são obviamente muito menos sólidos e não despertam tanto escrutínio, tanto ódio, tanta inquietação. Há alguma coisa de muito verdadeiro nesse pseudodebate...

Em geral, perguntas que não podem ser respondidas estão mal formuladas. Precisamos ensinar a mosca a sair da garrafa, como dizia Wittgenstein. Lacan optou, por exemplo, por mostrar que a ciência é condição da psicanálise, mas que esta ocupa em relação àquela uma posição êxtima. Trocando em miúdos: embora solidária da racionalidade científica, a psicanálise lida com a lata de lixo da ciência. A clínica o comprova diariamente: "Estou te procurando porque o médico disse que minha questão era de fundo emocional", "O psiquiatra me deu uma receita sem escutar minha história" ou "Tentei uma TCC e o terapeuta me indicou sessões de *mindfulness* e respiração".

Que fique claro de uma vez por todas: não existe uma teoria *científica* da ciência. O cientista faz ciência; quem produz teorias sobre o fazer científico são epistemólogos, antropólogos, historiadores etc. Quando um cientista julga a cientificidade de um campo que ele desconhece, não emite um juízo científico, mas sim um juízo ideológico. Cientificismo é o nome que se dá à ilusão ideológica de que todo conhecimento, para ser válido, é ou deve ser científico. No que se segue, inspiro-me na pergunta central colocada por Lacan: o que seria uma ciência que incluísse a psicanálise? A psicanálise é um acontecimento que exige uma ampliação do conceito de razão, e não sua negação. Aliás, aqueles que eventualmente estejam preocupados com o obscurantismo e com negacionismo contemporâneos deveriam se preocupar com o fato de que não foram psicanalistas ou suas instituições, mas uma parte importante da classe médica que, durante a pandemia de covid-19, endossou o discurso obscurantista da cloroquina, por exemplo. A psicanálise nunca abandonou a razão. Ao contrário, propõe uma razão que inclua o inconsciente.

Uma última observação preliminar: nenhuma clínica, nem mesmo a clínica médica, com raras exceções, é uma aplicação pura e simples de evidências ou de achados científicos. Não por acaso, a clínica é uma *arte* (*téchne*, em grego), quer dizer, uma singularização concreta do achado teórico.

O investigador da natureza e o poeta. Fusão e desfusão

A psicanálise freudiana não seria possível sem uma peculiar coabitação de duas vertentes aparentemente heterogêneas: a escrita científica e a escrita literária, cada uma com suas exigências próprias. Desde bastante cedo, por volta dos anos de invenção da psicanálise, Freud já exercia esse duplo talento. De um lado, o arguto observador, interessado em descobrir leis que governam processos psíquicos aparentemente desprovidos de sentido e votado a descrever relações causais entre eventos psíquicos diversos. De outro lado, o narrador literário, instado a descrever sonhos ou casos clínicos com riqueza de detalhes indiscretos, num registro linguístico pouco habitual nas ciências naturais. De um lado, o *Naturforscher* (o investigador da natureza); de outro lado, o *Dichter* (o poeta, o escritor). De acordo com Mango (Pontalis; Mango, 2013, p. 18), "Freud teve a coragem de introduzir no espaço do saber científico a figura do *Dichter*, do poeta [...]. Fez do poeta um dos interlocutores primordiais de sua obra. Reconhecia na *Dichtung* um acesso privilegiado à verdade psíquica". De fato, a objetividade de um sonho ou de um caso clínico depende da construção narrativa desse material. O momento propriamente analítico, *i.e.*, a decomposição em partes, a investigação das distorções e deformações impostas ao material, depende, obviamente, do modo como esse mesmo material foi constituído, disposto, apresentado. Todo objeto científico é sempre uma construção de algum tipo. No caso da psicanálise, essa constituição do material depende, em larga medida, do modo como o investigador foi capaz de, por exemplo, reconstruir a narrativa do analisante. O próprio analisante é, por sua vez, investigador: cabe a ele, por exemplo, transcrever a experiência de linguagem do sonho (não linear e imagética) na linguagem do texto (linear, discursiva). Tudo leva a crer, pois, que, no momento mais decisivo, no instante principial, a própria existência do material com que o psicanalista trabalha depende de sua capacidade de dar corpo, de dar forma aos sonhos, às lembranças e aos restos diurnos, às associações supervenientes etc. Nesse sentido, se a ciência é condição para a psicanálise, gostaria de acrescentar a hipótese de que, à sua maneira, *a literatura também é uma condição da psicanálise*.

Freud esteve cônscio dessas dificuldades desde bastante cedo. Nos *Estudos sobre a histeria*, afirma:

> Nem sempre fui psicoterapeuta, mas fui antes ensinado a empregar diagnósticos locais e eletroprognósticos tal como fazem outros neuropatologistas, e ainda me afeta de modo particular perceber que os relatos de casos que escrevo pareçam ser lidos como novelas e que, por assim dizer, alegadamente prescindiriam da marca de seriedade da ciência. Tenho de consolar-me com o fato de que a natureza do assunto é evidentemente mais responsável por isso do que minhas preferências pessoais; o diagnóstico

local e as reações elétricas simplesmente não são válidos no estudo da histeria, ao passo que uma apresentação [*Darstellung*] aprofundada dos processos psíquicos, tal como a que estamos habituados a receber do poeta [*Dichter*], permite-me, pelo uso de algumas poucas fórmulas psicológicas, obter certa compreensão no acompanhamento de uma histeria (Freud, *GW*, t. I, p. 227).[11]

Essa dupla natureza, essa alma de cientista e de poeta, requer o manejo de habilidades distintas. Além disso, Freud insiste em que esse peculiar regime discursivo não decorre de preferências pessoais, mas da natureza do objeto. Esse é o ponto-chave. Nada pode ser mais científico do que a obstinação com aquilo que não é evidente. A psicanálise é a ciência de escutar o que não é evidente no interior da própria evidência, a partir de rastros ou indícios, no vazio da própria evidência. Qual o estatuto da relação assim constituída entre regimes discursivos tão aparentemente distantes? A descrição que fizemos antes parece sugerir que essas duas vertentes estão separadas no tempo (antes, depois) e no espaço (de um lado, de outro lado). Essa é a perspectiva esposada por Walter Schönau (1968), um dos maiores estudiosos do estilo de Freud. Schönau pressupõe que a distinção entre *Kunstprosa* (prosa artística) e *Wissenschafstprosa* (prosa científica) é suficientemente nítida. E que Freud subordina a primeira à segunda: os inúmeros recursos literários mobilizados por Freud serviriam sempre a uma intenção científica. Na verdade, porém, Freud é um desses raros autores em que essas vertentes concorrem, coexistem, cofuncionam de uma maneira bastante complexa.

---

[11] Sempre que não houver indicação em contrário, as traduções de Freud são de Pedro Heliodoro Tavares. Nesses casos, os textos serão referidos pela sigla *GW*, indicando Freud, S. *Gesammelte Werke: chronologisch geordnet*. Frankfurt am Main: Fischer Verlag, 1999.

Os dois modelos freudianos das modalidades de articulação entre essas correntes são Leonardo da Vinci e Goethe. No primeiro, o conflito, a divergência, a primazia de um espírito sobre o outro, variando ao longo do fio do tempo; no segundo, o ápice da convergência. Seria certamente exagerado dizer, como alguns o fizeram, que o cientista e o escritor alcançam, em Freud, uma unidade indissociável. Nada menos freudiano do que supor unidades ali onde o conflito e a clivagem de alguma maneira imperam.

Mas, do mesmo modo, não estamos diante de duas vertentes irreconciliáveis. Tudo parece indicar que, assim como ocorre com as pulsões, o cientista e o escritor operam por fusão e desfusão. Há momentos em que a convergência é tal que parecem indissociáveis um e outro; mas, no momento seguinte, a unidade se desfaz e um ou outro ocupa a cena, fazendo submergir o outro polo. Muitos estudiosos se dedicaram a isso e não seria aqui o lugar de reconstruir toda essa trajetória. Gostaria de destacar o comentário de J. B. Pontalis (2013, p. 215): "Afinal de contas, Freud escritor? Freud cientista? E se a singularidade de sua obra, se o que ela tem de inclassificável, resultasse em grande parte desse convívio, dessa tensão entre os dois polos?". Não foi por acaso que, na maior parte das 12 vezes que foi indicado ao Prêmio Nobel de Medicina, alegou-se que sua obra era literária demais, e que, na última vez, quando foi indicado ao prêmio de Literatura, alegou-se o contrário (cf. Veras, 2023; Belilos, 2021).

Linguagem científica, linguagem literária

A psicanálise é uma cura pela fala. Sua pergunta fundamental é como a linguagem produz efeitos no corpo. Sua hipótese central é que os sintomas são fatos linguísticos e é por essa razão que o tratamento pela fala é possível. Isso multiplica o problema em várias direções. Linguagem não é um objeto qualquer. Não é propriedade exclusiva de sua ciência, a linguística; precisa disputar terreno com nada menos do que a literatura e a poética, que também reivindicam para si um acesso privilegiado à linguagem. Ainda que cada uma destaque aspectos ou regiões ou propriedades distintas da linguagem, partindo de perspectivas e interesses igualmente distintos, a coisa não se entrega tão docilmente.

De fato, um dos problemas mais salientes implicados por esse cofuncionamento de uma prosa científica e uma prosa literária é relativo ao modo como uma e outra vertente *assumem* diferentes aspectos ou dimensões da linguagem. Para uso científico, de modo geral, a linguagem é concebida como um veículo supostamente neutro de descobertas elas próprias de natureza não linguísticas. Com efeito, teorias científicas se emprestam à paráfrase sem perdas significativas. O teor de verdade de teorias científicas é maximamente parafraseável. Ninguém precisa ler os *Principia*, de Newton, para conhecer a mecânica newtoniana. Por outro lado, a linguagem funciona na literatura de modo diverso. Longe de ser meramente um veículo ou um instrumento para a transmissão de conteúdos e significados extralinguísticos, a linguagem é assumida na literatura muito mais como "um sistema em desequilíbrio", para usar a expressão de Deleuze: interessam as ambiguidades, os recursos depositados na própria língua, que permitem as modalizações, aspectualizações, ênfases etc. Para conhecer Guimarães Rosa, não basta ler resumos ou resenhas. O teor de verdade da literatura é minimamente parafraseável.

Julgar a racionalidade ou a cientificidade da psicanálise sem levar em conta essa natureza híbrida da linguagem e do objeto da psicanálise é fruto, no melhor dos casos, de ignorância, no pior, de má-fé. Ou o inverso, se quisermos ser sartreanos. Mango e Pontalis têm razão ao afirmar que

> essa transformação "espantosa" da escrita de Freud introduz outra singularidade característica da 'nova

ciência': seu discurso, sua fala e sua escrita não podem mais pretender a neutralidade com relação à linguagem (Pontalis; Mango, 2013, p. 220).

Dizer, nesse sentido, que Freud escreve numa linguagem simples é, na verdade, "omitir para quem a língua de Freud seria assim tão fácil de ler" (Altounian, 2003, p. 84). Não apenas no que se refere às competências subjetivas de cada leitor, incluindo sua capacidade intelectual e sua disposição afetiva, como também em qual sistema de decodificação esse leitor está inscrito, incluindo aí os idiomas que domina, ou que o dominam, as disciplinas de sua formação, os lugares em que seu corpo é capturado no laço social.

A esse respeito, nunca é demais lembrar que a própria psicanálise se funda a partir das insuficiências de certa versão de ciência, praticada no século XIX, para lidar com o que se apresentava à época como sintoma histérico. Pois o sintoma, na modalidade que interessa ao psicanalista, é um modo de apresentação do sofrimento subjetivo que não é redutível ao correlato anátomo-patológico, ao protocolar ou ao estatístico. Nesse sentido, o desafio de Freud era fazer uma ciência daquilo que escapava, por estrutura, ao método científico então vigente. Sua fidelidade é com o objeto, não com o método. A histeria sempre foi um desafio imposto à ciência – a psicanálise se funda a partir do que a ciência deixa como resto. Em 1994, o DSM-IV resolveu a questão numa tacada só: a histeria não existe mais, sua sintomatologia foi pulverizada nos "transtornos somatoformes". Salvo que as histéricas e os histéricos ainda sofrem e ainda falam (cf. Rosa, 2022). Faltou combinar com os russos.

Terra incógnita

A psicanálise é, ao mesmo tempo, uma teoria, uma prática clínica e uma investigação. Para Freud, o psicanalista deve transitar entre esses três domínios, que se implicam mutuamente, que projetam uns sobre os outros feixes de sua própria luz, mas que desenham, no mesmo gesto, zonas de opacidade. Impasses da clínica mobilizam o investigador, que pode reformular a estrutura teórica, ao propor conceitos novos ou refinar o conteúdo semântico de conceitos existentes. Do mesmo modo, a investigação de um problema de natureza às vezes "exterior" ou "marginal" à clínica, como a psicologia das massas e a crítica social, a análise da religião ou da lei moral, os processos criativos de um artista ou aspectos formais de uma obra de arte, impacta não apenas a teoria, mas também os contornos da própria prática clínica. No entanto, a experiência mais banal nos mostra que um feixe de luz também produz sombra: certos conceitos e perspectivas teóricas podem refletir, no fundo, modos de subjetivação culturalmente marcados, que eventualmente se imiscuíram em histórias clínicas, e assim por diante.

O que é o *saber* para Freud? Como as diversas formas e figuras do saber estão dispostas em sua escrita e em sua prática clínica? Qual o papel do saber científico na construção do edifício teórico da psicanálise? Qual o estatuto do recurso freudiano a instâncias discursivas tão distantes de nós e tão estranhas à nossa própria imagem de ciência, como a arqueologia, a história das religiões, a mitologia, a filologia? Qual o papel de sua assombrosa erudição com relação à arte e à cultura dos egípcios, dos etruscos, dos hebreus e de diversos outros povos não europeus? Interesse que se manifestava não apenas em suas leituras, mas também em seu enorme acervo de objetos arqueológicos, das mais variadas origens. *Last but not least*, qual o papel das inúmeras referências e dos mais diversos recursos de Freud à poesia e à literatura, de épocas e de gêneros de uma multiplicidade extraordinária?

Uma epistemologia freudiana digna desse nome precisaria desfazer o preconceito de equivaler saber e ciência.

Como se "a ciência" fosse redutível a um único modelo, funcionasse como única fonte de conhecimento e única forma de validação. Não há nenhuma dúvida de que, no ponto da história em que estamos, saberes científicos costumam nos oferecer respostas mais confiáveis. Nossa vida prática o demonstra cotidianamente. Mas sabemos muito bem dos compromissos diversos do discurso científico com práticas e instituições, digamos, pouco fiáveis. Claro que é plenamente compreensível a ênfase que muitos autores concederam à vocação científica da psicanálise, como uma maneira de inscrevê-la na cultura e de obter reconhecimento, seja nos serviços de saúde, no concorrido mercado das práticas psis, na universidade, nos organismos de fomento etc. Contudo, os resultados dessa insistência no caráter científico da psicanálise são, no mínimo, magros em relação ao esforço despendido. De fato, a ciência oficial, digamos assim, não costuma ser sensível a provas científicas de achados da psicanálise. Ao contrário, minha impressão é de que a psicanálise pode contribuir para o debate de uma maneira distinta: buscando problematizar a apaziguadora segmentação dos saberes. Mostrando que uma disciplina, com sua teoria e sua prática, para constituir-se, não precisa e não pode satisfazer-se com os modelos reconhecidos de conhecimento; que as fontes de onde provêm as descobertas podem derivar dos mais diferentes lugares; que cada campo pode inventar formas de validação próprias (como o passe, na comunidade lacaniana). Mas talvez a principal vinculação entre psicanálise e ciência seja a disposição, renovada diariamente, de revisar conceitos e teorias a partir da singularidade. A psicanálise é não apenas uma ciência do singular, mas também uma ciência singular.

A fim de entender como Freud se serve de fontes, métodos e modelos tão heterogêneos entre si como a psicofisiologia, a teoria da evolução, a arqueologia, a história das religiões e a literatura, antes de tudo é preciso transpor o obstáculo tão comum que consiste em menosprezar o papel das fontes "não científicas" (uso essa expressão com todas as reservas necessárias), como algumas das listadas anteriormente. Alguns dos melhores livros de epistemologia da psicanálise seguem a pista da dívida freudiana com o fisicalismo alemão e com a biologia de seu tempo. Não resta nenhuma dúvida, evidentemente, de que os anos de formação científica de Freud junto ao laboratório de Brücke e ao modelo de ciência esposado pelos melhores cientistas da época foram decisivos para ele. Seu apego à identidade de investigador da natureza (*Naturforscher*) o demonstra sobejamente. Mesmo quando, em 1920, Freud recorre maciçamente à biologia, nada ali é apenas "periférico ou circunstancial, muito menos uma intenção meramente retórica ou metafórica. Ele recorre ao que se pode considerar como a ciência de ponta da época" (Simanke, 2020, p. 424). Além disso, "os autores aos quais recorre tampouco são personagens marginais, exóticos ou heterodoxos; ao contrário, são figuras centrais e consagradas da medicina e das ciências da vida do período" (Simanke, 2020, p. 425).

Mas o que significa "natureza" para Freud? O que complica o quadro é que, ao mesmo tempo que recorre às melhores fontes científicas da época, Freud não deixa de esposar uma concepção até certo ponto "romântica" de natureza (cf. Rancière, 2009). Nesse aspecto, Freud e Lacan se distanciam ao máximo.

Atitude científica e pensamento estético

Em um texto célebre, Koyré mostra como se imbricam atitude *estética* e pensamento *científico*. Galileu, por exemplo, teria recusado a elipse mais por sua aversão pela anamorfose, e pela estética que lhe é vinculada, do que por argumentos científicos. Galileu detestava e combatia "a sobrecarga, o exagero, as contorções, o alegorismo e a mistura de gêneros do maneirismo" (Koyré, 1982, p. 261), e adotava uma atitude clássica, "com sua insistência na clareza, na sobriedade e na 'separação dos gêneros' – a saber, da ciência, de um lado, e da religião ou da arte, de outro" (Koyré, 1982, p. 263). No caso de Freud, gostaria de sugerir uma inversão, à maneira de um quiasma, dos dois sintagmas propostos por Koyré. No caso freudiano, trata-se muito mais, a meu ver, de atitude *científica* e pensamento *estético* (e não do contrário). O que Freud encontra em seus heróis cientistas é menos um conteúdo doutrinário, um método ou um modelo de conhecimento, e mais uma *atitude diante do saber instituído*. A meu ver, essa é a principal razão por que Freud escala seu panteão com nomes como Leonardo da Vinci e Copérnico.

Com efeito, como investigador, Leonardo costuma ser apresentado como uma espécie de *transgressor*, de livre-pensador, pronto a enfrentar não apenas autoridades políticas e eclesiais, mas também a autoridade mais resistente e obscura que, antes como agora, pode existir: a opinião douta e o senso comum. Esse conjunto de traços seduzia Freud de uma maneira irresistível, e ele se identificava prontamente não apenas ao personagem, mas à atitude dele diante das dificuldades e obstáculos epistemológicos, morais e culturais. O mesmo vale para os demais heróis intelectuais de Freud, entre os quais não figuram Newton e muito menos Galileu ou Descartes, e onde brilham, ao contrário, figuras em que o cientista e o artista se mesclam, como Leonardo e Goethe.

Leonardo da Vinci é apresentado por Freud como o primeiro investigador moderno da natureza! Em seu primoroso prefácio à edição francesa de *Uma lembrança infantil* Pontalis (1991, p. 19) oferece algumas pistas fecundas: "a ideia de que a arte e a ciência pudessem entrar em conflito não tem nenhum sentido para Leonardo. A arte de pintar era para os artistas da Renascença, e mais imperativamente para ele do que para qualquer outro, fundada sobre as observações e os conhecimentos científicos". O que significa esse recuo em direção a um passado remoto, inacessível, a não ser por hipóteses que mais parecem produzidas no ateliê da imaginação e da fantasia do que descobertas no laboratório do cientista? Recuo tão frequente sob a pluma de Freud quanto esquecido pelos comentadores e negligenciado pelos leitores? Como se esses recuos fossem passagens acessórias, dispensáveis, que testemunham apenas e tão somente da ausência de ferramentas científicas mais sólidas ou de doutrinas antropológicas menos dependentes do mito e da origem? De que critérios dispomos para separar, no ato mesmo de ler Freud, aquilo que permanece no interior do *corpus* doutrinário da psicanálise e aquilo que deve ser rejeitado como mera intrusão de seu gosto pelo arcaico e de seu temperamento de colecionador? Nas tantas vezes que Freud se debruça, às vezes por páginas e páginas, sobre um enigma atual (o sentido de um sonho, a significação de um distúrbio de memória etc.) ou uma investigação arqueológica (sugerindo hipóteses acerca de mitos, analisando o significado primitivo de palavras ou o sentido de costumes e lendas longínquas), o que está realmente em jogo? Evidentemente, responder a esse conjunto de questões não é tarefa fácil. Mas podemos, apesar de tudo, formular certo número de hipóteses.

A primeira e mais evidente delas é que Freud procura ultrapassar o tempo finito e fechado do indivíduo, em direção a um tempo subtraído da crônica linear dos fatos. Como se precisasse se distanciar da concepção burguesa de memória pessoal, um pouco à maneira de Walter Benjamin, a fim de construir uma memória que não se reduz à propriedade privada do indivíduo. Uma memória que é feita de fragmentos, de restos, de encobrimentos, de suplementos discursivos das narrativas que escutamos sobre nosso passado, de camadas de sentido que se depositam, movimentam-se umas sobre as outras, sedimentam-se pouco a pouco, mas que às vezes desmoronam, deixando apenas rastros e destroços. A memória que interessa à psicanálise é uma memória singular, mas transindividual, impessoal, memória de um tempo perdido e não mais reencontrado, um tempo que independe da duração absoluta do tempo, como ocorre nos romances familiares.

Freud era fascinado pelo Renascimento, sobretudo por Leonardo e Michelangelo, a quem consagrou estudos importantes. Quais condições, do ponto de vista arqueológico, tornavam possível essa coexistência do artista e do cientista nas figuras de proa da Renascença? Essa coexistência, não problemática para um renascentista, certamente seria motivo de escândalo no século de Descartes. Uma coisa é ser artista-cientista na Renascença italiana, como foi Leonardo. Outra muito diversa é ser artista-cientista na Alemanha de Goethe ou, um pouco mais tarde ainda, na Viena de Freud. Na Renascença, os signos se dispõem em relações de semelhança com as coisas. O ser se dá a ver na superfície mesma da linguagem, como se o signo remetesse diretamente à própria coisa. Podia, evidentemente, haver segredos a descobrir, mistérios a desvendar, mas de jeito nenhum poderia haver arbitrariedade que precisasse ser transposta. Se a linguagem clássica, aquela tornada célebre depois de Galileu e Descartes, separava irremediavelmente as palavras e as coisas, ela só podia realizar essa tarefa, cujo valor axiomático para a ciência moderna é indiscutível, ao preço de afastar dois inimigos. A razão moderna, sintetizada por Descartes, não poderia fundamentar a ciência, fazendo emergir a clareza e a distinção como os traços característicos da verdade, a não ser ao preço de uma dupla recusa, de uma dupla rejeição. A razão transparente a si, a *mathèsis universalis* tão cara aos modernos, não poderia erigir-se a si mesma a não ser expelindo seus dois inimigos mais íntimos: a desrazão da loucura e a ilusão da poesia. Não é a ciência "cartesiana" que seduz Freud. Nem a nós.

A natureza não é tão natural assim

> *Para a filosofia natural, tudo que é percebido está na natureza. Nós não podemos escolher só uma parte. Para nós, o fulgor avermelhado do poente deve ser parte tão integrante da natureza quanto o são as moléculas e as ondas elétricas por intermédio das quais os homens da ciência explicariam o fenômeno.*
>
> Alfred Whitehead

A emergência da ciência moderna no século XVII supõe, com efeito, uma espécie de cisão da natureza. A natureza que interessa ao cientista seria aquela que está escrita em caracteres matemáticos, aquela que perdeu a maciez, a intensidade e a voz. O silêncio eterno desses espaços infinitos, insistia Pascal, lembrava ao homem sua condição de incerteza e de desalento. Essa perda é justamente a condição da ciência. A psicanálise operaria justamente com aquilo que foi rejeitado pela ciência. O mundo perde seus contornos mágicos. A linguagem, especialmente, sofre as consequências dessa gradual perda de coloração. A palavra, voltaremos a isso, é magia empalidecida. Mas esse mundo sem cores não é o mundo freudiano.

Isso nos coloca diante de uma constatação bastante simples e, ao mesmo tempo, poucas vezes lembrada nos meios psicanalíticos. Como Freud se situa com relação a esse debate acerca do corte moderno? A psicanálise, depois de Lévi-Strauss e do primeiro Lacan, com ou sem razão, afastou a natureza como um conceito ultrapassado, inoperante ou mesmo perigoso. Mas o texto de Freud, gostemos ou não, refere-se à natureza constantemente. Não apenas a psicanálise é definida como herdeira das ciências da natureza (*Naturwissenchaften*), como também Freud descreve a si mesmo como um investigador da natureza (*Naturforscher*).

É nesse ponto que as coisas começam a ficar interessantes. O que devemos entender, sob a pluma de Freud, por "natureza"? A "natureza" do poema erroneamente atribuído a Goethe, que inspirou o jovem Freud a inscrever-se na carreira de medicina, e tudo que esse imenso equívoco implica? O problema da "cisão da natureza" foi comentado recentemente por Bruno Latour do seguinte modo: "A solução para tal bifurcação não é, como gostariam os fenomenólogos, adicionar às tediosas ondas elétricas o rico mundo vivido do sol brilhante. Isso simplesmente agravaria a bifurcação" (Latour, [2004] 2020b, p. 197). Latour é reconhecido mundialmente como um filósofo crítico da instituição ciência. Nesse texto, publicado originalmente em 2004, preocupado, já naquela altura, com o avanço de teses negacionistas e conspiracionistas, faz um apelo contundente, logo no início do seu texto, convocando especialmente os construtivistas sociais e desconstrucionistas filosóficos:

> Guerras. Tantas guerras. Guerras externas e internas. Guerras culturais, guerras das ciências e guerras contra o terrorismo. Guerras contra a pobreza e guerras contra os pobres. Guerras contra a ignorância e guerras por ignorância. Minha pergunta é simples: deveríamos estar em guerra também, nós os acadêmicos, os intelectuais? Será realmente nosso dever adicionar mais ruínas às ruínas? Será realmente tarefa das humanidades adicionar desconstrução à destruição? Mais iconoclastia à iconoclastia? O que aconteceu com o espírito crítico? Perdeu a força? (Latour, [2004] 2020b, p. 175).

Há um equívoco no ato de fundação da psicanálise como ciência da natureza. O que não implica que ela possa se inscrever confortavelmente como uma "ciência conjectural", como sonhou Lacan, ou no campo das ciências humanas e sociais. Esse "equívoco" não é por acaso: ele mostra a natureza complexa do real com que lidamos na experiência analítica:

o sujeito da psicanálise, ou, mais precisamente, o falasser de que nos ocupamos, refrata sua verdade em aspectos "bio", "psico" e "sociais", conforme o meio em que se projeta. Há motivos de sobra para desconfiarmos da "cientificidade" da psicanálise. A psicanálise não opõe o verdadeiro e o falso num registro moral, antes se ocupa da realidade psíquica, que muitas vezes contrasta com a realidade concreta. A teoria do inconsciente precisa *modelar* um objeto, o inconsciente, no qual o princípio de não contradição não vigora. Isso faz da psicanálise uma ciência do *pseudos*? Como formular uma teoria consistente de um objeto contraditório, ou ainda, como apreender com conceitos algo cuja natureza é escapar à apreensão conceitual? A estratégia de Freud sempre exigiu um pensamento em constelação, que aceita a indeterminação conceitual e a incerteza teórica, a ponto de abandonar teorias e hipóteses quando novos fatos clínicos exigiam.

Sejamos claros. Em pleno século XXI, não é honesto falar em "*A* ciência", no singular, nem em nome dela. Deveríamos, no mínimo, admitir a pluralidade de métodos, procedimentos e tipos de ciência. Cada ciência acaba estabelecendo seus próprios protocolos de validação de sua *práxis* e de seus conceitos. Evidentemente, esses critérios não podem fechar-se em si mesmos. É preciso confrontá-los à vasta gama de saberes e de práticas sociais com as quais a psicanálise precisa ombrear, sem que seja preciso recorrer a "*cross-theory criteria*" (Hesse, 1980, p. XIV) ou ao mito das "posições-padrão" de Searle (2000, p. 18-19).

O *pseudo*debate acerca da causalidade orgânica ou psíquica

Para concluir este breve excurso acerca da epistemologia da psicanálise, gostaria de retomar um problema interno a esse debate, o estatuto da causalidade e da contingência, articulado à concepção peculiar de natureza presente em Freud. No horizonte da discussão, pretendo apontar brevemente a complexidade do modelo de ciência exigido para estar à altura das especificidades do objeto da psicanálise. Anteriormente, discutimos uma importante passagem de Freud, em "Sobre a dinâmica da transferência", em que o psicanalista desmonta a oposição rígida e insuficiente entre a causalidade orgânica e a psíquica, reenviando o sintoma a uma combinação entre fatores constitucionais e acidentais. Num cenário como esse, nossa tendência é supor que o constitucional ou disposicional nos encerra em uma noção ingênua ou fatalista de biologia, tomada geralmente como um destino inerte, dado e inamovível. Para Freud, contudo, mesmo esses fatores que chamaríamos, apressadamente, de disposicionais ou constitucionais (ou genéticos) poderiam sofrer retroativamente efeitos da contingência. Como se aquilo que herdamos fosse apenas uma espécie de precipitado das contingências, dos acidentes que atravessaram a história individual e coletiva. Isso nos mostra uma concepção de natureza muito menos fixa e unívoca do que supomos, o que exigiria uma revisão da oposição entre natureza e cultura; corpo e psiquismo; interior e exterior. É preciso ser claro e contundente aqui. Não precisamos abandonar Freud para superar uma concepção monolítica de natureza, porque encontramos no interior de sua obra elementos para isso. Ao contrário, precisamos aprofundar nas trilhas abertas por ele e esquecidas ou negligenciadas pelo século XX.

Na passagem mencionada, assinala-se a estreiteza de nossas concepções espontâneas de causalidade que se chocam com a configuração complexa do real. Longe de teorias causais simples, lineares ou unívocas, a psicanálise freudiana constrói – ou pelo menos sugere – hipóteses causais complexas, incluindo, por exemplo, a teoria das séries complementares, a perspectiva da sobredeterminação de eventos psíquicos, envolta em uma robusta teoria do tempo na qual o passado determina o presente, mas, ao mesmo tempo, deixa-se reconfigurar pelo futuro. Ora, uma teoria causal clássica pressupõe que a "seta do tempo" trabalha sempre em sentido unidirecional: um evento anterior em t_1 é a causa de um evento posterior em t_2.[12]

A segunda parte do *Projeto de uma psicologia*, de 1895, apresenta o caso Emma. Uma das questões fundamentais desse caso refere-se à temporalidade retroativa do sintoma. Segundo Freud, a causação do sintoma se dá em dois tempos (t_1 e t_2). Além disso, a direção da causalidade é invertida. É o segundo tempo que determina o primeiro, no sentido em que a cena posterior desencadeia aquilo que na cena traumática mais antiga teria sido inscrito, porém apenas como uma espécie de pequeno circuito, ele próprio desconectado de outras redes neurais. Essa temporalidade retroativa (*"nachträglich"*) é central para mostrar que o trauma é um acontecimento em dois tempos. O "trauma" só é verdadeiramente "traumático" quando, por cadeias associativas, um segundo evento detona, digamos assim, o potencial explosivo retido no primeiro. A diferença entre real e simbólico é fundamental para formalizar esse conceito freudiano. Nota-se que a causalidade aqui é não linear (dada a desproporção positiva ou negativa entre a causa e o efeito), mas funciona por retroalimentação (um evento futuro modula a causação do evento anterior), bem como o sintoma *emerge* como o resultado complexo de interações simples, elas próprias imprevisíveis e contingentes. Nesse sentido, a própria constituição de um sintoma implica o que hoje chamamos de *emergência*, ou seja, um processo

---

[12] Não é tão simples quanto parece distinguir uma relação causal e uma mera correlação. De maneira geral, do ponto de vista lógico, caracteriza-se uma relação causal quando satisfazemos a condição: "Se não A, então não B".

de formação de sistemas complexos a partir de interações relativamente simples.[13]

O exemplo anterior trata de um sintoma histérico, que independe, até certo ponto, de fatores etiológicos orgânicos ou disposicionais. Mas ele nos serve para mostrar que mesmo sintomas neuróticos exigem uma teoria complexa da causalidade, que pode conter, por exemplo, efeitos de *looping* ou de retroalimentação, que embaralham nossa concepção linear da sequência passado, presente e futuro. Mais fundamentalmente, no entanto, trata-se de uma aposta irredutível na clínica do singular.

Tal aposta aparece, aliás, de forma surpreendente ao revisitarmos as teses freudianas relativas à causação do sintoma no cruzamento entre o constitucional e o acidental. Nesse ponto, é preciso desativar certo lugar-comum da psicanálise de que o sintoma (e, por excelência, o sintoma histérico) seria uma construção puramente psíquica (ou psicológica) e nem um pouco orgânica ou somática (isto é, sem nenhum tipo de substrato biológico ou constitucional). Para afastar o fantasma da essência ou da natureza (que frequentemente introduz no pensamento uma retórica trágica ou quase teológica do incontornável, do fatal ou do inevitável), expulsamos a biologia de nossas narrativas, muitas vezes com as melhores justificativas. Foi essa, em grande medida, a empreitada de boa parte da psicanálise francesa, em especial em Lacan e Laplanche.

---

[13] Num sistema emergente, não se pode inferir os efeitos a partir da análise das propriedades dos elementos constituintes da causa. O funcionamento complexo de um sistema emergente não está contido em nenhuma entidade causal ou microestrutura em particular. O formato e o comportamento de um bando de pássaros ou de pelotão de ciclistas são bons exemplos de sistemas emergentes. A relação entre um trauma e um sintoma pressupõe uma teoria de redes, que nada deve aos grafos matemáticos eulerianos, e uma teoria da emergência.

No entanto, ao fazê-lo, costumamos perder de vista a especificidade da concepção freudiana da "constituição sexual", que ele construiu pouco a pouco em função do gesto de separação que precisou operar em relação a seu mestre Charcot, assim como em relação às concepções do sintoma histérico vigentes em seu tempo, organizadas em torno da ideia de "degenerescência" (Krafft-Ebing) ou de "fraqueza constitucional" nos processos de síntese psíquica (Janet).

Enquanto o hereditário assumia um lugar decisivo no saber psicopatológico da época relativo à histeria, Freud realiza um percurso de separação no qual, depois de acompanhar inicialmente Charcot nessa mesma leitura, vai produzir, em seguida, uma importante guinada rumo ao desalojamento da importância da hereditariedade – posição que atinge seu ápice com a teoria da sedução, no contexto do *Projeto*, de 1895, e que também fazia parte de vários trabalhos desse período, a exemplo desta incisiva afirmação de 1893: "Eu afirmo, pelo contrário [em contraponto à teoria de Charcot], que a lesão das paralisias histéricas deve ser totalmente independente *da anatomia do sistema nervoso, porque a histeria se comporta nestas paralisias e em outras manifestações como se a anatomia não existisse, ou como se dela não houvesse nenhum conhecimento*" (Freud, *GW*, t. I, [1893], p. 50-51, grifos do original).[14]

Assim, em sua trajetória, o que Freud efetivamente destitui é uma perspectiva de causalidade linear do sintoma centrada no biológico como origem (do sofrimento) e destino (do tratamento). Esse gesto não significará um apagamento integral do biológico, do constitucional, das disposições ou da hereditariedade em sua obra, mas sim sua reformulação crítica em bases mais radicais, não mais

---

[14] Tradução nossa do original escrito por Freud em francês. "*Quelques considérations pour une étude comparative des paralysies motrices organiques et hystériques.*"

ligadas a uma perspectiva moral, tampouco a uma noção de natureza unívoca.

O abandono da teoria da sedução, em 1897, antes de levar ao Édipo e à teoria da fantasia, permitiu também revisitar e reformular o problema das "disposições" entre os anos 1897 e 1906 (Van Haute; Geyskens, 2016). É nesse sentido que Freud se separa explicitamente de Charcot ao propor, nos *Três ensaios*, de 1905, sua concepção de uma "constituição sexual" – composta pelo infantilismo da sexualidade e pelo recalque orgânico –, que substitui a proposta do mestre francês de uma "disposição neuropática" como principal fundamento da neurose. Essa "constituição" freudiana, porém, está longe de ser uma natureza idêntica e partilhada da mesma maneira por todos os seres humanos, como ficará mais evidente em 1912, na passagem de "Sobre a dinâmica da transferência" explorada anteriormente.

O que Freud observa ser anômalo na formação do sintoma histérico em relação aos moldes da biologia de sua época reside, então, no fato de que a anatomia em jogo no sintoma é uma anatomia *fantasiada*, investida de afeto: "a histeria ignora a distribuição dos nervos" (Freud, *GW*, t. I, [1893], p. 51). Os órgãos já não respondem – e tampouco correspondem – à anatomia e à fisiologia *tout court*, pois a histeria "toma os órgãos no sentido vulgar, popular dos nomes que carregam: a perna é a perna até a inserção do quadril, o braço é a extremidade superior tal como este se desenha sob as roupas" (p. 51). Trata-se aí, portanto, de uma anatomia extrabiológica, mas que ainda se assenta sobre uma constituição sexual particular – a ser lida como "o precipitado das influências acidentais sobre a infinita série dos antepassados" (Freud, [1912] 2017, p. 108, nota ii).

É preciso, porém, certa sutileza para ler o que há de radical nesse gesto: trata-se de uma concepção do corpo que não corresponde a uma versão ingênua de biologia entendida como uma única natureza, essência ou substância compartilhada da mesma maneira por todos os exemplares da espécie humana (da qual apenas os acidentes da história individual seriam responsáveis por suas derivações particulares). Não há uma só natureza, mas há pontos que se transmitem a partir de uma herança chamada por Freud de "constituição sexual", que faz as vezes do substrato corporal do sintoma, a partir dos múltiplos acidentes – figuras da alteridade – que atravessam a constituição do sujeito, impedindo sua plena constituição como o império do Mesmo ou da identidade de si a si. Estamos aqui diante de uma espécie de multinaturalismo fundado em singularidades radicais.

Para onde ir?

Uma das tarefas deste livro é mostrar como o "sujeito" freudiano se constitui num sistema complexo, que inclui aquilo que gostamos de dividir em fatores "naturais" (disposicionais, genéticos...), fatores "psicológicos" e fatores "socioculturais". As aspas nesses casos deveriam ser duplicadas ou triplicadas, para indicar certa artificialidade nessas delimitações. Ao mesmo tempo, a psicanálise freudiana está longe de endossar uma abordagem "biopsicossocial" da experiência humana, especialmente se esse termo designar um tratamento holístico ou integral! É evidente que muitos casos exigem colaboração multiprofissional, multidisciplinar e assim por diante. "Multi-" não quer dizer "integral". Freud trabalha com as esferas "bio", "psico" e "social", mas justamente para mostrar as tensões entre elas, as delimitações borradas ou moventes. Além disso, insiste na impossibilidade inerente de uma abordagem unificadora – já que a sobreposição dessas camadas não compõe uma totalidade harmonicamente integrada ou integrável, da mesma forma que cada uma dessas esferas jamais se constitui plenamente como uma totalidade em si mesma. Tudo aqui é litoral. O sujeito da psicanálise está *entre* corpo e psiquismo e *entre* psicologia individual e social, *entre* corpo e sociedade. A ênfase deve recair nesse "entre", entendido como espaço de intersecção e conflito, entre o litoral e o literal, em que as palavras funcionam como "anéis cujo colar se fecha no anel de um outro colar feito de anéis" (Lacan, [1957] 1966, p. 505).

Mais do que isso, pensar a sobredeterminação de um sintoma hoje, incluindo aí fatores disposicionais, contingenciais, contextos interseccionais e assim por diante, requer uma teoria da causalidade muito mais complexa. Não podemos mais nos contentar com dilemas do tipo "tal doença, tal transtorno, tal condição é de origem psíquica ou orgânica?".

Em linhas muito breves, vale a pena dizer mais uma ou duas palavras sobre o assunto. Costumamos pensar a causalidade como sendo a relação entre um evento A (a causa) e um segundo evento B (o efeito), provido que o segundo evento seja uma consequência do primeiro. A estrutura lógica da causalidade pode ser formulada assim: "Se não A, então não B". Essa formalização é importante para distinguir causação e correlação (quando dois eventos estão correlacionados de uma forma não causal). Além disso, em geral, admite-se que a seta do tempo vá do t_1 da causa ao t_2 do efeito, e não o contrário.

Teorias da causalidade são complexas. (cf., por exemplo, Frisch, 2022). Podemos falar de causalidade linear quando há uma proporção entre causa e efeito (quanto mais forte o chute na bola, mais longe e/ou mais rápido ela é arremessada); ou não linear, quando o efeito é desproporcional à causa (quando uma fagulha decorrente de uma ponta de cigarro incendeia uma floresta inteira). Claramente, a causalidade envolvida no inconsciente é não linear, embora essa não linearidade possa ser negativa ou positiva. Quer dizer, um evento aparentemente trivial pode desencadear um sintoma ou uma crise de angústia ou mesmo um surto em um sujeito em um determinado momento, assim como um evento reconhecidamente grave ou violento pode não ter o mesmo efeito em outro.

Mas o que vale destacar aqui é outro aspecto importante das teorias causais modernas, a retroalimentação (*feedback*): dá-se quando o efeito modifica, ou pelo menos modula, a própria causa, indicando uma temporalidade circular. Além disso, na retroalimentação, um processo psíquico novo pode retroagir a lembranças do passado, modulando o próprio conjunto de traços mnêmicos que o constitui, como também influenciando o destino presente e futuro. Ou mesmo quando o efeito precede a causa temporalmente, sem necessariamente precisar de teorias circulares acerca do tempo. Nesses casos, falamos de retrocausação (cf. Faye, 2021).

Finalmente, vale a pena mencionar rapidamente o conceito de Emergência (cf. O'Connor, 2021). Emergência é o processo de formação de sistemas complexos ou padrões a partir de uma multiplicidade de interações simples. Por exemplo, a interação entre neurônios microscópicos causando um cérebro macroscópico capaz de pensar etc.... Exemplo clássico de emergência: um comportamento emergente ou propriedade emergente pode aparecer quando uma quantia de entidades (agentes) simples opera em um ambiente, formando comportamentos complexos no coletivo. A propriedade em si é normalmente imprevisível e imprecedente, e representa um novo nível de evolução dos sistemas. O comportamento complexo ou as propriedades não são a propriedade de nenhuma entidade em particular, e eles também não podem ser previstos ou deduzidos dos comportamentos das entidades em nível baixo. O formato e o comportamento do bando de pássaros (ou do pelotão de ciclistas) é um bom exemplo de um comportamento emergente.

Evidentemente, Freud não conhecia nenhuma dessas teorias da causalidade, mas não é exagero dizer que algumas dessas intuições perpassam ou subjazem suas descrições metapsicológicas e suas construções clínicas. Em termos gerais, podemos dizer que a teoria da causalidade em Freud é não linear e combina aspectos de retroalimentação (*feedback*) e de *looping*, assumindo o inconsciente como um sistema complexo, *i.e.*, em que multiplicidade das associações decorre de interações simples, com base mais em emergências do que em regras.

Aliás, a distância entre sistemas fundados em regras estruturais e sistemas complexos emergentes também é uma ótima maneira de descrever a distância entre o Lacan da estrutura e do sujeito e o Lacan de lalíngua e do falasser. Freud percebeu muito cedo que os sintomas histéricos exigiriam um pensamento complexo. Ao apresentar, em 1895, o caso Emma, Freud recorre à retroação, que nada mais é do que a inversão da seta causal do tempo com efeitos de *feedback* não linear. É toda uma teoria complexa do tempo que começará a se construir nos porões do pensamento de Freud.

Diante da complexidade do que está em jogo, reduzir a discussão acerca da cientificidade da psicanálise à oposição entre ciência e pseudociência, à ausência de método ou de evidência não é apenas uma bobagem qualquer. Pois a psicanálise parte de uma interrogação à ciência que era colocada, em primeiro lugar, não tanto por Freud, mas pelos próprios sujeitos que ele escutava. Nesse contexto, o sintoma histérico anuncia a implosão do método a partir do objeto, que exige a construção de outra forma de tratamento – clínico, mas também epistêmico – daquilo que surge como um real a interrogar o saber científico. O que seria, então, uma ciência à altura do inconsciente? Ou, como colocaria mais tarde Lacan ([1972-1973] 2008, p. 112), "como é que uma ciência ainda é possível depois do que podemos dizer do inconsciente?". Por isso, a psicanálise é ciência êxtima: fundada no coração da ciência moderna, debruça-se sobre aquilo que essa mesma ciência deixa cair como resto de sua operação.

Nas últimas décadas, a psicanálise se viu às voltas com desafios da mesma natureza. É possível tratar sujeitos diagnosticados com TEA? Evidentemente, os primeiros esforços foram desastrosos. Quem pode se esquecer da "mãe geladeira"? Foi preciso uma verdadeira força-tarefa para reformular a teoria e aprimorar a técnica, o que ainda está em andamento. Movimento semelhante ocorre no debate acerca da despatologização do sujeito trans. Mais recentemente, iniciativas mais ou menos dispersas têm tentado lidar com o desafio do sujeito surdo. O gesto fundador de Freud de escutar a verdade do sofrimento das histéricas se repete no século XXI, agora com outros corpos.

∞ ∞ ∞

Há um célebre poema de Fernando Pessoa em que ele declara que o poeta é um "fingidor/que finge que é dor/a dor que deveras sente". Sobre Pessoa, Alain Badiou perguntou, em um texto particularmente inspirado, se a filosofia contemporânea estaria à altura de sua poesia. Sobre a filosofia, sinceramente, não sei dizer. Mas suspeito de que a psicanálise tenha condições de enfrentar o desafio, já que sabemos cantar que "és o avesso do avesso do avesso do avesso", sem querer calcular quantos níveis metalinguísticos nos distanciariam de L0 ou se as inversões dialéticas nos devolveriam o avesso ou o direito. Afinal, lidamos com sintomas e sofrimentos que exigem do analista, ao mesmo tempo, o rigor lógico, o desafio epistemológico e o paradoxo ontológico de versos desse tipo. Se estivermos de acordo com isso, sugiro, para apaziguar os corações aflitos com bobagens, que, no mesmo sentido dos versos de Pessoa, aceitemos a psicanálise como uma pseudo-pseudociência, ou seja, como uma poética da dor que tem ciência. Faltaria os cientistas nos aceitarem como amigos êxtimos, e não mais como inimigos íntimos. Passaríamos de *Meu malvado favorito* a *E.T.* Resta saber: a ciência do século XXI estaria à altura de Freud?

PARTE II
Ler o inconsciente

Na segunda parte deste livro, proponho uma definição minimalista de psicanálise, condizente com o programa de um novo retorno a Freud anteriormente apresentado. Começo com um exercício concreto de leitura. O capítulo 5 submete um texto de 1908 a uma leitura inspirada em marcadores interseccionais, como sexo/gênero, raça e classe. Enfrento o problema do antagonismo estruturante entre normatividades sociais diversas e exigências pulsionais, mostrando que nada nos imuniza dos equívocos no campo do inconsciente real. Em seguida, no capítulo que empresta o título a este livro (capítulo 6), avanço uma definição minimalista de psicanálise a partir da prática clínica. A psicanálise apoia-se em dois pilares bastante simples: a associação livre e a escuta flutuante. Todas as sofisticadas elaborações metapsicológicas, toda a teoria psicanalítica é um gigantesco esforço de dar conta deste fato clínico incontestável: a fala cura. Mas, ao fim e ao cabo, a fala, no interior do laboratório clínico freudiano, é uma escrita, e a escuta é uma forma de leitura.

Como a cura pela fala é possível? É isso que o capítulo 7 busca compreender. Para isso, é preciso interrogar qual o estatuto da linguagem para a psicanálise. Como a palavra afeta o corpo? Sabe-se hoje que a sensação de prazer está ligada a um aumento da concentração plasmática de dopamina. Não há por que duvidar disso. Mas experimente dizer ao apostador que ele ganhou sozinho na loteria ou que seu time venceu ou que o crush chamou para sair? A palavra que interessa à psicanálise produz efeitos "químicos" no corpo. Palavra fere, palavra faz gozar, palavra pesa. A fronteira corpo-psiquismo é atravessada de um lado para o outro por esse corpo estranho que é a palavra. A psicanálise é uma cura pela palavra.

Para finalizar essa parte, apresento, no capítulo 8, algumas heresias. Comento rápida e despretensiosamente alguns lugares-comuns de nossa maneira de ensinar psicanálise. Interrogo o que costumamos chamar de primeira e segunda tópicas, assim como problematizo, quase distraidamente, nossa maneira-padrão de tratar a teoria das pulsões. Termina o capítulo 8.

Capítulo 5
Interseccionalidades entre sexo, raça e classe na Viena freudiana, 100 anos depois

Cada um lê no poema
O poema que traz em si
André Tecedeiro

Vou arriscar um exercício de leitura, escolhendo, para tanto, um texto que apresenta, com enorme vigor, o tipo de tensão que nos interessa explorar aqui. Com efeito, "A moral sexual 'cultural' e a doença nervosa moderna", de 1908, pode nos servir como um belo exemplo das exigências de leitura do texto freudiano. O texto contém teses importantes sobre o antagonismo entre exigências pulsionais e exigências culturais, propondo uma crítica incisiva da repressão sexual dentro da tradição europeia. Particularmente, Freud sublinha o caráter adoecedor – isto é, neurotizante – das proibições e restrições impostas pelas normas do casamento heterossexual e monogâmico, sugerindo, inclusive, a necessidade de uma reforma social que leve em conta as exigências da pulsão, rebeldes em relação aos ideais, mesmo desconfiando da possibilidade de qualquer harmonia nesse terreno.

Ao mesmo tempo, o texto também contém afirmações algumas vezes tomadas como devedoras ou, no mínimo, alheias ao sistema patriarcal que lhe é subjacente e que permaneceria não tematizado, pressuposto. Essa última perspectiva, no entanto, torna difícil entender como encontramos nele, ao mesmo tempo, uma das diretrizes éticas mais decisivas da perspectiva psicanalítica e de sua crítica da moral sexual: "constitui uma das evidentes injustiças sociais o fato de o padrão cultural exigir de todas as pessoas o mesmo modo de conduta sexual" (Freud, [1908] 2020, p. 78). Difícil encontrar, mesmo na atualidade, afirmação mais contundente. Com efeito, "A moral sexual 'cultural' e a doença nervosa moderna", de 1908, pode nos servir como um belo exemplo das exigências de leituras do texto freudiano. O texto contém teses importantes sobre o antagonismo entre exigências pulsionais e exigências culturais.

O que me interessa neste momento é exercitar uma tecnologia de leitura que permita fazer aparecer, e não esconder, as tensões. Nesse primeiro exercício, emprego a técnica mais trivial de leitura, que consiste em ler o texto sob o pano de fundo de seu contexto de produção e de recepção, o que pode nos dar resultados interessantes. Vou tentar trabalhar as tensões internas do texto. Não pretendo propor uma exegese ou uma leitura correta. Apenas uma leitura atenta a impasses e aberta às camadas de texto que se superpõem.

Em primeiro lugar, é preciso notar que, muitas vezes, Freud está comentando textos de outros autores (nem sempre usando aspas ou citando segundo normas bibliográficas tais como aquelas que conhecemos). Muitas vezes está parafraseando seu interlocutor, antes de realmente entrar no debate, sem, contudo, usar aspas. Quando Freud fala em "moral sexual 'cultural'" (ou "civilizada", conforme as traduções disponíveis), a que ele se refere? É importante contextualizar que o alvo é a noção de "moral sexual 'natural'" contida em Ética sexual: *questões fronteiriças da vida nervosa e da vida anímica*, à época recém-publicado pelo professor Christian von Ehrenfels, diga-se de passagem, um dos precursores da teoria da *Gestalt*. O médico e filósofo é um dos expoentes de certa etapa da teoria austríaca do valor, destacando-se, entre outras coisas, por sua crítica à ética kantiana: para Von Ehrenfels, a razão não pode dirigir nossos desejos. Pregava um retorno à "moral sexual *natural*" como solução não apenas para o indivíduo, mas ainda para as sociedades europeias, cujo declínio ele temia. Sua "teoria do valor" logo derivou para um modelo darwinista de reforma social, e era fortemente devedora de uma teoria racial. O texto de Freud é uma resposta veemente à moral sexual "natural" de Von Ehrenfels, embora conceda alguns pontos, como o diagnóstico da hipocrisia da dupla moral masculina.

O que Von Ehrenfels entendia por "moral sexual *natural*"? Resumidamente, a ideia de que o homem deve procriar com o maior número de mulheres possível, sem estabelecer vínculos afetivos nem com as mulheres nem com as crianças. Com que objetivo? Com o objetivo de favorecer a seleção dos melhores genes e conter o "perigo amarelo". Em 1907, o autor havia escrito acerca do perigo da rápida procriação dos orientais (especialmente chineses e japoneses), que significaria uma séria ameaça não apenas à hegemonia europeia, mas também à própria existência da "raça branca". São esses os termos do debate na primeira década do século passado. No melhor estilo da fantasia europeia acerca do Outro exótico como o detentor de um gozo proibido a mim, Von Ehrenfels teme que a liberdade sexual oriental produza força militar invencível e favoreça o desenvolvimento tecnológico em larga escala.

Já os europeus, também no melhor estilo da perda de gozo devido ao Outro, teriam cedido a uma moral "feminina" calcada no casamento nuclear, na fidelidade e no cuidado com a prole. O resultado dessa política teria sido a baixa taxa de procriação dos brancos, em virtude de casamentos baseados no amor romântico. A "moral sexual natural" deveria ser, portanto, baseada na "seleção viril": os mais fortes, mais aptos, mais bem adaptados, mais bem-sucedidos deveriam, em prol da civilização europeia, conter o avanço do "perigo amarelo" procriando o máximo possível. Em contrapartida, as classes trabalhadoras deveriam adotar, estas, sim, o modelo da família nuclear, a fim de produzir mão de obra para a reprodução material da vida, mas evitando ter muitos filhos.

Colocando as coisas em perspectiva, aquilo que descrevemos, hoje, como a sociedade patriarcal vienense de finais de século XIX era vista por ela mesma como uma sociedade ameaçada pela progressiva *feminização da cultura*, e que era tida, aliás, como um processo já em curso: os homens europeus da época seriam homens feminizados, desprovidos de sua própria virilidade. Não é possível entender o texto de Freud sem entender que é com e contra esse pano de fundo que ele escreve.

Num segundo eixo, o artigo de Freud intervém ainda em um debate da época acerca da origem social de patologias psíquicas, temática, aliás, sempre em voga. Toda uma literatura psiquiátrica, com autores de renome como Krafft-Ebing, Erb e Binswanger, denunciava um aumento vertiginoso de patologias mentais relacionadas à "modernização da vida social" e ao exuberante progresso material da virada do século, que alguns economistas, conforme lembra Assoun (2009, p. 832), chamavam de "segunda revolução industrial". O texto de Freud estabelece um diálogo duplo: de um lado, com reformadores sexuais, como Von Ehrenfels; de outro, com o discurso psiquiátrico, que denunciava os malefícios da modernização da vida como produtora de patologias sociais. Por um lado, Freud se alinha à necessidade de reformas, em sua vigorosa crítica à moral sexual cultural vigente; de outro, mantém-se cauteloso quanto ao alcance de tais reformas. Para dizer o mínimo, o retorno a uma suposta moral sexual "natural" não o convence: pois a natureza não fornece nenhum horizonte possível de reconciliação do sujeito com a sexualidade inconsciente. Em linhas bastante gerais, esse é o contexto de produção. Quanto ao segundo ponto, segue o argumento até o momento em que insiste na etiologia sexual dos conflitos psíquicos.

Pode-se dizer que a recepção desse curto artigo é típica, na medida em que divide seus leitores entre dois polos antagônicos: há aqueles que veem em Freud o prolongamento de uma moral sexual conservadora e patriarcal, com seus preconceitos contra homossexuais e outras sexualidades dissidentes do padrão hegemônico de conduta, ao passo que outros, como o próprio Wilhelm Reich, consideram que esse texto contém uma espécie de "crítica cultural sexual--revolucionária", que, em sua opinião, teria se esvaziado nos trabalhos subsequentes de Freud sobre a cultura. Importante lembrar que, no volume I de sua *História da sexualidade*, Michel Foucault, depois de reconhecer o papel político da psicanálise contra o discurso sexual predominante do século XIX, ironiza aqueles que separam em Freud o "gênio bom" e o "gênio mau". Mas podemos ainda acrescentar mais uma camada, derivada de um problema contemporâneo, que lança luz num aspecto frequentemente negligenciado, a tradução de "*kulturelle*", que, ainda hoje, muitos psicanalistas continuam vertendo por "civilizada". Mais uma vez, a tradução aparecerá como uma questão não apenas terminológica, mas também política. Se a expressão "moral sexual 'civilizada'" parece ser, até certo ponto, consagrada pelo uso, pelo menos em alguns meios psicanalíticos, há motivos de sobra para optarmos por "moral sexual 'cultural'", mesmo que a expressão soe algo estranha aos ouvidos num primeiro momento. Um reforço inesperado da atualidade advoga em favor da tradução por "moral sexual 'cultural'".

Podemos discutir, por exemplo, se identidades sexuais, como o masculino e o feminino, se valores como a monogamia, ou orientações dissidentes, ou seja, se identidades sexuais e de gênero são "naturais" ou "culturais", mas não faz sentido discutir se são "naturais" ou "civilizadas". Com efeito, a expressão "moral sexual cultural" se mostra mais adequada – e mais moderna – do que "moral sexual civilizada". Se tomarmos a "civilização" (e não a "cultura") como aquilo que se opõe à natureza, tudo aquilo que não fosse estritamente determinado pela natureza seria, por isso mesmo, selvagem, incivilizado, bárbaro. Além disso, e o diabo mora nos detalhes, Freud faz questão de manter as palavras "natural" e "cultural" sempre entre aspas, como se desconfiasse de sua pertinência. Pelo menos quando elas se referem à moral sexual.

Esse rápido exercício nos mostra como um texto se dispõe em camadas. Numa primeira camada, acessamos uma das hipóteses centrais da psicanálise: a cultura se assenta sobre a repressão (*Unterdrückung*) das pulsões sexuais. Ainda nessa primeira camada, é possível detectar hipóteses que hoje chamaríamos de cis-heteronormativas: a homossexualidade vista como desvio "nocivo" da sexualidade normal. Numa manobra que em muito lembra o estilo de subversão retórica promovida por Freud nos *Três ensaios sobre a teoria sexual*, o psicanalista acaba por sustentar que é a própria cultura que, pela via do peso de suas restrições, torna-se nociva ao exercício da sexualidade humana, devido à impossibilidade da plena adequação de boa parte dos seres humanos às exigências da moral sexual cultural. Numa segunda camada de leitura, poderíamos nos perguntar: mas o que seria, afinal de contas, a "sexualidade normal"? A resposta de Freud está na ponta da língua: "a que promove a cultura" (Freud, [1908] 2020, p. 75). Ora, justamente nesse aspecto, os "homossexuais" destacam-se "por uma aptidão especial da pulsão sexual à sublimação cultural" (p. 76), o que seria apenas mais um preconceito disfarçado de elogio. Não nos esqueçamos, todavia, da forte admiração de Freud por figuras como Platão e Leonardo da Vinci, por ele lidas, em parte, segundo essa chave. Aqueles "homossexuais", contudo, em que a repressão malogra estariam sujeitos a dois destinos: sofrer as consequências sociais do desvio ou pagar o preço do sofrimento neurótico (p. 77). O problema é que a repressão *sempre* malogra. E Freud sabe perfeitamente disso. Aliás, ele sabe também, porque já havia publicado sobre isso alguns poucos anos antes, que a pulsão é sem objeto. Ora, a tese acerca da inexistência de um vínculo natural entre pulsão e objeto é a tese mais radical até hoje formulada contra as sexualidades hegemônicas e sua pretensa legitimação numa ordem da natureza!

Como se não bastasse, é nesse ponto que o autor conclui enfatizando que a reivindicação cultural de uma conduta sexual padronizada constitui uma das mais "evidentes injustiças sociais" (Freud, [1908] 2020, p. 78). Nesse sentido, Freud aponta uma clara relação entre a normatividade social (vista como injusta), o sofrimento psíquico (a neurose individual) e a violência social (o preço a pagar pela escolha objetal). Desenha-se aqui uma perspectiva clínica e política que não recua do reconhecimento da gênese social do sofrimento subjetivo, em função dos "mais pesados sacrifícios psíquicos" que essa forma de incidência da norma impõe. A um leitor contemporâneo que ainda ache tímida a posição de Freud não custa lembrar que, naquela altura, a homossexualidade ainda era considerada crime. Aliás, continuou sendo até 1935 na Europa Central. A posição de Freud por sua descriminalização é documentada.

Numa terceira camada de leitura, podemos mostrar que, no bojo da discussão sobre a moral sexual, temos uma teoria racial embutida na reivindicação de uma moral sexual "natural", o que nos mostra o funcionamento *interseccional* das injustiças claramente formuladas no discurso racista, classista e sexista de Von Ehrenfels, cujas principais vértebras Freud quebra. Além disso, temos nesse pequeno artigo uma observação cuja fecundidade para ler fenômenos contemporâneos não pode ser negligenciada. Trata-se do que podemos chamar de paradoxo do "fora da lei". O argumento vai introduzir um marcador social de classe aliado a uma eventual idiossincrasia pessoal. Escreve o psicanalista: "Aquele que, por sua constituição inflexível, não pode participar dessa repressão pulsional irá permanecer em oposição à sociedade enquanto 'criminoso', *outlaw* [fora da lei], a não ser que sua posição social e suas excelentes habilidades lhe permitam afirmar-se como grande homem, como 'herói'" ([1908] 2020, p. 73). No que tange à condição do indivíduo que não se dobra à repressão pulsional, aquele que não se dobra à lei, seu destino se desdobrará conforme sua condição social: para os desprovidos de insígnias de inserção social, o destino os acolherá como "criminosos", ao passo que, diante do mesmo crime, conforme detenha a posse de privilégios de classe, isso determinará seu tratamento como "herói".

É essa hipótese que permite entender o fenômeno do fascínio neurótico pelo gozo perverso, ou, indo mais longe um pouco, o "fascínio antropomórfico pelo poder tirânico" (Butler, 2021, p. 185). É a mesma posição libidinal que se excita com "bandido bom é bandido morto", que eleva a herói um juiz de direito que faz gato e sapato da lei *em nome da lei* e que eleva à dignidade de "mito" um líder tirânico farsesco que realiza sua pobre fantasia perversa. Lendo em filigrana os textos de Freud sobre a guerra, Butler (2021, p. 176) comenta: "aqueles que seguem o tirano louco identificam-se com seu desprezo deliberado pela lei e por qualquer limite imposto a seu poder e sua capacidade destrutiva". A intuição fundamental de fantasias perversas dessa natureza apoia-se na captura de um elemento de verdade acerca da violência inerente à instauração da lei, mostrada por autores como Benjamin, Derrida ou Agamben. Mas, ao contrário deles, não para denunciar ou desconstruí-lo, pelo contrário, para legitimá-lo. Pelo menos quanto a esses aspectos, *Totem e tabu* nunca foi tão tristemente atual nestes trópicos.

Por sua vez, desde bastante cedo, Freud percebeu que não há como fazer clínica sem fazer, no mesmo gesto, crítica social: a clínica é política, porque o inconsciente é político. Como escutar o sofrimento neurótico do homossexual freudiano – ou dos dissidentes de gênero de hoje – sem entender quais os caminhos prescritos para ele nesse momento x e y, o lugar a partir do qual seu corpo foi lido, por exemplo, na família ou na falta dela, na escola, na rua, na comunidade? Uma perspectiva terapêutica adaptativa poderia lhe ensinar a se afastar de "crenças disfuncionais" ou a encontrar seu "verdadeiro eu". Mas um sujeito pode querer mais do que isso. Pois ter no horizonte de um tratamento a construção de crenças ditas "funcionais" pode significar uma busca por adaptar o sujeito a um funcionamento social e cultural que é, ele mesmo, adoecedor, uma vez organizado pelas normatividades sociais vigentes, além de bloquear o potencial crítico do sofrimento.

Ao contrário de encontrar seu "verdadeiro eu", trata-se aqui do reconhecimento de que o eu é uma montagem constituída pela alienação aos outros que normatizam sua imagem, a exemplo das próprias normas sociais, encarnadas às vezes pela família ou pela escola, as quais impõem modos ideais de funcionamento que desprezam o desencaixe singular que atravessa cada sujeito à sua maneira – desencaixe que vai ser resgatado pela psicanálise e tomado enquanto índice do que há de mais próprio a esse sujeito. Numa experiência analítica, o sujeito em questão pode se haver com seu desejo e seu gozo em outro registro, desenredando-se dos espelhos imaginários que constituem sua herança normativa e permitindo-lhe construir uma "gambiarra" (Teixeira, 2022), termo que inclui a dimensão da falha ou do desencaixe numa solução artesanal, capaz de enodar ao laço o que há de mais próprio em sua satisfação pulsional.

Mas pelo menos um ponto chama a atenção e talvez possa nos ajudar a pensar o contemporâneo. Freud leva a sério o discurso de seu opositor. Ele sabe que a teoria de Von Ehrenfels é racista, misógina, paranoica. E Umberto Eco não nos deixa esquecer que há algo de eterno na disposição humana ao fascismo. Freud também sabe que a paranoia contém um grão de verdade. Um grão certamente ampliado e distorcido. Mas aquele discurso capta alguma coisa que aparecia aos seus contemporâneos como um perigoso efeito de feminização, ao qual eles reagiram com teorias delirantes, mas nem por isso menos influentes. Alguma coisa não funcionava bem no patriarcado vienense. Freud soube escutar o que estava em jogo ali, mas deslocou a questão para um ângulo completamente inesperado. Não é assim, como perda de um conforto, como crise dos valores, que aparecem até mesmo para nossos contemporâneos as reivindicações de minorias? Qualquer semelhança com a atualidade não é mera coincidência.

∞ ∞ ∞

Para concluir esse primeiro exercício, essa primeira variação, quero incluir a dimensão propriamente clínica no debate quanto à norma, mais ligada ao que temos nos habituado a chamar de inconsciente real. Muito se fala sobre normatividade. Mas como a norma incide no corpo falante na perspectiva do inconsciente real? Uma pergunta como essa pressupõe levar em conta a equivocidade do significante, suas ressonâncias singulares no corpo de um ser falante, assim como a dimensão de mal-entendido que a língua inevitavelmente comporta. Afinal, da perspectiva do inconsciente (real), a norma não é unívoca, mas equívoca: implica o corpo de quem a encarna, assim como o de quem se vê alvo de sua operação. Longe de ser o efeito de uma ordem simbólica universal e consistente, que incidiria mais ou menos da mesma forma para todos os corpos, trata-se aqui de uma pergunta pelas incidências da norma do ponto de vista do singular.

Não vou apresentar uma vinheta de caso clínico, mas uma cena cotidiana. Na mesa de jantar, um pai oferece ovos de codorna para o filho de uns 4 ou 5 anos: "Quer ovinho?". Surpreso, o menino retruca: "Mas o vinho não é só para adulto?". Sem entender, o pai indaga: "Como assim?". A criança explica: "Foi você que disse que criança toma suco e que o vinho é só para os adultos". Todos riem. Fim de citação. Não tenho nenhuma dúvida de que o sistema sexo-gênero exerce opressão injustificável em todos os seres falantes; que, para muitos, especialmente para aqueles que não se reconhecem nos (ou não se identificam a algum dos) modelos hegemônicos da cis-heteronormatividade, essa opressão é vivida como extrema violência e exclusão, implicando variadas formas de sofrimento subjetivo; que, como sociedade, devemos não apenas pensar em maneiras de dar lugar a essas pessoas, garantindo cidadania sexual (Moreira, 2017) a todos e todas, mas ainda repensar as práticas políticas que reproduzem macro e micropoliticamente essas estruturas. Isso tudo é muito claro. Como sugeri, o texto de Freud de 1908 nos ajuda a pensar tudo isso. Mas o exemplo concreto anterior – que, mesmo sendo uma situação singular, tem inúmeras ressonâncias para pensarmos o problema da normatividade em suas diversas camadas – exige que avancemos num terreno ainda não tão explorado no debate contemporâneo.

Até aqui, estamos no modelo repressivo do inconsciente. Digamos, para simplificar, estamos no inconsciente repressivo. O problema é que precisamos de um pensamento ainda mais radical para dar conta daquela cena em que o que opera, ao lado do inconsciente repressivo, é o inconsciente real. O equívoco "o vinho"/"ovinho" incide justamente na partilha entre duas formas de gozo de objetos: o interdito e o permitido, duas formas de satisfazer a pulsão. Em certo sentido, ela engrossa o dossiê das teorias sexuais infantis, gênero literário inventado por Herbert Graf, o Hans de Freud, antes mesmo de completar meia década de vida! Vários aspectos maravilhosos – ou melhor, mágicos – se condensam nessa cena. A linguagem transmite regras, às vezes explícitas, mas, muitas vezes, inexplícitas. Além disso, muitas outras vezes, a normatividade da língua se inscreve no corpo através do equívoco. Transmite certa partilha do gozo: este gozo é só para mim, para você o gozo possível é esse outro. O inconsciente interpreta o descompasso estrutural entre língua e gozo. Mais do que isso, o inconsciente realiza essa partilha, singularmente em cada corpo.

É isso que faz com que o inconsciente seja, ainda, o índice da impossibilidade de que as normas sociais operem uma determinação completa ou unilateral de um sujeito. Tomemos, a esse respeito, o fenômeno do filme *Barbie* (Greta Gerwig, 2023), exemplar perfeito de como moral sexual cultural e doença nervosa moderna se conectam. Passando ao largo do enredo do filme, ressaltamos aqui o efeito social que ele provoca. Saltam aos olhos não apenas a quantidade, mas sobretudo a diversidade de pessoas lotando as salas de cinema, vestidas – ou montadas, conforme o caso – de rosa. Impossível não notar que não apenas mulheres e garotas cis, mas também pessoas dissidentes de gênero e sexualidade fizeram parte da onda *pink*, numa espécie de paródia mimética do ideal de feminilidade que Barbie representa. A diversidade de corpos que expressaram algum tipo de identificação com esse traço rosa indica que até mesmo o ideal normativo encarnado por Barbie sofre seus desvios, como, aliás, ocorre com toda e qualquer norma. Seus usos não se restringem às meninas brancas cis-heterossexuais pertencentes ou aspirantes à classe média alta que vão encarnar mais diretamente o conjunto de ideais que a boneca, a princípio, representa. Pois Barbie também funciona como uma plataforma fantasmática de feminilidade, com todas as consequências que isso acarreta conforme o caso, para uma série de outros corpos – bichas, sapatões, pessoas trans, meninas pretas, garotas periféricas – que dela vão se servir a seu modo, promovendo torções, idealizando, deformando ou destituindo esse modelo à sua maneira, entre tantas combinações singulares e, certamente, não previstas pela finalidade inicial da criação dessa boneca.

Esse fenômeno talvez tenha a ver com o que Barbie inadvertidamente permite: um jogo identificatório possível com a feminilidade, que excede o roteiro normativo *por meio dele*, transbordando seus caminhos originalmente prescritos. Ao tomar uma boneca que é – ao menos em sua versão paradigmática inicial – a encarnação do padrão normativo de gênero e sexualidade, a realização da promessa burguesa da felicidade no consumo e no luxo, e fazer dela um uso próprio, esse "efeito Barbie", em sua curiosa relação com a norma e seus modelos de identificação, ensina-nos a forma como isso se refrata, ao incidir, em cada um, independentemente de gênero ou orientação, de uma maneira imprevista ou incalculável em seus efeitos.[15]

Nesse sentido, Barbie funciona como um ideal inalcançável, e é justamente por realizar um conjunto bastante

---

[15] A constatação desse mesmo ponto é o que faz de Judith Butler uma leitora inarredável da psicanálise: apesar de seus diversos pontos de crítica ao campo aberto por Freud, a filósofa aposta na teoria psicanalítica como uma perspectiva quanto à constituição e ao funcionamento do sujeito que inclui a contingência fantasmática e os arranjos imprevisíveis de cada um com o próprio gozo, a despeito – e em função mesmo – da incidência equívoca da norma.

completo de ideais culturais irrealizáveis que esse impossível, essa distância entre o ideal e suas realizações possíveis, permite usos imprevistos do modelo. O clichê dá lugar à mimésis, mas também à paródia. Até aqui, podemos andar juntos, psicanalistas e ativistas, leitores de Freud e de Butler, de Lacan e de Preciado. Podemos aprender uns com os outros, podemos discutir, debater, discordar. Daqui em diante, no entanto, é a clínica psicanalítica que abre o caminho. Pois o real com o qual operamos é de uma sutileza que muitas vezes escapa ao – ou se subtrai do – embate teórico e/ou político entre campos discursivos. A clínica psicanalítica está munida de ferramentas para escutar, manejar e operar com esse real, indo mais longe do que apenas denunciar sua incidência violenta ou criticar sua persistência. Um menino chamado Herbert Graf ensinou a Freud como a língua impacta o corpo, não por acaso precisamente em 1908, ano de "A moral sexual 'cultural'". Esse menino ficou mais conhecido como o Pequeno Hans. Ele é o coautor, com Freud, das teorias sexuais infantis. Para além do fato de que reformas sociais são desejáveis, urgentes e necessárias, que novas formas de viver a diversidade sexual e de gênero precisam ser escutadas e reconhecidas, nada poderá nos *imunizar* dos efeitos equívocos, imprevisíveis, singulares e contingentes do real da língua nos corpos. Nada poderá nos imunizar contra a magia que faz o/vinho no corpo falante de um menino singular. Não há salvação nem redenção para os corpos falantes. A psicanálise começa aqui.

Capítulo 6
O que é psicanálise?

Palavras, palavras, palavras.
Shakespeare. *Hamlet*, ato II, cena 2.

Justamente quando o conceito falha,
Aí vem a palavra dar um jeito.
Goethe. *Fausto*, linhas 1995 e 1996.

"Nada mais acontece entre eles do que uma conversa. O analista não utiliza instrumentos, nem mesmo para o exame, nem prescreve medicamentos" (Freud, [1926] 2017, p. 210). Não acontece nada entre eles, a não ser isto: eles falam. O tratamento psicanalítico é baseado na fala do paciente e na escuta do analista. E no bálsamo que se estabelece entre eles quando aquela fala é escutada: a transferência. É claro que não se trata de uma escuta qualquer, muito menos de uma fala qualquer. A essa fala não-qualquer chamamos associação livre; a essa escuta não-qualquer chamamos escuta equiflutuante, derivada da atenção equiflutuante. Uma psicanálise é o encontro, com os tropeços que todo encontro implica, daquela fala não-qualquer com essa escuta não-qualquer. Ponto. A psicanálise – sua doutrina, sua metapsicologia, sua estrutura teórica, seus matemas e grafos, suas recomendações técnicas e assim por diante – é a tentativa de explicar como é possível tratar nossas dores, nossos sofrimentos, nossos sintomas por meio da palavra.

O que torna esse tratamento possível? Por que a psicanálise é eficaz? Porque sim, é preciso dizê-lo, ela o é, mais do que qualquer outra abordagem pretensamente "científica".[16] Uma discussão acerca de o que pode ser considerado "eficácia" merece um estudo à parte. A psicanálise não trabalha na perspectiva de adequar o sujeito a um suposto funcionamento "normal", ou de oferecer uma cura do "mal-estar", ou de adaptá-lo a este ou aquele parâmetro de conduta supostamente "saudável". "Normalidade", "bem-estar" ou

---

[16] Existem diversos estudos acerca da eficácia clínica da psicanálise, incluindo pesquisas randomizadas e por aí vai. Vale a pena conferir o debate promovido por Paulo Beer (2017). Recentemente um jornal alemão publicou um instigante estudo sobre a experiência alemã. A "Alemanha é o único país do mundo onde a psicanálise é um benefício-padrão das companhias de seguros de saúde" (Jiménez, 2016, [s.p.]). A razão para essa excepcionalidade foi a constatação da eficácia clínica num protocolo que comparou o destino de pacientes com problemas de saúde mental submetidos à psicanálise e que foram examinados cinco anos antes e cinco anos após o tratamento. O estudo de Dührssen demonstrou que pessoas que haviam passado por "psicoterapia psicanalítica" tinham sido internadas com menos frequência do que a média dos segurados. No final de 2015, por exemplo, o estudo da Clínica Tavistock, de Londres, apareceu na revista *World Psychiatry*, 13 anos depois que o Serviço Nacional de Saúde da Grã-Bretanha iniciou o projeto. Por um lado, mostra que a psicoterapia psicanalítica funciona tão bem quanto a terapia comportamental na depressão crônica no final do tratamento. "Acima de tudo, no entanto, também mostra que a força da psicanálise reside em uma enorme sustentabilidade. Enquanto apenas 10% dos pacientes em terapia comportamental não tinham mais depressão dois anos após o término do tratamento, na psicanálise havia 44%, quase metade. Isso reforça os resultados de outros estudos, como os publicados em 2012 por pesquisadores da Universidade Técnica de Munique: Aqui, também, os pacientes deprimidos que receberam psicanálise em vez de terapia comportamental se sentiram significativamente melhor três anos após o fim do tratamento" (Jiménez, 2016, [s.p.]). Ver ainda Dunker e Iannini, 2023.

"saúde" não são conceitos "científicos", quantificáveis. Ao contrário, são fortemente impregnados de valores sociais, políticos, estéticos, históricos e assim por diante.

A psicanálise funciona, quer dizer, opera, tem lugar. Temos uma teoria bastante robusta e uma casuística impressionante, mas ainda não sabemos exatamente descrever a mecânica da cura. O que não é privilégio da psicanálise! Sabemos que tem a ver com a fala e com a escuta sustentada sob transferência, e com uma ética radicalmente fundada na singularidade. Sabemos que o sintoma de um sujeito contém um saber fazer com o gozo, que muitas vezes traz sofrimentos terríveis, mas que, ao mesmo tempo, estabiliza certa posição subjetiva.

Para sermos mais precisos com os conceitos, podemos reformular a questão assim: o que torna essa "tarefa impossível" possível, senão a contingência de um encontro? Numa definição minimalista, a psicanálise é a teoria, a ciência, a estrutura teórica, o discurso que tenta mostrar como isso é possível. Como um tratamento radical e exclusivamente fundado na fala pode produzir – e efetivamente produz – efeitos na subjetividade, efeitos que permitem a cada sujeito lidar melhor com sofrimentos, driblar o incontornável mal-estar, reduzir os sintomas. Ou, se/quando falhar, falhar de um jeito menos pior. Principalmente aqueles sintomas que amamos odiar, mas que ao longo de uma análise reduzimos talvez a um resto inofensivo, talvez ao seu osso duro de roer, talvez às suas cinzas, ou mesmo a um resíduo que, eventualmente, fertiliza, tempera. Uma análise, assim como qualquer outro tratamento "psíquico", não nos cura de quem somos. Do mesmo mosto de uvas fazemos vinho ou vinagre. Os sintomas que nos levam a uma análise são o vinagre, que azeda nossa vida, acidifica nossas relações, escurece nosso horizonte; ao longo de uma análise, podemos dar outro destino a esse mosto de que somos compostos.

"Nada mais acontece entre eles do que uma conversa. O analista não utiliza instrumentos, nem mesmo para o exame, nem prescreve medicamentos." Se possível, ele até mantém o doente em seu ambiente e em meio a suas relações habituais enquanto está em tratamento. Isso evidentemente não é uma condição, e nem sempre pode ser feito dessa forma. O analista pede que o paciente venha ao seu consultório em um horário determinado do dia, deixa-o falar, ouve o que ele diz, depois fala com ele e o faz ouvir.

A expressão facial do nosso interlocutor imparcial, então, demonstra um indefectível alívio e relaxamento, mas também evidencia claramente certo desprezo. É como se pensasse: é só isso? "Palavras, palavras, palavras", como diz o príncipe Hamlet. Certamente também lhe vem à cabeça a fala de escárnio de Mefisto, que diz como é confortável lidar com palavras – versos que nenhum alemão jamais esquecerá.

Ele diz também: "Então isso é um tipo de magia, vocês fazem desaparecer a doença com palavras e um simples sopro".

Com certeza, seria magia se o efeito fosse mais rápido. Parte da magia é necessariamente a rapidez, até mesmo o aspecto repentino do sucesso. Mas os tratamentos analíticos precisam de meses e até anos; uma mágica tão lenta perde o caráter do miraculoso. Aliás, não desprezemos a *palavra*. Ela é um instrumento poderoso; é o recurso pelo qual comunicamos nossos sentimentos uns aos outros, é o caminho pelo qual influenciamos o outro. Palavras podem ser extremamente benfazejas e podem ferir terrivelmente. É verdade que no princípio era o ato, a palavra veio depois, sob certas circunstâncias foi um progresso cultural quando a ação se reduziu à palavra. Mas a palavra originalmente era magia, um ato mágico, e ainda preservou muito de sua antiga força.

O interlocutor imparcial continua: "Suponhamos que o paciente não esteja mais preparado que eu para compreender o tratamento analítico; como o senhor pensa em convencê-lo da magia da palavra ou da fala, que o libertará de seu sofrimento?".

Evidentemente, ele necessitará de uma preparação, e isso pode ser feito de um modo fácil. Pedimos a ele que seja muito sincero com seu analista, que não omita propositalmente nada que lhe venha à mente, e depois que ignore *todos* os impedimentos que querem excluir alguns pensamentos ou lembranças da comunicação. Toda pessoa sabe que há coisas que ela contaria aos outros apenas a contragosto, ou cuja comunicação ela julga impraticável. São suas "intimidades". Ele também intui aquilo que significa um grande progresso no autoconhecimento psicológico, que há outras coisas que não se quer confessar a si mesmo, que se quer esconder de si mesmo e que por isso se interrompe e se afugenta de seus pensamentos quando elas surgem. Talvez ele próprio perceba o indício de um problema psicológico muito curioso na situação em que um pensamento deva ser escondido de si mesmo. É como se o si-mesmo [*Selbst*] não fosse mais aquela unidade que se julgava ser, como se ainda houvesse outra coisa dentro dele que se contrapusesse a esse si-mesmo. Algo como uma oposição entre o si-mesmo e uma vida anímica em sentido amplo pode ser vislumbrado por ele ainda em contornos obscuros. Quando, então, ele aceita a exigência da análise de dizer tudo, ele facilmente se torna acessível à expectativa de que um trânsito e uma troca de ideias sob circunstâncias tão incomuns também possam levar a efeitos curiosos.

"Eu entendo", diz o nosso ouvinte imparcial, "o senhor supõe que todo nervoso tenha algo que o incomoda, um segredo, e na medida em que o senhor o motiva a verbalizar o problema, o senhor lhe tira o peso e lhe

> faz bem. Esse é o princípio da confissão, do qual a igreja católica se serviu desde sempre para garantir o seu domínio dos ânimos."
> Temos de responder a isso com sim e não. A confissão introduz a análise como uma espécie de preâmbulo. Mas está longe de chegar à essência da análise ou de explicar o seu efeito. Na confissão, o pecador diz o que sabe; na análise, o neurótico deve dizer mais. Também nada consta sobre a confissão ter desenvolvido alguma força que elimine sintomas diretos de doenças.
> (Freud [1926] 2017, p. 210-212)

Fundamentos da clínica

Freud evitou a todo custo hipostasiar regras e os procedimentos numa espécie de manual de protocolos ou de prescrições codificados para o analista, o que certamente poria a perder o essencial da prática analítica, que é a abertura à escuta da singularidade.

Nesse sentido, quem procura nos textos técnicos de Freud um manual de instruções, um modo de usar ou uma bula com regulamentos ou instruções certamente vai se frustrar. Apenas uma e única regra é enunciada, a regra fundamental: a da livre associação. Obrigação: falar livremente tudo que ocorre (*alles was einfällt*). Freud emprega o verbo "*einfallen*", derivado de "*fallen*", "cair", para se referir àquilo que vem à tona, que não mais é retido, quando o analisante se entrega à associação livre. Os resultados dessas associações são as *Einfälle*: "aquilo que ocorre", numa palavra, as "ocorrências". Por exemplo: "Não sei muito bem como entender esse sonho (ou esse sintoma, e assim por diante), a única coisa que me ocorre é que...". O convite à associação livre é um convite radical, de liberdade, de emancipação. Pode falar aquilo que você não diria nem diante do espelho ou, sobretudo, aquilo que você não diria especialmente diante do espelho, para si mesmo. Diga aquilo que poderia quebrar o espelho.

Na verdade, a rigor, falar "livremente" é impossível. Nossa fala é *determinada* pelo inconsciente. Portanto, não se trata apenas de um convite, mas também de um desafio: o desafio de falar livremente sobre o que nos determina. Numa primeira camada, é ao aceitar o desafio que o sujeito pode experimentar as manifestações do inconsciente, criando condições para sua emergência, por meio de atos falhos, lembranças, sonhos, e assim por diante. Mas, se olharmos mais de perto, a própria associação livre não é apenas uma condição do tratamento, mas é o próprio tratamento. A experiência da análise tensiona esse paradoxo: uma experiência livre do que nos determina. Uma experiência de dizer o que não pode ser dito, de falar de uma maneira que possa reconfigurar, remodelar, redesenhar aquilo que fala em nós. Numa análise, palavras têm peso. A rigor, deveríamos dizer que a fala na associação livre não é exatamente livre, mas sobretudo cega: "numa análise, fala-se às cegas" (Vieira, 2008, p. 135).

Se subalterno é aquele que não pode falar, aquele cuja voz não pode ser escutada, aquele que é silenciado e obscurecido por múltiplas camadas de violências interseccionais de opressão macro e micropolíticas, a associação livre é o dispositivo que transporta o silêncio para o lado daquele que, a princípio, ocuparia os lugares de saber e poder. Quando, no final do século XIX, Emmy pede a seu médico para se calar, para deixá-la falar sem interrupções, o jogo se inverte: o médico se torna analista ao acolher seu lugar de resto, seu lugar de não saber. Nesse sentido, a psicanálise é política desde seu primeiro gesto. Aqui as regras tácitas da conversação ordinária estão temporariamente suspensas, o sentido cristalizado das palavras em estado de dicionário é liquefeito.

Em português, gostamos de enunciar assim: diga aquilo que vier à sua mente, sem selecionar, sem se censurar etc.

Como se se tratasse de um vir à tona, de baixo para cima, como um submarino ou uma sereia emergindo do fundo do mar. Contudo, falar livremente no sentido freudiano nos remete a uma imagética diversa. Basta lembrar do inglês: cair é "*to fall*". Diga aquilo que te ocorrer, diga aquilo que cair na tua cabeça, o que se precipitar nela, o que der na telha,[17] como uma pedra que rola com a água nas corredeiras de uma cachoeira, ou uma manga no pé da árvore: "cai para dentro". Diga aquilo que está na ponta da tua língua, aquilo que agarra ou que escorrega por tua garganta. "Vou dizer uma coisa ridícula, que só posso falar *para você*." Se a fala cotidiana amarra a palavra ao sentido, a associação livre é um convite para que esses laços sejam, pelo menos, afrouxados. Para que outros "nós" possam ter lugar. Aliás, a própria palavra "clínica" não deixa de pertencer ao mesmo universo semântico. Derivada do grego κλίννω, "clínica" remonta até o protoindo-europeu *kliňõ*, que também quer dizer inclinar, deitar-se, cair. Falar, deixar cair, no sentido da associação livre, já é estar na clínica. Uma analisante, que resiste ao divã, diz não ter nada a dizer naquele dia. Relata o dia a dia e volta a dizer que não tem nada a dizer. O analista insiste em convidá-la ao divã. Ela consente. Poucos minutos depois, move-se rapidamente de um lado para o outro, como se procurasse alguma coisa escondida no móvel, e exclama: "Tem um caboclinho aqui? Foi deitar aqui e me lembrei que...".

Contrapartida da única regra: a atenção equiflutuante por parte do analista. O que significa "flutuar"? Não sou especialista em pássaros[18] ou em seus voos, mas podemos distinguir facilmente o esforço que um pássaro faz para decolar do chão, batendo as asas com força e velocidade, e o voo

---

[17] Como bem pontuou Jean Dyego Soares (comunicação pessoal).

[18] O leitor pode conferir o livro-pássaro de Yolanda Vilela (Vilela, Y. *Peso pluma*. Belo Horizonte: Quixote + Do, 2022).

suave de quando ele apenas plaina nas correntes e nos ventos. Entre esses dois extremos, entre o esforço máximo para vencer a inércia do repouso e o voo livre em que prevalece o movimento igualmente inercial, há um estado intermediário. Nesse estado intermediário em que a ave plaina, mas ao mesmo tempo precisa impulsionar o voo com leves e cadenciados movimentos das asas, ela efetivamente flutua. Para qualificar a escuta analítica como uma escuta flutuante, Freud emprega o adjetivo *"gleichschwebend"*,[19] que designa precisamente esse estado intermediário do voo. Não se trata nem de atenção máxima ou focada nem de desatenção. Como um pássaro que plaina, mas plaina ativamente, o analista escuta. Não é uma escuta passiva, mas flutuante, pronta para captar o que pulsa do inconsciente na fala do paciente.

É esse tipo de atenção que Freud recomenda aos analistas, uma atenção suficiente para que o analista possa escutar, sem seleção prévia, as associações livres do analisante. Os ouvidos-asa do analista escutam o que não é livre, mas determinado pelas tramas do inconsciente, nas associações "livres" do paciente. A escuta flutuante opera por subtração: ela subtrai aquilo que ainda se prende à intencionalidade e ao sentido, buscando isolar o gozo do corpo que incide na fala por meio da voz, quer dizer, onde "isso fala". A ave mergulha quando a sombra do peixe é capturada na superfície da água.

Isso quer dizer que o analista não seleciona, a partir de suas expectativas teóricas, não escolhe, no que escuta, aquilo que pareça confirmar o que ele já sabe: a que horas fulano vai confessar aquela fantasia sexual perversa? Quando beltrana vai finalmente reconhecer que o abismo que ela experimenta com o feminino remonta à sua relação com a mãe? Por que cicrano ainda não admitiu que seu ciúme paranoico deriva de uma atração homossexual recusada? Nada disso. Às vezes,

---

[19] Essa e em outras devo à perspicácia de Pedro Heliodoro Tavares.

o mais importante numa sessão é um comentário "inóquo", sobre o tempo lá fora, sobre um quadro torto na parede, sobre a música aleatória que tocava na sala de espera (sob transferência, a música foi escolhida pelo analista para mim, claro!).

A escuta equiflutuante é, assim como a associação livre, rara e preciosa. Ela depende de uma série de condições, que incluem a sólida formação do analista, seu consentimento em suspender sua própria condição de sujeito, cedendo espaço para o desejo de analista. A tarefa da escuta é promover a esquize entre o ouvido e a voz (Miller, 2013, p. 4), elevando a voz a estatuto de objeto, quer dizer, quando a voz se dessubstancializa. Em termos freudianos, na associação livre, *isso* fala. É por isso que a regra da associação livre é muito mais um dispositivo ético-político do que uma regra técnica. É por isso que uma criança pode se servir de brincadeiras e jogos como sucedâneos da associação livre.

Afora essa regra única, tudo parece ter um estatuto mais flexível. Mesmo as "recomendações" não constituem protocolos rígidos a serem cegamente aplicados, mas expressam princípios ou fundamentos gerais que regem uma prática. O que também evidencia o quanto de "arte" – mais ligada ao sentido antigo do termo, isto é, ligado a uma atividade produtiva fundada não na ciência do universal, mas em um saber singular – reside na experiência analítica e quanto o aprendizado sobre o fazer clínico não pode ser limitado à leitura de textos ou ao conhecimento profundo da metapsicologia, mas sim essencialmente transmitido pela experiência do encontro com um analista, no divã ou fora dele, incluindo aí dispositivos on-line ou bancos de praça, cada um com suas peculiaridades, alcances e limitações. Na cena a seguir, temos um psicanalista e uma adolescente oriunda do sistema socioeducativo de Minas Gerais. Não sabemos a gravidade do ato infracional que ela cometera. O analista sabe. Sabemos da violência estrutural à qual a jovem está submetida. Sabemos sua cor, sua classe, mesmo sem perguntar nada a ninguém.

> Uma adolescente, que quase nunca fala, hoje chora. Ele abaixa os olhos. Ela pergunta por que ele desviou o olhar. "Algumas pessoas não gostam de serem vistas chorando." "Ah, bom", ela diz, concordando. "Lá na Áustria, há muitos anos, um psicanalista inventou um jeito de conversar – conversas mais difíceis, papos mais pesados – de costas", continua o psicanalista. "Assim?", pergunta a menina, girando sua cadeira. "Isso", ele diz, enquanto pensa que deve ter sido assim que o dispositivo do divã foi inventado em parceria com alguma de suas pacientes. A jovem então propõe: "precisamos fazer um banco australiano desses pro Desembola,[20] uma cadeira de chorar". Na sequência, procura o ateliê de arquitetura e faz a proposta. A invenção está lá hoje, prontinha, para quem precisar. E a menina, agora, todas as vezes que entra na sala de atendimento, a primeira coisa que faz é girar a cadeira: "para conseguir falar o que eu sinto". Parece que a cadeira não foi a única a girar (Greco, 2021, p. 18).

Ler e escutar

Uma psicanálise é um tratamento. Um tratamento no qual o analista convida o paciente à associação livre, cria as condições para que essa fala não-qualquer tenha lugar ("*Rien n'aura eu lieu que le lieu*",[21] dizia o poeta Stéphane Mallarmé) e lhe oferece uma escuta também não-qualquer.

---

[20] O Desembola na Ideia é um projeto psicossocial que funciona em Belo Horizonte e conjuga arte, psicanálise e política, recebendo adolescentes em situação de vulnerabilidade. O caso foi escutado por Vinícius Carossi.

[21] Impossível traduzir o maravilhoso jogo de palavras sem perder o principal. Em tradução livre, "Nada terá tido lugar a não ser o lugar",

O analista não é uma "pessoa", um "eu", muito menos um "sujeito" – ou coisa que o valha. É um lugar radical, de contínua e impossível dessubjetivação, uma superfície que torna possível a recuperação da dimensão mágica da palavra. Não há lugar para dois sujeitos numa análise. Não por acaso, a formação do analista é uma questão tão séria, exigente, difícil, tortuosa. Afinal, "não podemos exigir, escreve Freud, que o futuro analista seja um ser completo antes de se ocupar com a análise, ou seja, que apenas pessoas de uma completude tão perfeita e tão rara possam se dedicar a esta profissão. Onde e como o pobre coitado poderá adquirir aquela habilitação ideal, necessária em sua profissão? A resposta será: na própria análise, com a qual começa a preparação para a sua atividade futura. Por razões práticas, esta só poderá ser breve e incompleta" (Freud, [1937] 2017, p. 356).

O analista é fruto de sua análise, e é nela que ele pode eventualmente aprender o ofício da escuta não qualquer. Com efeito, o inconsciente pulsa na fala do analisante, que, rigorosa e contemporaneamente falando, tampouco é um "sujeito", pelo menos não no sentido moderno, metafísico, do termo, marcado pelas dicotomias entre interior-exterior, corpo-alma e assim por diante, mas um falasser, uma coisa que fala, um corpo que fala. No século XXI, a arte da escuta é a arte de ler esse inconsciente que pulsa. Ao fim e ao cabo, a associação-livre não é uma fala, mas uma escrita; e a escuta equiflutuante não é uma escuta, mas uma leitura.

Jacques-Alain Miller (2011, p. 2) assevera que "a psicanálise não é apenas questão de escuta, *listening*, ela é também questão de leitura, *reading*". Em seguida, precisa que é no intervalo que separa a fala e a escrita que a psicanálise opera, explorando essa distância. Um pouco mais à frente, parece

---

ou "Nada ocorreria a não ser lugar", ou "Nada teria lugar exceto o que ocorre".

circunscrever a operação de leitura ao campo da interpretação do sintoma: "a interpretação como saber ler visa reduzir o sintoma a sua fórmula inicial, quer dizer, ao encontro material de um significante e do corpo, quer dizer, ao choque puro da linguagem sobre o corpo" (p. 14). Não fica totalmente claro se essa delimitação é exclusiva, ou seja, se a operação de *leitura* se restringe à interpretação do sintoma, ou se abrange outras searas da experiência analítica, como a própria escuta, por exemplo. De uma forma ou de outra, se formos rigorosamente freudianos, a escuta é, ela própria, uma forma de leitura. É o que ele nos diz literalmente desde o capítulo VI de *A interpretação do sonho*, quando insiste em que um sonho deve ser lido como um *rébus*, como uma escrita pictográfica. Numa página que foi tornada célebre por Lacan, que insistia em sua centralidade, Freud afirma, com todas as letras, que não devemos tomar um sonho em seu valor de imagem, mas como uma escrita que mistura elementos heterogêneos. Devemos, primeiramente, reconhecer em que língua está, de que matéria é feito e que coisas cada sonho contém. A rigor, ele nos incita não exatamente a escutar um sonho, mas a ler um sonho. Ou, se quisermos ler em filigrana, Freud nos desafia a *escutar* o que está *escrito* no sonho. Mas podemos tomar outro exemplo, extraído da leitura da estátua de Moisés, aquela que Freud visitou em Roma, na Igreja de São Pedro Acorrentado.

Em um artigo publicado anonimamente, Freud escreve: "Muito antes que eu pudesse ouvir algo sobre Psicanálise, fiquei sabendo que um conhecedor de arte, o russo Ivan Lermolieff [...] provocou uma revolução nas galerias de arte da Europa, reviu a atribuição de muitos quadros a um único pintor, ensinou a diferenciar entre cópias e originais e, a partir de obras libertas de suas caracterizações anteriores, construiu novas individualidades artísticas" (Freud, [1914]

2015, p. 211). E qual teria sido o motivo de tais façanhas? Seria, basicamente, a elaboração de um método que ficaria conhecido mais tarde como "paradigma indiciário". Freud apresenta o método da seguinte maneira: "Ele realizou isso, na medida em que abstraiu a impressão geral e os grandes traços de um quadro e destacou o significado característico de detalhes subestimados, de pequenos aspectos tais como a formação das unhas, dos lóbulos das orelhas, das auréolas dos santos e outras coisas não levadas em consideração, que o copista imitou com descuido e que, de fato, cada artista executou de uma maneira especial" (p. 211). Segundo Agamben (2019, p. 97), a novidade desse método, que teria suscitado a ira dos especialistas da época e excitado a admiração de Burckhardt e Freud, era um desvio que colocava em segundo plano "características estilísticas e iconográficas mais evidentes" em favor de "detalhes insignificantes". Esse desvio em direção ao residual, ao detalhe ínfimo, ao que escapa se esclarece se colocarmos os indícios na "perspectiva da teoria das assinaturas" (Agamben, 2019, p. 99). Com efeito, "*indicium*" (indício) e "*index*" (índex) derivam do verbo "*dico*", que originalmente significava "mostrar", "mostrar com a palavra" (Agamben, 2019, p. 106). Essa mostração, por sua vez, seria dotada de um componente de intensidade, uma força ou violência inerente à palavra que mostra (p. 107). Se retomarmos o parágrafo de Freud sobre o método de leitura da obra de arte do ponto em que o deixamos, leremos o seguinte: "considerei muito interessante quando soube que por trás do pseudônimo russo [Lermolieff] se escondia um médico italiano de nome Morelli. [...] Acredito que seu procedimento está muito próximo da técnica da Psicanálise praticada por médicos. Também a Psicanálise está acostumada a partir de traços subestimados ou não observados, do refugo para intuir o misterioso e o escondido" (Freud, [1914] 2015, p. 211). "Lermolieff" é um anagrama de "Morelli". Anagramas são inaudíveis, mas absolutamente legíveis. "Roma" e "Amor" só são tomados como anagramas como uma operação de leitura. A mera escuta das palavras não nos indica seu caráter anagramático. Além disso, a própria operação de análise da escultura de Moisés é uma operação de leitura de indícios. Freud faz uma espécie de escuta do que está escrito na pedra. Esse mesmo método caracteriza a escuta equiflutuante.

As operações de leitura do material obtido sob transferência através da associação livres são várias. Para além das técnicas consolidadas por Freud, especialmente a interpretação e as construções, temos as operações desenvolvidas desde Lacan: escansões, pontuações, cortes, todas elas operações correlativas à teoria do ato. Mas, além disso, na prática cotidiana, experimentamos outros recursos técnicos. Ao ler o texto da fala do paciente, as interpretações e construções do analista podem tomar como modelo técnicas de amarração e de feitura de nós, podem se inspirar em estratégias de redução ou de circunscrição, podem visar ao redimensionamento do peso relativo dos registros real, simbólico e imaginário, podem visar à contenção de um gozo mortífero ou às injunções excessivas de um Supereu guloso, podem emprestar modelos para a construção de bordas, e assim por diante. Podem se valer das figuras da retórica ou da oratória para mostrar certo efeito da linguagem no corpo, propondo uma hipérbole, por exemplo. Além disso, o riso, a ironia, o entusiasmo. Tudo isso pode ser mobilizado de acordo com o estilo de cada um, que tenta reinventar, a seu modo, como lidar com o impossível.

Capítulo 7
Palavra, magia empalidecida

No final do século XIX, as histéricas eram inseridas no quadro geral do "grande teatro histérico", e seus sintomas eram vistos como dissimulação. Até hoje, aliás, não é incomum que pacientes saiam de consultas nos serviços de saúde depois de ouvir enunciados do tipo: "Isso não é nada!", "É apenas psicológico!" ou "É de fundo emocional!". A gramática de enunciados como esses não esconde uma oposição muitas vezes subterrânea entre, de um lado, a dignidade do sintoma orgânico reconhecível e, de outro, a suposta inverdade do sofrimento psíquico. É nesse cenário que o gesto freudiano de reconhecer a verdade do sofrimento funda a psicanálise.

Embora Freud, como médico no início de sua carreira, tenha empregado diversos recursos terapêuticos disponíveis à época, como a eletroterapia, a hidroterapia, entre outros, a clínica da histeria é a primeira a mostrar a falência de métodos consagrados na neuropatologia da época. Nesse contexto, experimenta métodos que envolviam a hipnose, a sugestão ou a catarse, dos quais o método propriamente psicanalítico, aos poucos, desprendeu-se. Os caminhos que culminaram no estabelecimento da especificidade de sua disciplina, fundada exclusivamente na palavra, foram tortuosos. Bastante precocemente, contudo, em 1890, afirma:

palavras também são a ferramenta essencial do tratamento anímico. O leigo achará difícil entender que distúrbios patológicos do corpo e da alma possam ser eliminados por "meras" palavras do médico. Ele achará que se lhe imputa acreditar em magia. E ele não está de todo enganado; as palavras de nossos discursos cotidianos nada mais são do que magia empalidecida. Mas será necessário trilhar mais um desvio para tornar compreensível como a ciência consegue devolver à palavra pelo menos uma parte de seu antigo poder mágico (Freud, [1890] 2017, p. 19).

Como, por que meios, um tratamento fundado exclusivamente na palavra pode ter efeitos em sintomas que atingem o corpo e o psiquismo? De que ferramentas o analista dispõe para sua ação terapêutica? O que ocorre, de fato, num tratamento analítico?

A primeira coisa que salta aos olhos é essa aposta na recuperação de certo regime da palavra obscurecido ou recalcado da própria linguagem. A linguagem que interessa ao psicanalista não se reduz nem à estrutura cognitiva que permite representar o mundo nem ao meio de comunicação entre as pessoas. Nem o *lógos apofântico* – que declara o que é ou que não é – nem o veículo que comunica estados de alma, emoções ou seja lá o que for. Nem espelho do mundo nem instrumento de comunicação. A psicanálise recupera o que a palavra perdeu: sua magia. Se a palavra é magia empalidecida e se a psicanálise recupera essa magia, é porque ela quer devolver a cor, o viço, a intensidade à palavra. Empalidecer quer dizer tornar pálido, colonizar a linguagem com a necessidade de sua instrumentalização e sua transparência. Domesticar a linguagem para controlar o equívoco e a disrupção. No movimento contrário, a psicanálise recupera na linguagem restos e resíduos.

Recuperar o caráter mágico da psicanálise implica, ainda, recuperar a palavra em seu caráter performativo, produtivo, instaurador, ainda que essa performatividade seja entendida de uma maneira muito, muito própria. Mais para poética do que para linguística (Iannini, 2012; Laurent, 2016). A assinatura própria à concepção psicanalítica de linguagem reside em seu caráter ontológico. "Criadora", a linguagem "faz ser o que não existe" (Miller, 2011, p. 4). Nessa capacidade vertiginosa reside não seu defeito, que os lógicos e gramáticos adorariam corrigir, mas, ao contrário, "sua potência". Comenta J.-A. Miller:

> o que começou com a descoberta de Freud foi uma outra abordagem da linguagem, uma outra abordagem da língua, cujo sentido só veio à luz com sua retomada por Lacan. Dizer mais do que sabe, não saber o que diz, dizer outra coisa que não o que se diz, falar para não dizer nada, não são mais, no campo freudiano, os defeitos da língua que justificam a criação das línguas formais. Estas são propriedades inelimináveis e positivas do ato de falar. Psicanálise e Lógica, uma se funda sobre o que a outra elimina. A análise encontra seus bens nas latas de lixo da lógica. Ou ainda: a análise desencadeia o que a lógica domestica (Miller, 1976, p. 17 *apud* Gonzales, 1984, p. 225).[22]

---

[22] Esse trecho é citado integralmente por Lélia Gonzales num momento crucial de sua argumentação, quando ela percebe que esse movimento de domesticação da linguagem implica uma lógica da dominação: "Ora, na medida em que nós negros estamos na lata de lixo da sociedade brasileira, pois assim o determina a lógica da dominação, caberia uma indagação via psicanálise. E justamente a partir da alternativa proposta por Miller, ou seja: por que o negro é isso que a lógica da dominação tenta (e consegue muitas vezes, nós o sabemos) domesticar? E o risco que assumimos aqui é o do ato de falar com todas as implicações. Exatamente porque temos sido falados, infantilizados […], que neste trabalho assumimos nossa própria fala. Ou seja, o lixo vai falar, e numa boa" (Gonzales, 1984, p. 26). Voltaremos a isso no segundo volume.

Se tiramos todas as consequências dessa passagem, a psicanálise desencadeia aquilo que foi domesticado. A recuperação dessas "propriedades elimináveis e positivas do ato de falar" é, por si só, um movimento de descolonização.

O essencial é o seguinte: a palavra que interessa à psicanálise é uma palavra que fere, que excita, que goza ou que faz gozar, que nos entristece, que nos alegra, que dói, que machuca, que retumba, que martela, que insiste, que desaparece; que foge, que me escapa; que me persegue, que não consigo afastar. "A capacidade das palavras de ferirem", escreve Mbembe (2020a, p. 263), "faz parte de seu peso próprio." Palavras têm peso. Elas ressoam no corpo (Laurent, 2016, p. 228-230). Essa concepção remonta a bastante longe. Ao elogiar Helena de Troia, Górgias escreve: "a linguagem é um grande soberano que, com o menor e mais inaparente dos corpos, realiza os mais divinos atos" (*apud* Cassin, 2007, p. 9). Se, por um lado, isso remonta à longínqua Grécia, isso chega longe, quer dizer, bem pertinho. Não há ato mais divino do que fazer "o lixo falar, e numa boa", poderíamos completar, com González (1984, p. 225).

A palavra que faz ferver o sangue, que talha, que ouriça os pelos do corpo, que sulca nossa história, que marca o meu e o seu corpo, como uma cicatriz, por vezes, invisível. É ainda a palavra que marca pelo silêncio, pela impossibilidade de dizer, pelo que nunca foi dito: "Ainda escuto meu pai dizendo que [...]", "Quando (x) disse (y), não me contive, o sangue ferveu"; "Tive de me constituir nesse buraco que era o silêncio da minha mãe"; "Desde os (n) anos que sou tratado igual lixo". Os exemplos poderiam se multiplicar, bastaria coletar nos diversos relatos de passe esse tipo de experiência, como a que nos conta Marcus André Vieira (2018, p. 98-99):

> Por volta dos seis anos, empurro minha irmãzinha da borda da piscina para dentro d'água, que começa a se afogar. Alguém, antes disso, estende a mão para tentar

agarrá-la e grita. Apesar de todas as evidências irem em sentido contrário, sempre associei àquela mão a minha mãe. Ela que raramente elevava a voz, teria dito algo como um "não!", desesperado. Nada de grave ocorreu, todos se jogaram na água e minha irmã provavelmente nem teve tempo para se engasgar, mas posso ouvir aquele grito até hoje.

O importante não é exatamente a cena em si mesma, mas os efeitos que ela produz em sua vida: "a este real, fui respondendo, desde cedo com sua negação" (Vieira, 2018, p. 99). O analista acrescenta, ainda, que teria se identificado com aqueles que se lançaram na água com a missão de salvar sua irmã, oferecendo sua mão de nadador que mergulhava na água para manter o corpo na superfície: "remo, cicatriz, mordida" (Vieira, 2018, p. 98). Ao "não!" do grito da mãe que provavelmente não estava ali, a não ser como insistência de uma lembrança encobridora, o sujeito respondia com uma negação do "infinito das profundezas", condenado a se manter na "superfície do mar à minha volta" (Vieira, 2018, p. 100).

∞ ∞ ∞

Isso tudo nos coloca nos umbrais de uma ontologia – de uma ôntica – radicalmente materialista. Desde 1895, a aposta de Freud é clara: o que existe são corpos e palavras. E os efeitos de uns sobre os outros. Pelo menos é o que existe em uma análise. Mesmo que tenha abandonado o vocabulário fisicalista e o reducionismo neurológico da época, as exigências fundamentais permanecem as mesmas. Mesmo que essa "existência" tenha de ser pensada não apenas como imanência, mas também como exterioridade e pulsionalidade. Existem corpos e palavras, que, aliás, também são corpos. Mas são corpos muito curiosos, porque, necessariamente, tecem relações com outros corpos, no interior de um corpo maior ainda, o corpo social, feito, também ele, de corpos e palavras. O corpo falante "testemunha o discurso como laço social que vem se inscrever sobre ele: é corpo socializado" (Laurent, 2016, p. 213). Alma, psiquismo, subjetividade, tudo isso são os efeitos do encontro, da topada, do corpo pulsional, erógeno, polimorfo, estranho, com a linguagem. Não num único sentido, não apenas como efeitos da língua sobre o corpo, tampouco como mão dupla, mas estruturas em *looping*, efeitos da língua. Desejo, gozo, sofrimento, mal-estar, tudo isso, e muito mais, são coisas que circulam *entre* os corpos, nos interstícios, nos intervalos, nos buracos, nos infinitos... Além disso, temos a dimensão do tempo, que é inerente aqui. Formações como "o lapso, o ato falho, o chiste, são seres instantâneos que fulguram, [...] mas que se eclipsam imediatamente" (Miller, 2011, p. 8), ao passo que o sintoma é constituído por um núcleo duradouro.

Tradicionalmente, pensamos o corpo como uma imagem, uma imagem que o psiquismo reflete. Mas podemos inverter a hipótese? Não seria o "psiquismo" uma imagem, uma projeção do que recorta o corpo? Um efeito da magia da língua singularizada no corpo de cada um?

Contra médicos, sacerdotes... e psicólogos

Numa célebre carta endereçada ao pastor Oskar Pfister em 25 de novembro de 1928, Freud aponta para o que secretamente aproximaria dois importantes textos seus: "A questão da análise leiga" e "O futuro de uma ilusão". Afirma que com o primeiro quis defender a psicanálise contra os médicos e, com o segundo, contra os sacerdotes. Por que, afinal de contas, proteger a psicanálise de médicos e de sacerdotes? Para responder a essa questão, vale lembrar que estamos acostumados, pelo menos no Ocidente, a dividir os cuidados a dois grandes grupos: tradicionalmente, reservamos o cuidado relativo ao sofrimento corporal aos médicos, ao passo que tudo aquilo que não localizamos no corpo, reservamos ao cuidado de sacerdotes. Acostumamo-nos a tomar por óbvia uma dicotomia que, quando examinada com atenção em comparação com outras culturas, parece ser uma curiosa peculiaridade do Ocidente eurocêntrico (ainda que não saibamos exatamente qual o centro da Europa, o que já deixou milhões de pessoas mortas em fronteiras nada imóveis do continente). Outras sociedades, lembra Tavares (Iannini; Tavares, 2016), não diferenciariam tão nitidamente os papéis médico e sacerdotal, que se mesclam, por exemplo, em figuras como um pajé, um druida ou um xamã. A psicanálise surge, portanto, nos interstícios do que teria sido rejeitado nas divisões que a antecedem.

Não por acaso, em 1915, no artigo que abre a série dedicada à sua *Metapsicologia*, Freud define o primeiro conceito fundamental da psicanálise, a pulsão (*Trieb*), como um "conceito fronteiriço [*Grenzbegriff*] entre o anímico e o somático" (Freud, [1915] 2013, p. 25). Ou seja, a vida pulsional do ser humano embaralha a distinção entre corpo e alma, tão naturalizada em nossa cultura. O lugar do analista não é, pois, equivalente nem ao lugar outrora reservado ao médico nem ao do sacerdote. Não por acaso, na carta a Pfister mencionada antes, Freud afirma pretender entregar a análise a uma categoria que não existe ainda, e que ele designa com o termo "*weltlicher Seelsorger*", algo como o cuidador de alma secular (ou mundano).[23] Como lembra

---

[23] Devo essa e outras a Pedro Heliodoro Tavares. Seria impossível detectar suas inúmeras contribuições. De maneira geral, quase todas as explicitações de palavras no original alemão têm a participação de Pedro. Além dele, muitas vezes contei com o auxílio luxuoso de Ernani Chaves e Romero Freitas em questões com o alemão. Além, é claro, de Vicente Iannini, que também me ajuda com grego, latim e muito mais.

James Strachey, o leitor notará a presença maciça do termo "médico" (*Arzt*) para designar o analista, principalmente nos textos anteriores ao ensaio sobre "A questão da análise leiga", de 1926, assim como notará sua significativa ausência, nessa acepção, nos textos posteriores a essa data, quando o termo será substituído por "analista" (*Analytiker*).

Proteger a psicanálise contra os médicos: num primeiro sentido, tratar nosso *furor curandi*. Porque o furor em curar pode esconder, paradoxalmente, uma espécie de patologização da vida e do sofrimento, e, no limite, uma concepção ortopédica do tratamento. Ao mesmo tempo, também entra em cena muitas vezes, por parte do praticante, uma fantasia não menos indiscreta: a de salvar o outro do seu sofrimento. É claro que quem procura um analista quer sofrer menos, quer lidar melhor com suas dificuldades e impasses, não suporta mais viver assim ou assado, não aguenta mais sua vida miserável. E frequentemente o consegue, antes do que o senso comum ou o imaginário social fazem supor. Que a psicanálise não possa abrir mão da finalidade terapêutica do tratamento, que é o que leva as pessoas a procurarem um analista, não implica desconhecer a complexidade do sintoma. Porque, se o sintoma, num primeiro olhar, é um problema que precisa ser solucionado, num segundo momento, o sintoma é também uma solução, uma solução subjetiva, que singulariza radicalmente. O sintoma como solução é uma conquista do sujeito na análise. A psicanálise não vai curar o sujeito do que ele é, mas do gozo em seu sofrimento. A ética da psicanálise não é normativa. Proteger a psicanálise contra os médicos é desnaturalizar a fronteira entre o normal e o patológico. Esvaziar a categoria "saúde" de seu conteúdo normativo ou normalizador. Contemporaneamente, muitos discursos e terapias psis caracterizam a "normalidade" como uma capacidade de se adequar ou adaptar a padrões de conduta social e historicamente determinados, sobre o véu de uma insidiosa naturalização. A própria ideia de "transtorno", muitas vezes, designa algo dessa ordem.

Proteger a psicanálise contra os sacerdotes vai no mesmo sentido: retirar o tratamento de uma função ortopédica ou normativa ou militante, mas com a nuance de esvaziar a noção de um "bem". Um "bem" que deveríamos buscar ou alcançar ou redimir: um bem que equivaleria a uma meta ou finalidade prévia e universalmente dada, ou, que, ao contrário, estaria encarnado na particularidade imaginária de um corpo. Um "bem" que estaria dado numa conduta, numa vida correta ou em mandamentos que possam nos salvar ou perdoar nossos pecados, num dispositivo como a confissão ou em ritos, sejam eles espirituais, meditativos ou corporais, ascéticos. Ou, por outro lado, um "bem", uma "verdade" salvadora, encarnada na particularidade de um corpo que, por ser sagrado, precisa ser redimido. Sabemos como o sagrado e o sacrificial se confundem, penetram-se. Cultuamos aquilo que matamos.

No século XXI, além das duas batalhas anteriores, antecipadas e travadas por Freud, talvez tenhamos mais um desafio. Defender a psicanálise contra os psicólogos, quer dizer, defendê-la da razão psicologicista, de seus diagnósticos, suas psicometrias e seus protocolos; ou de seu culto da empatia e da ajuda; de suas promessas de felicidade e bem-estar; de sua epistemofobia e sua paixão pela vítima. Principalmente, esvaziar todo o resto de vocabulário "psi": a interioridade, o comportamento, os fatores ambientais, o emocional etc. Na língua da psicanálise, prescindimos do comportamento, do ambiente, da adaptação, do transtorno, do indivíduo etc. É difícil nos livrarmos do psicologismo e de sua língua, cujos compromissos com o estágio atual do capitalismo são inegáveis. Uma "crítica da razão psicológica" ainda está por ser feita e ainda está por ser superada: a razão psicológica ainda não teve seu Kant, muito menos teve seu

Hegel, seu Nietzsche ou seu Mbembe para demoli-la. É, no mínimo, curioso que a psicanálise seja vista por muitos como um capítulo da razão psicológica, porque ela está a léguas de pertencer a esse horizonte. O campo que Freud funda instaura outra paisagem, outro discurso, outro laço social. Voltaremos a isso.

No Brasil, temos uma tarefa a mais. Nos últimos anos, certas vertentes de movimentos neopentecostais têm feito um movimento amplo, um programa de apropriação da psicanálise, oferecendo cursos de formação, com direito a carteirinha profissional e tudo. Articulados no parlamento, fizeram movimentações no sentido da "regulamentação" da prática psicanalítica. Mobilizam, muitas vezes, textos de Freud e de outros psicanalistas, numa "hermenêutica" que, entre outras pérolas, faz equivaler "Id, Ego e Superego" (*sic*) a "corpo, alma e espírito"! O ridículo da coisa não desanima os alunos que se matriculam, que se formam, que atuam, que reproduzem. Encontramos aí um curioso (des)uso da psicanálise como carapuça para a reprodução perversa de práticas calcadas em princípios religiosos. O recurso a alguns semblantes da ciência — como forma de tentar legitimar uma atuação e, inclusive, forjar um mercado — vem, no fundo, para retornar à mais antiga direção de consciência cristã, que fora desalojada no próprio ato freudiano de invenção da psicanálise. Não basta dizer que são "desvios". Porque, mesmo os sendo, há, efetivamente, nos textos psicanalíticos, elementos que, esvaziados de contexto, extraídos de sua economia conceitual e, principalmente, purificados da ética analítica, podem ser instrumentalizados em uma perversa leitura domesticadora dos corpos e, ali sim, decididamente cis-heteronormativa. Mostramos, anteriormente, as tensões internas do pensamento de Freud. Não basta *separar* o Freud subversivo do Freud patriarcal: o que está em jogo é fazer trabalhar, justamente, as tensões. Internas e externas.

Defender-se de médicos e de sacerdotes deve ser lido radicalmente: não se trata de defender a psicanálise contra "médicos" e "sacerdotes" no sentido literal dessas palavras, mas defendê-la daqueles que, independentemente de suas ocupações profissionais ou áreas de atuação, identificam-se a esses lugares normocurativos e sacerdotais, estejam eles onde for. Aqueles que dizem a verdade sobre a verdade e que, em nome dela, exercem o direito de vida e de morte em relação às vozes dissonantes às suas; aqueles que, mesmo em nome das mais nobres causas, empunham tochas inquisidoras num patético culto a deuses obscuros.

A psicanálise no século XXI deve levar a sério sua vocação de ser uma prática *leiga*. No limite, em seu sentido mais radical, toda análise é leiga. Ou seria melhor dizer *profana*?

Capítulo 8
Heresias, minimalismo

Corpo x alma. Natureza x cultura. Animal x humano. Orgânico x psíquico. Herdado x adquirido. Em menor ou maior medida, todos esses dualismos ainda persistem em nosso imaginário, em nosso jeito de falar: são categorias naturalizadas. Muitas vezes, damos contornos substanciais ou ontológicos a este ou aquele tipo de dualismo; outras vezes, moderamos posições dualistas, focando mais em propriedades ou predicados do que em substâncias. Deixemos essas distinções aos filósofos. Na prática, tomamos como "naturais", mas todos sabemos que estamos diante de categorias metafísicas, talvez até teológicas, que foram sendo incorporadas ao nosso modo de representar o mundo e a nós mesmos. Mesmo analistas tarimbados recorrem, vez ou outra, a esses vocabulários. De repente, estamos como moscas dentro da garrafa, debatendo-nos em falsos dilemas – a exemplo do debate sobre a etiologia "orgânica" ou "psíquica" de um sintoma. Temos a faca e o queijo para superar a oposição, de resto teológica, entre natureza e cultura, corpo e alma, e correlatas. Muitos campos do saber o fizeram. Nem todos os psicanalistas se deram conta disso. Superar a oposição não é recusar o dualismo em nome de um monismo igualmente problemático: não se trata de escolher entre Descartes ou Espinosa. É colocar as coisas em outros termos, promover desconexões, recusando a questão metafísica pela desmontagem de seus avatares. Ou, talvez, aprofundando-nos nela:

> Se a separação entre o humano e o animal se passa sobretudo no interior do homem, agora é a própria questão do homem – e do humanismo – que deve ser colocada de um modo novo. Em nossa cultura, o homem sempre foi pensado como a conjunção e a articulação de um corpo e de uma alma, [...], de um elemento natural (ou animal) e de um elemento sobrenatural, social ou divino. Devemos, em vez disso, aprender a pensar o homem como aquilo que resulta da desconexão desses dois elementos e investigar não o mistério metafísico da conjunção, mas o lado prático e político da separação (Agamben, 2017, p. 31).

∞ ∞ ∞

Aprendemos a ler a história do pensamento de Freud como a sucessão de duas tópicas e de dois dualismos pulsionais. Vulgarmente, representamos a oposição entre a teoria que opõe o sistema inconsciente ao sistema pré-consciente/ consciência como "primeira tópica" e a teoria estrutural Isso/Eu/Supereu como "segunda tópica", gravitando, respectivamente, em torno do célebre capítulo "A psicologia dos processos oníricos", da *Intepretação do sonho* (1900), e *O Eu e o Isso* (1923). Paralelamente, falamos em dois dualismos pulsionais. O primeiro oporia as pulsões sexuais e as pulsões de autoconservação; o segundo, as pulsões de vida e as pulsões de morte. A teoria-padrão desses dualismos estaria disponível respectivamente ao redor de *Três ensaios sobre a teoria sexual* (1905) e no interior de *Além do princípio de prazer* (1920). Alguns autores, inspirados pelo próprio Freud, acrescentam um momento monista da teoria das pulsões, intercalado entre o primeiro e o segundo dualismo. Nesse caso, teríamos três passos na teoria pulsional: o dualismo metaforizado na oposição fome x amor, o monismo de *As pulsões e seus destinos*, o último dualismo representado pela oposição morte x vida.[24]

Talvez soe uma heresia, mas não creio que essa vulgarização nos ajude a enxergar a envergadura do pensamento de Freud. As "duas tópicas" não são, com efeito, duas. A "primeira tópica", sim, talvez possa ser vista como uma teoria que nos apresenta o funcionamento psíquico a partir de sistemas cujas leis de funcionamento nos são descritas predominantemente em termos tópicos. Mas o que costumamos chamar de "segunda tópica" não é, rigorosamente falando, uma "tópica". Trata-se de uma teoria que adota uma perspectiva dinâmico-funcional, descrevendo "estruturas" marcadas de ponta a ponta por um conjunto de feixes temporais, instanciações dos processos psíquicos. Não é por acaso que a assim chamada "segunda tópica" não anula a "primeira". Elas se superpõem, numa topologia bastante intrincada, conflitando aqui e ali, no varejo, mas se ajustando mutuamente, no atacado.

Em suma, "sistemas" não funcionam como "instâncias". Uma descrição sistemática é formal, privilegia princípios, processos e mecanismos subjacentes a determinado domínio: os mecanismos de deslocamento, condensação, figurabilidade etc., os processos psíquicos primário e secundário, os princípios de prazer-desprazer e de realidade, por exemplo. Esse é o ponto de vista que predomina na paisagem da metapsicologia freudiana no arco que nos leva desde a célebre "Carta 52" até os artigos de metapsicologia da época da Primeira Guerra, tendo como epicentro *A interpretação do sonho*. Já a teoria dinâmico-estrutural apresentada em

---

[24] Mesmo leitores refinados, como Judith Butler, incorrem nessa interpretação, enfatizando, por exemplo, uma "metafísica dualista" entre Eros e Tanatos (Butler, 2021, p. 161).

O eu e o isso aborda o aparelho psíquico a partir da lógica de "instâncias" psíquicas: predomina a descrição de entidades cuja virtualidade e potência se sobrepõem à sua realidade e atualidade. Trata-se de instâncias inscritas no tempo e atravessadas por suas flechas e feixes. Estamos diante de duas perspectivas conceituais distintas, mas que funcionam em planos diferentes, em dimensões discordantes, num espaço que dificilmente poderia ser representado num corte bidimensional ou num eixo cartesiano. Freud não dispunha de uma topologia para formalizar seus conceitos, tampouco se encantava pela disciplina matemática. Sua representação imagética em forma de "ovo" em 1923 é um esforço de representar num plano bidimensional algo que, conceitualmente, parece-se muito mais com uma rede de redes, ou como uma nuvem.

∞ ∞ ∞

Instâncias: por que falar em "três" instâncias psíquicas? Qual o estatuto dessas instâncias? Trata-se de realidades ontologicamente existentes? São descrições de modos de funcionamento de processos psíquicos? O que há de "psíquico" nelas? Tudo isso pode ser muito nebuloso.

O que chamamos de Isso é a instância que tenta descrever a indeterminação fundamental de cada um de nós. Instância radicalmente pré-subjetiva, sem gênero, sem cor, sem pátria. Isso é "disjunto das subjetivações" (Milner, 2006, p. 33). Todo programa político de crítica da normatividade e dos dispositivos deveria partir, literalmente, d'Isso. Seu protótipo é o corpo perverso polimorfo que habita em nós. Mas o que quer dizer "habitar em nós"? Ou, em outras palavras, como se dá essa preservação do passado na temporalidade inconsciente? O modelo freudiano da preservação do passado remonta à célebre metáfora de como a Roma quadrada habita

Roma moderna, que equivale à ideia de fundo benjaminiano de como o sangue dos negros ainda escorre nas paredes das igrejas. Ou, mais próximo ainda de nós, como o leite das escravas ainda corre nas veias dos filhos das senhoras brancas (González, 2019). O próprio Freud mostra, contudo, que a metáfora arqueológica não é muito adequada para modelar o funcionamento inconsciente, porquanto ainda devedora de uma noção especial, topográfica. Mas "o" Isso, isso existe? Qual o estatuto ontológico do Isso? Não seria mais preciso dizer que *Isso está* do que dizer que *Isso é*? Trata-se de *uma* instância? Ou de um modo de funcionamento que agrupamos para descrever certas operações psíquicas ou, ainda, certas instanciações do inconsciente pulsional?

O Eu já é outra coisa. Projeção de superfície corporal. Quer dizer, o Eu se constitui a partir das imagens que esse corpo perverso e polimorfo produz quando ele se dobra sobre si mesmo, quer dizer, quando o espelho, o olhar do Outro, a tela me devolvem de fora o que me *faz* eu. O Eu, que não é a consciência, mas uma instância também ela complexa, formada por redes de ocupação mais ou menos estáveis e redes periféricas mais elásticas e variáveis, é o conjunto de redes de redes nas quais o corpo, com suas cores, sua anatomia concreta ou imaginária (precisamos de um atlas de anatomia imaginária produzido por crianças de diferentes lugares sociais), ganha uma forma investida libidinalmente pelo sujeito, através de um circuito pulsional que passa pelo Outro. O Eu, constituído por projeções, por identificações, por incorporações, por introjeções de padrões, de esquemas, de modelos é o lugar privilegiado onde se instalam marcadores sociais de raça, gênero, religião – e assim por diante. O Eu é uma projeção de superfície corporal, marcada sempre por cores: branco, preto, amarelo, vermelho.

Por sua vez, o Supereu descreve tudo aquilo que se inscreve na estrutura psíquica a partir das instâncias normativas da sociedade, mas também das regras da língua. É o efeito dessa rede de redes que assume uma função de controle, de vigilância interna, atuando ora como um soldado interno, ora como um juiz, ora como um demônio que diz "vai!". Como distinguir uma injunção superegoica? Um comando do Supereu tem quase sempre a forma de um imperativo: vai!, não vai!, goza!, só mais um pouquinho!, ninguém tá vendo!, vai perder essa? É uma instância que *vocifera*. Tem quase sempre a estrutura de uma *voz* interna, nem sempre tão interna assim. O Supereu também assume a função de universalizar, de regularizar. Do mesmo modo como as crianças regularizam a morfologia dos verbos irregulares (eu fazo, eu ouvo, eu sabo), elas universalizam regras, normas a partir de instanciações particulares. "Chega de chocolate!" se transforma em "Minha mãe não me deixa comer chocolate"; "Você não vai sair hoje" vira "Meu pai não me deixa sair nunca". Um homem com cerca de 30 anos diz "Meus pais nunca me impediram de viver minha sexualidade, mas sempre achei que eles me impediam". O interdito, a norma, muitas vezes é uma ficção subjetiva para dar conta da enigmática castração ou do gozo não menos enigmático.

∞ ∞ ∞

No que tange aos dualismos pulsionais, a posição aqui defendida talvez soe ainda mais herege. Tudo indica que a primeira teoria pulsional, aquela que lemos desde os *Três ensaios sobre a teoria sexual*, que culmina, um pouquinho mais tarde, na clássica oposição das pulsões sexuais às pulsões de autoconservação, possa ser bem descrita em termos de uma oposição dual, isto é, como uma oposição entre princípios fundamentais de natureza diversa uma da outra. Mas mesmo essa perspectiva não é tão autoevidente, na medida em que as pulsões de autoconservação são correlativas às sexuais. Basta lembrar a função de "apoio" (tão bem explorada por Laplanche): as pulsões sexuais se "apoiam" em necessidades de autoconservação do indivíduo. Os exemplos nesse sentido são abundantes: o prazer de sugar apoia-se na necessidade de nutrição, e assim por diante. Não por acaso, a introdução paulatina do Eu como instância, ensaiada como resultado da introdução do conceito de narcisismo, por sua vez derivado da reviravolta metapsicológica exigida pela história clínica da paranoia de Schreber, resulta na fusão das pulsões sexuais e de autoconservação. Já o que costumamos chamar de "segundo dualismo" é, de saída, uma espécie de monismo pulsional diferido. As pulsões de vida são clara e expressamente descritas como *modificações* das pulsões de morte.

Esse ponto de vista exigiria acrescentar mais um elemento a essa paisagem. Com efeito, a primeiríssima formulação de uma teoria pulsional remonta ao *Projeto*, de 1895, em que o aparelho psíquico, na verdade ainda descrito como aparelho neuronial, estaria *exposto sem proteção* às pulsões oriundas do elemento somático, e nessa exposição "reside a mola pulsional (*Triebfeder*) do mecanismo psíquico" (Freud, [1895] 1995, p. 30). Então, se levarmos a sério esse *grau zero da pulsão* apresentado em 1895, teríamos, para aqueles que gostam de periodizações, a rigor, quatro passos na teoria pulsional: (1) o "monismo" da pulsão ligada ao paradigma do desamparo; (2) a oposição quase dual fome x amor, fundada no apoio; (3) o novo monismo pós-schreberiano, gravitando em torno da teoria do narcisismo; (4) o monismo diferencial em que Eros "modifica" as pulsões de morte, que, por sua vez, realizam o princípio de prazer! É claro que o leitor já pode antecipar minha desconfiança em relação a esses esquemas didáticos e adivinhar minha preferência por labirintos temporais compostos por planos dispostos em camadas... de nuvens. Voltaremos a esse debate.

Minimalismo

Numa nota suprimida da versão oficial de "A questão da análise leiga" e recuperada na edição crítica brasileira (2017), Freud escreve: "tornou-se usual na literatura psicanalítica de língua inglesa substituir os pronomes ingleses '*I*' [Eu] e '*It*' [Isso] pelos pronomes latinos '*Ego*' e '*Id*'. Em alemão dizemos *Ich* [Eu], *Es* [Isso] e *Überich* [Supereu]" (Freud, [1926] 2017, p. 254). Trata-se, claramente, de sua reserva em relação à célebre tradução de Ernest Jones, adotada pela Standard Edition, que utiliza para essas instâncias não exatamente o grego, mas outra língua clássica igualmente morta: o latim. Mesmo na língua portuguesa há quem prefira traduzir os tais "pronomes retos" "*Ich*" e "*Es*" ("Eu" e "Isso") por "*Ego*" ou "*Id*", respectivamente. No corpo do texto original de 1926, Freud havia afirmado, dirigindo-se a seu interlocutor imaginário:

> O senhor provavelmente irá criticar o fato de termos escolhido pronomes simples para introduzirmos as nossas duas instâncias ou províncias anímicas, em vez de nomes gregos sonoros. Mas na Psicanálise, amamos ficar em contato com o modo de pensar popular e preferimos tornar os seus conceitos cientificamente úteis, em vez de descartá-los. Não há nenhum mérito nisso, precisamos proceder dessa forma, porque as nossas doutrinas precisam ser entendidas pelos nossos pacientes, que muitas vezes são muito inteligentes, mas nem sempre são eruditos. O *Isso* impessoal associa-se diretamente a certas formas de expressão do homem normal. As pessoas dizem "algo me estremeceu"; "havia isso dentro de mim que naquele momento foi mais forte que eu". "*C'était plus fort que moi.*" "*Isso* foi mais forte que *eu*" (Freud, [1926] 2017, p. 219, grifo nosso).

Perceba-se o quanto Freud se apoia em palavras e expressões cotidianas para elaborar suas teorias de forma compreensível e acessível ao leigo. Trata-se de um tópico importante para a compreensão da língua de Freud, que sabe passear entre diferentes registros linguísticos e níveis argumentativos. A língua comporta um saber.[25] Não é possível fazer psicanálise sem extrair da língua o saber nela depositado. Por ora, vale sublinhar, em Freud, a designação de instâncias psíquicas a partir de pronomes de uso comum em alemão. Minimalismo conceitual.

---

[25] Lélia Gonzales sabia disso, quando nos convidava a escutar o pretoguês.

PARTE III
O corpo pulsional freudiano

É inevitável, caro leitor, que, à medida que os conceitos e argumentos vão sendo apresentados e discutidos, o texto ganhe certa densidade. A trama dos muitos personagens vai ficando mais intrincada. Na terceira parte deste livro, proponho que o conceito mais fundamental, mais basal, da psicanálise freudiana é o conceito de pulsão. É a pulsão que especifica o inconsciente propriamente freudiano.

No capítulo 9, apresento o segundo operador metodológico mais importante deste livro. Não apenas a extimidade pode nos fornecer um método de leitura, tanto de textos psicanalíticos quanto de textos de áreas conexas ou nem tão conexas assim. Daqui em diante, e cada vez mais, aposto na necessidade de passarmos de interseções fundadas na fronteira em direção ao litoral. O litoral, essa fronteira movente, mas também essa prática literal, passa a funcionar como um operador metodológico indispensável. Retomo a questão do estatuto da pulsão entre corpo e psiquismo nessa perspectiva. Também as instâncias psíquicas – Isso, eu e supereu – não podem ser tomadas segundo o paradigma representacional presente, por exemplo, na pintura realista: instâncias podem ser mais bem comparadas a pinturas impressionistas, em que as cores e os contornos se misturam, infiltram-se um no outro, como nuvens de palavras multidimensionais. Aqui, todas as fronteiras entre natureza e cultura, entre corpo e psiquismo, traçadas desde a perspectiva estruturalista, vão perdendo nitidez e dissolvendo-se como um nome escrito na areia da praia.

Prossigo e aprofundo essa discussão no capítulo 10, sugerindo que o litoral pode ser pensado conceitualmente como uma figura da indeterminação. Em seguida, abordo o estatuto da palavra no corpo, mostrando como as pulsões circulam entre corpos e o Outro, desnaturalizando, no capítulo 11, o corpo fisiológico.

Finalmente, no capítulo 12, mostro como tudo isso impacta nossa forma de pensar a clínica, tomando o caso de amar e trabalhar como um exemplo de como destinos pulsionais sublimados foram pensados por muito tempo como metas do trabalho analítico, o que mostra que problemas de tradução não são problemas meramente terminológicos. Que tal pensarmos em fruir e realizar ou em gozar a vida e produzir?

Capítulo 9
Pulsões, fronteiras, litorais

"Beber sem sentir sede e fazer amor em qualquer época é a única coisa que nos distingue dos outros animais", dizia o escritor francês Pierre-Augustin de Beaumarchais. É provável que, com o que sabemos hoje sobre "os animais", superando uma visão bastante antropocentrada, isso nem seja tão correto mais. Mas a *boutade* continua valendo por seu sabor retórico. Na verdade, mais do que isso, fazemos (podemos fazer) amor fora do "cio", ou, mais precisamente, fora do ciclo reprodutivo, ao passo que, muitas vezes, evitamos fazer no "cio". Ou seja, desprogramamos a "naturalidade" do sexo. O que parece uma conquista importante, já que o consentimento das partes passa a ser requerido. De alguma forma, é para tentar dar conta desse fato trivial do desencontro, da desprogramação, que Freud formula o conceito de pulsão (*Trieb*). Como diz o psicanalista Jacques André (2015, p. 128), "perdemos a bússola da reprodução". É claro que Beaumarchais não poderia prever, na ótica do século XVIII, os campos de concentração e de extermínio, a necropolítica, a transfobia e outras tecnologias sociais exclusivamente humanas, aliás, demasiado humanas, que também nos distinguem entre os outros animais. Mas, por enquanto, vamos nos deter no primeiro aspecto: desbussolados, bebemos sem sentir sede, comemos sem sentir fome, fazemos amor sem estar no cio. Mas também matamos de sede, de fome e de tiro, inclusive com requintes de crueldade sexual os mais diversos. "Podres poderes", que matam de "fome, de raiva e de sede", como diria Caetano.

A tese que gostaria de defender é a seguinte. O que determina a especificidade da psicanálise não é apenas o conceito de inconsciente, como se diz comumente, mas, sobretudo, uma concepção de "sujeito" marcada pelo inconsciente e pela pulsão. Por razões que serão esclarecidas à frente, emprego aqui "sujeito" entre aspas. O inconsciente freudiano é o inconsciente pulsional, e é isso que o distingue de outras concepções de inconsciente. O próprio Freud resume assim as duas descobertas fundamentais da psicanálise: "que a vida pulsional da sexualidade em nós não se deixa domar plenamente e que os processos anímicos são em si mesmos inconscientes, não se tornando acessíveis ao eu e não lhe sendo submetidos a não ser através de uma percepção incompleta e não fiável" (Freud, *GW*, t. XII, p. 11). O texto não poderia ser mais claro: pulsão e inconsciente são os dois conceitos mais importantes da psicanálise. É disso que decorre a tão famosa frase de que "o eu não é senhor em sua própria casa" e a célebre metáfora dos sucessivos golpes no narcisismo da humanidade, respectivamente perpetrados por Copérnico, Darwin e Freud.

É bastante comum que livros de introdução e de divulgação apresentem Freud como o descobridor do inconsciente. Embora útil, essa descrição é, no mínimo, incompleta. O século XIX falou do inconsciente psíquico, inclusive em sua forma substantivada. O que não havia eram a especificidade pulsional e a utilização da teoria do inconsciente para fundar uma prática clínica. Isso é absolutamente freudiano (Cazeto, 2001; Ellenberger, 1970; Froes, 2012; Rancière, 2009).

Pois a especificidade do inconsciente freudiano aparece em toda a sua radicalidade apenas quando articulada à clínica e à centralidade do conceito de pulsão. É o que podemos constatar ao retornarmos à saga dos artigos que deveriam compor a *Metapsicologia*, tal como sonhada entre 1914 e 1915. Ao buscar uma apresentação sistemática dos conceitos fundamentais da psicanálise, aqueles que emprestam inteligibilidade à própria clínica e que conferem identidade epistemológica à psicanálise, Freud prioriza o conceito de pulsão. Ao perceber os descaminhos que arriscavam diluir a psicanálise numa psicologia geral reacionária ou mística, Freud não apenas coloca lado a lado inconsciente e pulsão, mas também confere à pulsão um estatuto privilegiado. Não é difícil perceber essa estratégia como um gesto, ao mesmo tempo, epistemológico e político.

Ora, ao descrever assim as descobertas fundamentais da psicanálise, Freud esbarra em uma história anterior à psicanálise. Afinal, as duas características fundamentais do *sujeito moderno* eram justamente: (1) a transparência dos atos de consciência (Descartes) e (2) a autonomia da vontade (Kant). Ao propor inconsciente e pulsão, Freud inscreve, meio sem querer, a psicanálise no seio da racionalidade moderna, eurocentrada, mas, ao mesmo tempo, e no mesmo gesto, crava um espinho na história do sujeito moderno. O que resta, afinal, daquele sujeito? Já na própria descrição das descobertas fundamentais da psicanálise, temos à nossa disposição os principais elementos para a crítica do tão mal afamado sujeito cartesiano e de seu primo transcendental. A seu modo, Lacan promoveu uma radical operação de subversão interna do *cogito*, que esvazia o sujeito "cartesiano" das principais propriedades triviais que o imaginário acadêmico lhe imputa. Contudo, Freud nunca se deixou seduzir pelos modelos cartesiano ou kantiano de subjetividade, sendo bastante econômico quanto ao emprego do termo "*Subjekt*" e do conceito subjacente.[26] Fato é que o Eu moderno, caracterizado sobretudo como

---

[26] Paul-Laurent Assoun (1996) propõe, ao contrário, que o sujeito é o operador metapsicológico fundamental, que, embora elidido,

sujeito de cognição e sentimentos, ainda subjaz a algumas vertentes psicológicas cada vez mais hegemônicas. Dizíamos, a psicanálise nunca foi neutra.

Como Freud define pulsão? Há vários modos de apresentar o conceito. Tomemos a seguinte afirmação: "Voltando-nos agora do lado biológico à observação a partir da vida anímica, então nos aparece a 'pulsão' como um conceito fronteiriço entre o anímico e o somático, como representante psíquico dos estímulos oriundos do interior do corpo que alcançam a alma, como uma medida da exigência de trabalho imposta ao anímico em decorrência de sua relação com o corporal" (Freud, [1915] 2013, p. 23-25). *Uma exigência de trabalho que o corpo faz ao psiquismo.* Esse é o ponto central. Em todas as nossas necessidades, por mais fisiológicas que sejam, o psiquismo traduz de outra forma. É isso que devemos reter nessa primeira aproximação. Isso faz de Freud um monista ou um dualista? O que importa é entender como Freud desloca o problema metafísico (corpo-alma; biológico-psíquico; interior-exterior etc.) e, de certa forma, recusa sua pertinência. Ele recusa porque prefere a perspectiva da "fronteira", quer dizer, do "entre", do "intervalo", do "litoral". Nunca é demais insistir nisso.

Quando as diferenças entre o homem e o animal se esvanecem completamente e os dois termos "se colapsam um sobre o outro – como parece acontecer hoje –, também a diferença entre o ser e o nada, entre o lícito e o ilícito, o divino e o demoníaco se torna menor e, em seu lugar, aparece algo para o qual até os nomes parecem faltar. Talvez também os campos de concentração e de extermínio sejam um experimento deste gênero, uma tentativa extrema e monstruosa de decidir entre o humano e o inumano, que

---

sistematiza a teoria freudiana. Em passado não muito distante, já fui mais simpático a essa leitura.

acabou por envolver em sua ruína a própria possibilidade da distinção" (Agamben, 2017, p. 41). Todos sabemos o partido que Mbembe tira desse raciocínio para pensar a violência colonial.[27] Talvez a perspectiva freudiana do corpo pulsional que habita uma fronteira incerta e negociada com o psiquismo possa nos dar uma outra configuração do problema. Por enquanto, vamos considerar que as pulsões sexuais, mas também as pulsões reunidas como pulsões de morte, habitam essa zona indeterminada entre corpo e psiquismo, do que temos notícia pela fala, porquanto "isso fala" no sujeito, embora as pulsões de morte prefiram trabalhar em silêncio, pelo menos quando não estão a serviço de Eros.

Além disso, há ainda aspectos culturais e individuais muito importantes. É o que faz com que uma pessoa tenha determinados tipos de desejo, de ojeriza, de tesão, excitados por traços de objetos quaisquer – certo tipo de olhar, um cheiro inefável, uma inflexão da voz, um traço físico –, que precisam negociar espaço com normas cujos efeitos são igualmente imprevisíveis (conferir o exemplo do equívoco o vinho/ovinho, anteriormente) e submeter a um "princípio de realidade", que tem pouco a ver com um acesso imediato e direto ao mundo externo e mais a ver com compartilhamento de crenças e índices de percepção de realidade no interior de uma comunidade de identificações. Essa história é terrivelmente individual e irredutível a qualquer norma. Mas é, ao mesmo tempo, histórica e social. A pulsão sempre envolve não apenas o corpo e o objeto, mas também um circuito que, para conduzir de um a outro, passa pela alteridade.

Afinal, o que é uma fronteira, senão aquilo que, no mesmo gesto, une e separa? Que fronteiras temos em mente quando pensamos na pulsão como conceito fronteiriço? Pensamos no Rio Paraná, que demarca a fronteira entre o Brasil

---

[27] Desdobraremos isso no volume 2.

e o Paraguai? Pensamos no "Rio Grande" ou "Rio Bravo del Norte", que, na altura de El Paso, separa os Estados Unidos e o México? Ou pensamos na muralha de concreto que chega a cerca de oito metros de altura, construída para separar Israel e Palestina? Ou pensamos, ainda, nas fronteiras neocoloniais trazidas por diplomatas europeus sentados à mesa na Conferência de Berlim (1884-1885), que dividiu o continente africano com régua e esquadro? Acaso nos esquecemos da "Ponte da Amizade", entre Foz do Iguaçu e Ciudad del Este, e de tudo que se contrabandeia por ali? Quem poderia se esquecer do contrabando de pessoas (*smuggling*), cuja sorte é abandonada entre milícias de "coiotes" e operações de agentes estadunidenses, que define o destino de milhares de migrantes clandestinos, dentre eles tantos menores desacompanhados? O que dizer da desigual disputa territorial em torno do Rio Jordão, das rodovias nacionais que não se cruzam? Uma fronteira invisível separava os mundos do urso e da mulher francesa. Essa fronteira passou a fazer parte da vida de cada um.

Esses pequenos exemplos servem para nos lembrar que mesmo fronteiras demarcadas por formações naturais como rios, mares ou montanhas são também marcadas por disputas políticas. Como essas analogias podem nos ajudar a pensar a pulsão como conceito fronteiriço entre corpo e alma, corpo e psiquismo? A primeira coisa que salta aos olhos é que, por trás de uma suposta fronteira natural, temos uma disputa de outro tipo. Além disso, nenhuma fronteira é estável, fixa ou inamovível. Uma fronteira serve para ser atravessada. Mas a metáfora esgota-se aqui. E parece não ter nos levado muito longe, na medida em que postulamos não apenas um espaço, mas também uma espécie de continuidade entre o tipo de realidade de um lado e de outro.

Vejamos o que o próprio Freud escreve não exatamente no âmbito das fronteiras corpo-psiquismo, mas a fim de pensar as próprias divisões "internas" do aparelho psíquico.

Na última página da conferência sobre a "Dissecção da personalidade psíquica", de 1933, Freud escreve:

> A partir dessa composição distintiva da personalidade em Eu, Supereu e Isso, certamente não pensem em fronteiras precisas, como as que foram artificialmente traçadas na geografia política. Não podemos fazer justiça à peculiaridade do psiquismo com contornos lineares, como nos desenhos ou na pintura primitiva, mas sim com campos borrados de cor, como ocorre nos pintores modernos. Depois de os separarmos, devemos deixar que o separado volte a confluir. Não julguem com muita severidade uma primeira tentativa de visualização do psíquico, que é tão difícil de compreender. É muito provável que a formação dessas separações varie muito em diferentes pessoas; é possível que pela sua própria função elas sejam modificadas e temporariamente regredidas (Freud, *GW*, t. XV, p. 85).[28]

O que é absolutamente fundamental aqui não é apenas como Freud opõe as fronteiras traçadas artificialmente na "geografia política" aos campos borrados de cor dos "pintores modernos". Na busca de um modelo para "visualizar" o funcionamento psíquico, prevalece uma concepção derivada da arte, que fornece uma metáfora mais precisa do que o conceito tenta capturar. Freud nos solicita ultrapassarmos a imaginação, a metáfora aqui tem outro estatuto. O aparelho psíquico não deve ser pensado como um computador, mas como um quadro, não como uma ovelha elétrica, mas como um personagem de *bunraku*. Ou melhor: não deve ser pensado como um tabuleiro de xadrez, mas como uma nuvem. Nuvens não são estáticas nem desestruturadas. Além disso, elas caem, como as palavras caem na associação livre, como

---

[28] Tradução inédita de Pedro Heliodoro Tavares, para a coleção Obras Incompletas de Sigmund Freud.

precipitados do inconsciente. O próprio Lacan percebeu e promoveu um deslocamento desse tipo, na década de 1970.

Além disso, como dizíamos anteriormente, a própria configuração, a própria instauração de um aparelho psíquico e de suas divisões está sujeita a variações altamente singulares, chegando até mesmo a implicar que a própria ocorrência, digo, o processo mesmo de instanciação, quer dizer, as próprias ocorrências das divisões "sejam modificadas e temporariamente regredidas", como em um sistema emergente. Caso a caso.

Mas podemos pensar também num *litoral*. Para além das formações de fronteira, temos formações litorais (Santiago, 2023, p. 54). Um litoral prescinde da fronteira. Até certo ponto, é relativamente fácil dizer: "Aqui é praia", "Ali é mar". Mas o litoral vai e vem, em ritmos até certo ponto previsíveis, mas por acontecimentos também imprevisíveis. Um litoral pressupõe o encontro contingente entre elementos heterogêneos: ali, já não é preciso – nem sequer possível – demarcar uma fronteira rígida, pois a heterogeneidade entre os próprios elementos já faz fronteira por si só. Água e areia, céu e mar, terra e céu: elementos heterogêneos que não se misturam, não se dissolvem uns nos outros, mas que podem se encontrar (Bedê, 2022) – e um encontro que não é sem efeitos. Assim o corpo e o psiquismo, assim a pulsão. Quando estamos na praia, "na beira da água, o encontro entre a água e a areia produz diversas áreas de ativa indefinição. É vivo, sujeito a tempestades, mas também às delícias do entre-dois" (Vieira, 2018, p. 101). Mas não estamos aqui, ao supor a heterogeneidade ontológica entre a areia e a água como metáfora da distância entre corpo e psiquismo, outra vez, caindo na própria armadilha que queríamos desativar, como a cobra que engole o próprio rabo?

Mais ainda. Todas essas metáforas, contudo, ainda evocam um espaço euclidiano. A não ser que incluamos a perspectiva do litoral como literal, seguindo a indicação lacaniana.

Nesse caso, poderíamos lembrar que "o litoral de lalíngua, entre o ruído e a comunicação, é também uma dimensão inabitual da vida do corpo, entre consistência e ausência; nem dentro, nem fora. Não é bem um acontecimento *do* corpo, nem *no* corpo, mas, como diz Freud, para localizar o inconsciente: 'entre os órgãos'" (Vieira, 2018, p. 103).

A topologia nos oferece modelos mais sofisticados sobre as relações entre o dentro e o fora. Pensar, hoje, as fronteiras entre o corpo e o psiquismo nos exige um esforço para além de nossas representações espontaneamente bi ou tridimensionais do espaço. Certamente ganhariam muito de uma abordagem topológica, ou com os espaços multidimensionais das redes neurais.

Guerras pulsionais

Era a guerra. O continente que melhor havia implementado, pelo menos para si mesmo, o programa das Luzes, com inimagináveis avanços, não apenas industriais e científicos, mas sobretudo em que as mais altas realizações artísticas e culturais haviam sido conquistadas, submergia numa noite que parecia não ter fim. Os anos que precederam a eclosão do conflito de 1914-1918 experimentavam uma cisão profunda: de um lado, fermentava o modernismo estético e social de inclinação cosmopolita e internacionalista, de outro lado, ganhavam fôlego ideologias nacionalistas, com forte apelo à ligação do homem com suas origens territoriais e culturais. As primeiras notícias da guerra foram recebidas com certo entusiasmo pelas reinantes ideologias nacionalistas, saudosas das antigas virtudes heroicas, ciosas de mostrar a superioridade cultural em relação ao vizinho decadente. Nunca a expressão freudiana "narcisismo das pequenas diferenças" havia ganhado contornos tão sombrios. Antes que mostrasse sua verdadeira face, a iminência da guerra inflara parcela considerável da população com um ardor febril, e a deflagração do conflito fora saudada por alguns eminentes intelectuais, cientistas, artistas, além, é claro, da grande imprensa. No famoso "Manifesto de Fulda", nomes de peso da ciência, muitos deles ganhadores de Prêmios Nobel, declararam seu incondicional apoio às ações militares alemãs. Entre seus 93 signatários, destacam-se nomes como Max Planck e Wilhelm Wundt. Alguns poetas também cantaram seu apoio à guerra. Contudo, a poesia modernista, em suas diferentes vertentes, foi essencialmente antibélica. Nisso, o diagnóstico dos poetas fora mais certeiro do que o dos demais intelectuais. Em todo caso, não demoraria muito para que toda aquela febre fosse transformada em profunda desilusão. A Europa, cega à violência empregada nas colônias em nome do triunfo da razão, assistiria atônita a um desastre sem precedentes, em que o poderio das máquinas pela primeira vez era utilizado de maneira ostensiva, ocasionando perdas humanas incalculáveis.

 Em Viena, Freud vivenciava a guerra com intensa apreensão e desilusão. Três de seus filhos combateram; dois deles, Ernst e Martin, em diversas batalhas. A duração inesperada dos confrontos iniciados em 1914 deixaria Viena numa situação de escassez de toda ordem. Não demoraria muito para que a família Freud precisasse recorrer à ajuda de amigos estrangeiros, que enviavam alimentos, charutos e outros itens. Perto de completar 60 anos de idade quando a guerra foi deflagrada, Freud não tinha muito o que fazer, senão continuar sua atividade clínica, ou o pouco que restou dela naqueles tempos difíceis, dedicar-se às também poucas tarefas editoriais que ainda restavam, e escrever. Escreveu de maneira abundante. Não apenas textos psicanalíticos diversos e farta correspondência, mas até mesmo sobre o próprio fenômeno da guerra. Nos últimos tempos daquele período, não havia nem mesmo aquecimento em seu escritório, o que tornava a tarefa de escrever praticamente impossível, principalmente nos meses frios. Foi ao longo dessa longa noite da guerra que alguns de seus mais brilhantes ensaios e mais sistemáticos estudos foram escritos.

Interessado em investigar as consequências psíquicas da guerra, Freud examina a desilusão e a atitude diante da morte. Até mesmo a imparcialidade da ciência, afirma, é ameaçada pela devastação psíquica da guerra. Nosso intelecto só trabalha de maneira minimamente fiável quando protegido das ingerências do afeto. Nesse sentido, escreve: "Argumentos lógicos seriam, portanto, impotentes contra interesses afetivos e é por isso que a disputa baseada em razões, as quais, de acordo com a frase de Falstaff – são tão comuns como as amoras – é, no mundo dos interesses tão infrutífera. [...] A cegueira lógica que essa guerra muitas vezes, como que por mágica, produziu justamente em nossos melhores concidadãos é, portanto, um fenômeno secundário, uma consequência da excitação afetiva, e espero que esteja fadada a desaparecer com ela" (Freud, [1915] 2020, p. 93).

A alusão à celeuma em torno do "Manifesto de Fulda" parece bastante clara. Em contrapartida, a guerra desnuda as camadas de cultura que se depositaram nos homens pelo processo civilizatório e "faz vir à tona o homem primitivo em nós" (Freud, [1915] 2020, p. 93). Ao investigador da subjetividade humana, uma dupla injunção impõe-se imediatamente: se, de um lado, a "imparcialidade" científica parece ameaçada, por outro lado, o objeto da psicanálise aparece de maneira mais crua e nítida, uma vez que as camadas civilizatórias parecem descamar com muito mais facilidade. E se a guerra, no século XXI, torna-se política, consolida-se como paradigma da política contemporânea?

É nesse contexto que Freud resolve escrever sua *Metapsicologia*, conjunto planejado de 12 textos que visavam formalizar e consolidar quase duas décadas de atividade clínica e de prática teórica. A iniciativa era tanto mais urgente quanto as próprias guerras intestinas da psicanálise pareciam querer diluir numa psicologia geral algumas das descobertas fundamentais da psicanálise. Freud concentrou seus esforços contra os desvios efetuados por Adler e, principalmente, por aquele que um dia havia sido chamado de príncipe herdeiro, Jung. Adler teria reformulado as ideias de Freud numa espécie de "psicologia geral, reacionária e retrógrada" (Gay, 1989, p. 213), que praticamente desconsiderava o caráter pulsional da sexualidade e o inconsciente. Jung, durante viagem a Nova York, gaba-se do sucesso de sua conferência, justamente por ter apresentado uma versão da psicanálise que fazia economia da sexualidade infantil e do Édipo. Pouco depois, em 1913, em Londres, anuncia outra conferência ainda com o título de "psicanálise", na qual pretendia dar seguimento ao seu programa deliberado de desvincular a libido e a sexualidade, negligenciando justamente o caráter pulsional da sexualidade. Nos anos seguintes, Jung passa a usar o título de "psicologia analítica" para designar as reformulações que ele propunha à doutrina freudiana. Aos poucos, a afinidade com a experiência religiosa e com certa abordagem da mitologia forneceriam a Jung toda a trama conceitual dos arquétipos e do inconsciente coletivo. Viena declara guerra a Zurique.

As armas que Freud detinha eram os conceitos fundamentais, que precisavam agora ser dispostos de uma forma capaz de garantir a especificidade da psicanálise, delimitando seu discurso e sua prática em relação a outras práticas. Preocupado com a manutenção de certos princípios não apenas teóricos, mas fundamentalmente com a sustentação de certos preceitos éticos e procedimentos clínicos, Freud resolve escrever uma síntese de seus achados metapsicológicos. Tudo indica que ele planejara um livro coeso e sistemático. Como era de costume, comunicou o projeto em diversas cartas e fez circular um ou outro manuscrito entre seus discípulos. Além disso, resolveu publicar aos poucos os capítulos que redigia, na forma de artigos. Os três primeiros foram escritos num ritmo frenético, pouco depois de iniciada a grande guerra. Em poucos meses, havia completado alguns de seus mais conhecidos ensaios metapsicológicos. No final de abril de 1915, informa a Ferenczi que havia concluído os capítulos sobre as pulsões, sobre o inconsciente e sobre o recalque, que sairiam ainda naquele ano no *International Zeitschrift für Psychoanalyse*. Essa disposição para o trabalho teórico, que ele próprio admitia ser incomum, podia ser atribuída a vários fatores, entre eles "a dureza do pão de guerra", como confessa em carta a Ferenczi (Gay, 1989, p. 334).

Dos doze artigos planejados inicialmente, apenas cinco foram efetivamente concluídos e publicados. O destino dos outros sete artigos é incerto, provavelmente foram destruídos pelo próprio autor.[29] De toda forma, é digno de nota que o primeiro artigo seja dedicado justamente às pulsões. Esse artigo deveria servir como a porta de entrada no edifício da psicanálise. Em carta a Lou Andreas-Salomé, informa, entusiasmado, que o livro consistiria em "doze ensaios, introduzidos por pulsões e seus destinos", sem aspas (Gay, 1989, p. 334). Pela primeira vez, o conceito de pulsão aparece em seu justo lugar: tão ou mais fundamental do que o próprio conceito de inconsciente. Isso porque a pulsão é "anterior" ao próprio aparelho psíquico: ela é o elemento de ligação entre o corpo e a psique. Seu caráter é fronteiriço, limítrofe, como não cansa de insistir Freud, com metáforas que poderiam claramente remeter a guerras de trincheira, mas também a objetos estéticos, como pinturas impressionistas, em que as cores se misturam, explodindo contornos. A pulsão opera numa zona de indeterminação, de indistinção entre corpo e

---

[29] Desses sete, temos hoje um manuscrito sobre a transferência.

aparelho psíquico: embora sua fonte seja sempre somática, só conhecemos dela seu representante psíquico, conforme estabelecido desde os *Três ensaios sobre a teoria sexual* (1905). É nesse hiato, nessa fronteira que se situa a pulsão. A pulsão é, tanto do ponto de vista lógico quanto do topográfico, anterior até mesmo ao próprio sistema inconsciente, até mesmo a qualquer inscrição no aparelho psíquico ou neuronial. Por isso, no artigo metapsicológico sobre as pulsões, Freud insistia quanto a seu caráter de conceito fundamental e de conceito fronteiriço, limítrofe. O que não o impede de admitir, no mesmo gesto, o caráter "convencional" e até mesmo "obscuro" de seu conteúdo semântico, que guarda ainda alguma indeterminação e permanece aberto a futuras reformulações.

Nisso, porém, continua, o conceito de pulsão não diferiria nem mesmo dos conceitos mais fundamentais da física: embora estes parecessem firmemente estabelecidos, àquela altura sofreriam uma profunda modificação de seu conteúdo. Com efeito, no início do século XX, conceitos fundamentais da mecânica newtoniana foram completamente revistos. Ernst Mach foi um dos pioneiros, Albert Einstein, um dos mais célebres. Freud não alude explicitamente a nenhum cientista em particular. Mas compara, tacitamente, sua atitude científica diante da construção conceitual com a atitude do cientista. Não demoraria muito para Freud comparar-se, em 1919, a Mach a propósito de uma experiência infamiliar de percepção da sua própria imagem: explicitamente, faz de Mach seu "duplo". Dentro de alguns anos, Freud e Einstein se encontrariam em Berlim. Em carta a Ferenczi, o psicanalista teria afirmado que "ele entende tanto de psicologia quanto eu entendo de física, de modo que tivemos uma conversa muito agradável" (Strachey *in* Freud, 1980, v. XXII, p. 238). Alguns anos mais tarde, os dois trocariam importante correspondência, a propósito da guerra.

Uma clínica da pulsão

O caráter fronteiriço, limítrofe, ou até mesmo litorâneo, do conceito de pulsão deve-se à sua anterioridade lógica ou mesmo topográfica quanto ao sistema inconsciente. Isto é, sua ligação com as excitações endossomáticas, das quais o aparelho não tem como se abrigar, é o fator que justifica por que a teoria das pulsões possui um caráter ainda mais fundamental. Não por acaso, o conjunto dos 12 artigos metapsicológicos deveria ser precedido pela análise dos destinos das pulsões. Na própria forma planejada do livro, o texto sobre as pulsões teria uma posição de destaque, funcionando como uma espécie de prólogo, como algo que vem antes (*pro*) do discurso (*logos*). *As pulsões e seus destinos* é o prólogo que o próprio Freud planejou para sua *Metapsicologia*. Com efeito, a página introdutória do ensaio é uma verdadeira carta epistemológica, que serve como porta de entrada não apenas a esse texto, mas como uma espécie de introdução à própria metapsicologia, na medida em que seria essa espécie de prólogo dos artigos reunidos. Tal como o *Discurso do método* servia a Descartes como uma espécie de introdução metodológica a seus textos científicos, essa página e meia de Freud, aparentemente despretensiosa, funciona não apenas como uma reflexão acerca da cientificidade da psicanálise, mas sobretudo como uma preparação do leitor para a introdução do conceito de pulsão. De fato, ela prepara a disposição intelectual e afetiva que o leitor deve ter quanto ao estatuto epistemológico dos conceitos fundamentais da psicanálise. Ali são estabelecidos, com clareza e concisão invejáveis, alguns aspectos essenciais quanto à maneira freudiana de pensar as continuidades e as descontinuidades com a ciência. De modo especial, como lida com a formação de conceitos: de um lado, como conceitos são originados a partir de ideias abstratas oriundas de lugares e fontes as mais diversas e, de outro lado, como tais ideias se articulam ao material empírico e constituem, desse modo, conceitos. Uma página aparentemente simples, mas que contém todo um programa epistemológico, que decorre não da leitura do que os filósofos escreveram sobre o que a ciência deveria ser, mas de sua própria prática teórica e clínica.

Quando Freud redigiu e publicou *As pulsões e seus destinos* (1915), não era possível prever que esse breve ensaio se tornaria um clássico. Não é exagero dizer que a teoria das pulsões, bem como a teoria do inconsciente, está para a psicanálise assim como a anatomia e a fisiologia estão para a medicina. Freud apresenta o conceito de pulsão, que está na base dos processos que determinam os modos como nós amamos, desejamos, sofremos. Nele assistimos a um esforço obstinado de sistematização desse "conceito fundamental". Nunca é demais insistir na tese de que sua imbricação com a pulsão é o que caracteriza a especificidade do conceito freudiano de inconsciente.

Contudo, assim como os destinos das pulsões são múltiplos e envolvem complexos processos de transformação, também os destinos do próprio conceito de pulsão não foram menos dramáticos. É amplamente conhecida a celeuma em torno da tradução de "*Trieb*" por "instinto". Todos nós nos acostumamos a esse estranho exercício de leitura que exige do leitor a substituição mental de "instinto" por "pulsão". Como se uma escolha terminológica fosse anódina ou indiferente.

Afinal, uma tradução nunca é neutra. Há dimensões não apenas linguísticas (terminológicas, semânticas, estilísticas) envolvidas, mas também éticas, políticas, ideológicas, teóricas e, sobretudo, clínicas. O texto de Freud não é um texto literário, embora qualidades literárias não lhe faltem. Ele é, antes, um texto que embasa uma determinada prática. Uma prática que tem sua principal destinação na atividade clínica, realizada seja em consultórios particulares, seja na rede pública, sem contar as diversas práticas em que conceitos freudianos são operatórios, como na teoria social, na teoria literária, na estética, na filosofia e em campos conexos, isso sem falar nas diversas práticas políticas emancipatórias que encontraram na psicanálise um forte aliado teórico. Nesse sentido, escolhas terminológicas não são sem efeitos práticos. Representar o sofrimento humano e os tratamentos possíveis que podemos dar a ele não são tarefas indiferentes à maneira como falamos dele e como o tratamos conceitualmente (o que Hacking chamava de "tipos interativos"). Para tomar apenas o exemplo mais eloquente, a escolha aparentemente neutra de "instinto" para traduzir "*Trieb*" não pode dissimular sua vinculação quase imediata a certa ideia de natureza (existem muitas), para dizer o mínimo, muito longe de ser operatória na prática clínica.

É claro que, sendo um "conceito fundamental", seus principais componentes estão definidos no interior da própria metapsicologia. Freud define seu conteúdo com extremo cuidado. Mas mesmo conceitos fundamentais não comportam "definições rígidas", como afirma o próprio Freud em 1915. Afinal, parte de seu conteúdo é tomado de empréstimo, como que imposto de fora, tomado "daqui e dali", retirado de "diversas fontes": da própria língua e de suas diversas camadas de sentido sedimentado. Independentemente da louvável aspiração que alguém possa ter a alargar o campo semântico do termo "instinto", buscando explicitamente desvinculá-lo de certa fixidez, nada disso, todavia, pode resguardar o vocábulo das ressonâncias normativas contidas no léxico naturalista que o engloba. Ainda mais no atual contexto político, em que algumas vertentes mais ideológicas vizinhas às neurociências e afins se transformaram no fundamento do discurso de supressão da subjetividade/singularidade. Não há nada de "errado" nas neurociências, nada de errado em tentar compreender o funcionamento das redes neuronais, de sua química, de sua fisiologia e assim por diante. O que espanta é a rede de vizinhanças e empréstimos estabelecida pelas neurociências com correntes "psis" que se revestem do adjetivo "científico" para naturalizar modos de conduta, reificando fronteiras entre o normal e o patológico a partir de critérios de adaptação e disfunção, e justificando terapias absolutamente coniventes com a forma de vida de certo momento de nossa história social, para dizer o mínimo, sob o manto de terapias "comprovadas", como as TCCs, sem falar na curiosa simpatia com práticas como *mindfulness, coaching* etc.

Mas, mesmo se nos ativermos ao terreno interno à psicanálise, é preciso insistir em que representar teoricamente um inconsciente instintual, descrever a dinâmica instintual de determinado conflito psíquico ou analisar um episódio de agressividade instintiva não tem as mesmas consequências de pensar um inconsciente pulsional ou descrever uma dinâmica pulsional subjacente à gramática de determinado conflito ou tratar da irrupção de uma pulsão agressiva, por exemplo. Com efeito, uma das características mais marcantes da clínica freudiana é o caráter não normativo de sua concepção de subjetividade, de sofrimento e de tratamento possível. Foi essa diretriz ética da psicanálise que nutriu e nutre diversas matrizes do pensamento crítico e os diversos movimentos emancipatórios que nela se inspiraram e se renovam cotidianamente.

> Voltando-nos agora do lado biológico à observação a partir da vida anímica, então nos aparece a "pulsão" como um conceito fronteiriço entre o anímico e o somático, como representante psíquico dos estímulos oriundos do interior do corpo que alcançam a alma,

como uma medida da exigência de trabalho imposta ao anímico em decorrência de sua relação com o corporal. Podemos, então, discutir alguns termos que são utilizados em correlação com o conceito de pulsão, a saber: pressão, meta, objeto e fonte da pulsão.

Por pressão de uma pulsão entende-se seu fator motor, a soma de força ou a medida da exigência de trabalho que ela representa. O caráter impelente é uma característica geral da pulsão, sua própria essência. Toda pulsão é uma parcela de atividade; quando se fala de modo descuidado de pulsões passivas, essas nada mais seriam que pulsões com uma meta passiva.

A meta de uma pulsão é sempre a satisfação, que só pode ser alcançada pela suspensão do estado de estimulação junto à fonte pulsional. Mas, mesmo que essa meta final permaneça inalterada para todas as pulsões, diferentes caminhos podem conduzir a essa mesma meta final, de modo que podem existir para uma mesma pulsão diversas metas aproximadas ou intermediárias, as quais podem ser combinadas ou substituídas umas por outras. A experiência também nos permite falar de pulsões "inibidas em sua meta" em processos que são tolerados durante uma parcela de seu caminho rumo à satisfação pulsional, mas que depois experimentam uma inibição ou desvio. Pode-se supor que mesmo a esses processos esteja ligada uma satisfação parcial.

O objeto de uma pulsão é aquele junto ao qual, ou através do qual, a pulsão pode alcançar sua meta. É o que há de mais variável na pulsão, não estando originariamente a ela vinculado, sendo apenas a ela atribuído por sua capacidade de tornar possível a satisfação. Não é necessariamente um objeto material estranho ao sujeito, podendo ser até mesmo uma parte do próprio corpo. Pode ser substituído incontáveis vezes no decurso dos destinos vividos pela pulsão, sendo a tal deslocamento da pulsão atribuídos os mais significativos papéis.

Pode ocorrer o caso em que um mesmo objeto simultaneamente sirva para a satisfação de diferentes pulsões, segundo Alfred Adler, o caso do entrecruzamento pulsional. Uma ligação especialmente estreita da pulsão com o objeto é salientada como fixação da mesma. Ela se dá com frequência em períodos muito remotos do desenvolvimento pulsional e põe fim à mobilidade da pulsão ao se opor intensamente à dissolução da ligação ao objeto.

Por fonte da pulsão entende-se o processo somático em um órgão ou parte do corpo, cujo estímulo é representado na vida anímica pela pulsão. Não se sabe se esse processo é regularmente de natureza química ou se também pode corresponder à liberação de outras forças, por exemplo, mecânicas. O estudo das fontes pulsionais já não pertence à Psicologia; ainda que a origem em uma fonte somática seja o elemento mais decisivo para a pulsão, só a conhecemos na vida anímica por conta de suas metas. O conhecimento mais específico das fontes pulsionais não é estritamente necessário para a investigação psicológica. Por vezes, as fontes da pulsão podem ser inferidas de modo retrospectivo, a partir de suas metas.

(Freud, [1915] 2013, p. 23-27)

Capítulo 10
Indeterminação pulsional

A história do conceito de pulsão coincide com a história dos vários modelos epistemológicos, *i.e.*, dos regimes discursivos e dos procedimentos de formalização mobilizados por Freud no esforço de torná-la pensável. Em outras palavras, uma história do conceito de pulsão é também uma história das crenças epistemológicas de Freud e de suas expectativas com relação à ciência. Se certas ideias abstratas de alguma maneira prefiguraram o conceito, funcionando como seu étimo epistemológico, como vimos anteriormente, os lugares de onde Freud toma de empréstimo tais ideias gerais são variados. Uma história do conceito de pulsão na obra de Freud certamente deverá mostrar como as diversas fontes de onde tais ideias abstratas são retiradas vão da psicofísica à mitologia-científica, tendo como epicentro a metapsicologia. O próprio estatuto da metapsicologia covaria entre esses polos. É claro que desde as primeiras ocorrências prepondera o modelo naturalista herdado de nomes como Brücke, Herbart e Fechner. É esse modelo que empresta inteligibilidade ao esquema geral que configura antecipadamente a maneira através da qual Freud irá pensar a pulsão. Mesmo nesse momento inaugural, não é difícil notar o caráter altamente especulativo dessa apropriação: a língua da psicofísica ainda não deixa de ser, em alguma medida, metafórica. Rapidamente, contudo, a pulsão perde seu caráter especulativo e adquire uma materialidade brutal. Além disso, insisto, desde o início, a rede conceitual nutre-se de um material empírico configurado segundo modelos formais tomados de empréstimo muito mais ao romance ou ao poeta.

A primeira ocorrência do *Trieb* freudiano aparece no célebre artigo, publicado postumamente, *Entwurf einer Psychologie*, conhecido entre nós como *Projeto de uma psicologia*, redigido em 1895 e endereçado a Fließ. Desde essa primeira formulação da pulsão, no que gosto de chamar de *grau zero da pulsão*, as principais características atribuídas são o caráter constante da excitação interna e a impossibilidade que tem o aparelho psíquico, aqui ainda descrito em vocabulário fisicalista, de fugir ao estímulo corpóreo. Se lembrarmos o esquema proposto em 1895, temos o seguinte quadro. O aparelho psíquico, ou, mais precisamente, o aparelho neuronial, está "exposto sem proteção" às pulsões oriundas do elemento somático, e nisso "reside a mola pulsional (*Triebfeder*) do mecanismo psíquico" (Freud, [1895] 1995, p. 30). Desse modo, o registro das pulsões é anterior ao registro psíquico, e só conhecemos o elemento precipitado, o elemento derivado, das pulsões. O "impulso que sustenta toda a atividade psíquica" é relativo ao abandono do aparelho psíquico à somação das pulsões. "Conhecemos esse poder como vontade, o derivado das pulsões" (Freud, [1895] 1995, p. 31). O aparelho é "sem defesa", "sem proteção" em relação à pressão exercida por somação pelo elemento corpóreo. Trocando em miúdos: nosso aparato "mental" dispõe de dispositivos de proteção em relação aos estímulos exógenos: diante de um clarão, basta fechar os olhos, diante de um som incômodo, basta tapar os ouvidos ou afastar-se da fonte de emissão sonora. Já aqui aparece uma diferença importante entre a dinâmica dos objetos olhar e voz. *Grosso modo*, podemos dizer que ouvidos não têm pálpebras ou estrutura equivalente. Quer dizer, é um orifício que só pode ser fechado através de ajuda externa (cf. Vieira, 2018, p. 78-79). De todo modo, o que Freud muito precocemente demonstra é que, no que concerne aos estímulos provenientes do interior do organismo, como a respiração, a fome ou a sexualidade, não existe rota de fuga ou tela de proteção. Ao pensar essa impossibilidade estrutural de escapar ao estímulo corpóreo, Freud formula o conceito de pulsão. A centralidade que a sexualidade ocupa na psicanálise decorre disso. Essa primeira formulação é realizada no interior do último grande esforço freudiano de descrever seus achados clínicos em termos naturalistas, oriundos da psicofísica de Fechner, referência assumida reiteradamente por Freud. Os postulados principais dessa psicofísica dizem respeito à continuidade entre as leis gerais do movimento e as leis particulares do movimento de energia psíquica. Muito em breve, esse vocabulário naturalista será abandonado em favor de conceitos forjados no interior do que mais tarde será chamado de metapsicologia. No entanto, Freud está longe de abandonar ou mesmo de renegar tais postulados. Ao contrário, a lógica dos trilhamentos prevalece, numa espécie de teoria de redes neurais ou redes linguísticas implícita *avant la lettre*.

Vale lembrar que, como o *Projeto de uma psicologia* (*Entwurf*) permaneceu inédito durante a vida de Freud, a primeira apresentação sistemática do conceito de pulsão foi realizada em 1905, nos famosos *Três ensaios sobre a teoria sexual*. De certa forma, os principais componentes do conceito são apresentados ali, dessa vez em linguagem metapsicológica, e não mais fisicalista. Como dissemos anteriormente, temos aqui o modelo do que viria a ser chamado, nem sempre com muita precisão, de primeiro dualismo pulsional. É sobretudo no contexto do estudo da sexualidade infantil, assim como no das perversões sexuais, que Freud formula e sistematiza o conceito de pulsão. Alguns de seus componentes fundamentais serão apresentados aqui pela primeira vez. Uma pulsão compõe-se de três elementos: fonte, meta e objeto. Apenas em 1915 será introduzido o quarto elemento, a *Drang* (pressão). No que concerne à fonte pulsional, o essencial havia sido formulado desde o *Projeto*: o aparelho não tem como escapar dos estímulos sexuais. Em 1905, Freud acrescenta um importante estudo acerca das diversas transformações quanto à predominância das fontes pulsionais, de acordo com a proveniência das diversas zonas erógenas, e suas eventuais fixações. Quanto às metas, elas são múltiplas, ligando-se ao caráter sempre parcial da pulsão. Finalmente, os objetos são variáveis e não estão inscritos em algo como uma suposta natureza humana ou norma instintiva. É a própria ideia de natureza, ou uma determinada concepção de natureza, mais precisamente a ideia de que haveria vínculos naturais entre fontes de excitação somática e suas respectivas metas e objetos, que explode. Apenas a história contingente da vida de um sujeito, seus encontros e desencontros, inclusive a incidência nele de normas sociais e de condições materiais de sua existência concreta, é capaz de determinar os destinos da satisfação pulsional. O que faz explodir a suposta heterossexualidade natural ou essencial. Além disso, normas, valores não incidem sem modulações muito particulares, sem variar no corpo da linguagem o ângulo de sua *refração*.

Durante os anos seguintes, a reflexão metapsicológica acerca das pulsões atinge seu auge com *As pulsões e seus destinos*, quando prevalece, mais uma vez, uma versão mais "monista" da pulsão. A história subsequente dos *Triebe* conduz-nos a uma reflexão cada vez mais autoconsciente de seu caráter especulativo. Não se trata, todavia, de uma especulação qualquer. No quarto capítulo de *Além do princípio de prazer* (1920), qualifica de "especulação forçada" pelo material clínico. Quando, em 1920, Freud reformula o que se conhece como "primeiro dualismo pulsional" para introduzir o conceito de pulsão de morte, ele volta a insistir que o conceito de pulsão é o mais importante e o mais obscuro dos conceitos psicanalíticos. Mais de uma vez, admite a insuficiência da ciência para dar conta da sexualidade, incapaz de iluminar as regiões obscuras, limítrofes da sexualidade pulsional. A realidade contraditória e insensata desta termina por forçar o investigador a lançar mão de recursos de outra natureza. Talvez esse seja o ponto sensível de toda essa trama. O que a psicanálise freudiana introduz é a radical ausência de sentido do sexo. Badiou tem razão em afirmar que "a singularidade de Freud é que o face a face com o sexual não é da ordem do saber, mas da ordem de uma nomeação, de uma intervenção, disso que ele chama 'uma discussão franca', que precisamente busca desvincular os efeitos do sexual de toda apreensão puramente cognitiva, e, consequentemente, de todo poder da norma" (Badiou, 2005, p. 106-107).

Nesse sentido, pensar um real desvinculado do sentido ultrapassa toda e qualquer metodologia científica, embora possa ser algo trivial aos olhos de um poeta ou de um mitólogo. Aqueles que acusam a psicanálise de ser um mito e não uma ciência esquecem-se de que o próprio Freud foi o primeiro a declarar que "a doutrina das pulsões é, por assim dizer, nossa mitologia. Pulsões são entes míticos, grandiosos em sua indeterminação" (Freud, [1933] 1999, p. 101). Vale sublinhar: pulsões são entes míticos, grandiosos porque indeterminados. Voltaremos a isso, que tem importância ontológica e epistemológica.

Se lembrarmos agora a primeira página de *As pulsões e seus destinos*, trecho que ficou conhecido como a carta epistemológica de 1915, tudo girava em torno de certa tolerância à parcial indeterminação semântica dos conceitos fundamentais da própria ciência. De algum modo, naquele momento Freud por pouco não pede desculpas ao leitor quanto à necessidade de tolerar o caráter algo obscuro de um conceito tão fundamental quanto o de pulsão. Em 1933, ao contrário, quando finalmente forja a expressão "mitologia-científica", não há nada que deva ser desculpado. Ao contrário, é justamente a indeterminação que investe o conceito de pulsão de valor ontológico: as pulsões são entes míticos.

Capítulo 11
Corpo falado, corpo falante

A fonte da pulsão é sempre o corpo. A criança chora, grita, esperneia. A mãe, ou quem ali ampara o desamparado, adivinha: "É fome? Frio? Calor? Dengo?". Ela também está desamparada. Fornece um objeto, mas um objeto envelopado em sua própria interpretação. A necessidade instintiva – de leite, de proteção etc. – é recoberta por uma camada de língua, língua dos afetos, dos afetos que mentem e dos que não mentem, como a angústia. Mais precisamente, a necessidade é recoberta de lalíngua. A satisfação da mera necessidade passa pelo Outro, antes de retornar como um objeto. Temos um circuito, um circuito extremamente simples. A pulsão contorna o objeto antes de retornar ao corpo. Um resto de inadequação é inevitável. Não era exatamente isso, mas tudo bem. Entre princípio de prazer e princípio de realidade, o jogo continua.

Alguns meses mais tarde, a mãe, ou o pai, ou quem quer que seja, seja lá de que gênero ou orientação for, um dia dirá coisas como: "Meu bem, vem comer logo!", "Está na hora de dormir, de fazer xixi", "Respira, o cocô está na portinha, você consegue", "Chega de comer (ou de beber, de falar, de gritar, de pedir, de enrolar, de me beijar...)". Nesse momento, o ritmo das necessidades fisiológicas é recortado, transposto para o ritmo do Outro. A fonte das pulsões não deixa de ser um corpo, mas é curto-circuitada pela demanda do Outro. O conceito se complexifica como se fossem ritmos sobrepostos: o surdo e o tambor em 4/4, mas as vozes cruzam em 7/8; um bolero, um samba, um metal, juntos e misturados, sincopados, desencontrados, acelerados, silenciados... A linguagem curto-circuita as pulsões. Acompanho Miller (2011, p. 11):

> o que distingue o corpo do ser falante é que seu gozo sofre a incidência da palavra. E, precisamente, um sintoma testemunha que houve um acontecimento que marcou seu gozo, no sentido freudiano de *Anzeichen* (signo), e que introduz um *Ersatz* (substituição), um gozo que não faria falta, um gozo que transtorna o gozo que faria falta, quer dizer, o gozo de sua natureza de corpo. Portanto, nesse sentido, não, o gozo em questão no sintoma não é primário. É produzido pelo significante. E é precisamente esta incidência significante o que faz do gozo do sintoma, um acontecimento, não apenas um fenômeno. O gozo do sintoma testemunha que houve um acontecimento, um acontecimento de corpo depois do qual, o gozo natural, entre aspas, que podemos imaginar como o gozo natural do corpo vivo, transtornou-se e se desviou.

O ritmo "natural", fisiológico, é substituído ou recoberto por um ritmo cultural e subjetivo. Mas quem disse que isso também não é natureza? Natureza é um conceito, que nada tem de "natural". Entre o corpo e o psiquismo, temos as pulsões. Mas onde começa um e termina o outro? Está mais do que demonstrado que nosso corpo envia sinais até certo ponto específicos ao nosso cérebro. Tomemos rapidamente o caso da alimentação. O mecanismo da fome e da saciedade envolve diversos órgãos, além de um complexo fluxo de informações neuroquímicas e neuroendócrinas. O sistema regulatório da homeostase energética corporal abrange ações coordenadas ao longo do eixo intestino-cérebro, transmitindo informações entre o trato gastrointestinal, o hipotálamo e o tronco cerebral, através, especialmente, de hormônios e neurotransmissores, e assim por diante. Trocando em miúdos, meu cérebro sabe, até certo ponto, identificar uma carência de determinado nutriente e não de outro: posso sentir uma "fome de doce", por exemplo, indicando provavelmente uma diminuição no nível de glicose no organismo. Daí por diante, são camadas e camadas de histórias singulares de cada um, suas satisfações, suas frustrações, suas experiências, além de aspectos culturais, que determinarão como alguém "traduz" essas "informações". Posso estar completamente "saciado", mas mesmo assim excitar tais processos fisiológicos pela mera visão disto ou daquilo na mesa, pela leitura silenciosa de um cardápio ou pelo convite de alguém que insiste: "Aceita mais um?".

Corpo e psiquismo não são, necessariamente, duas substâncias excludentes. As pulsões circulam nessas fronteiras incertas, negociadas, disputadas, conflitivas. Entre "corpo" e "psiquismo", há fluxos, mas também tempestades, assim como pode haver pontes, muros, contrabando. Talvez possa haver, ainda, "coiotes" que transportam clandestinos, policiais que vigiam, reprimem, exércitos que controlam, destroem. E, eventualmente, uma ou outra flor, que pode nascer nas brechas do concreto.

O gato de Alice

Alice está maravilhada: o gato se estira, seu corpo se estende devagar, alonga a cauda e vai-se embora. Mas seu sorriso fica: "'Está aí', pensou Alice, 'já vi muitos gatos sem sorriso. Mas sorriso sem gato! É a coisa mais curiosa que já vi na minha vida'" (Carroll, 2015, p. 72). Que tipo de corpo é um sorriso sem o gato? O que é um corpo, na psicanálise?

A totalidade orgânica de suas funções? A imagem que consolidamos de nós mesmos através da imagem que nos retorna do espelho? A superfície que serve de modelo para projetar o que chamamos de eu? Gosto de pensar o corpo freudiano a partir de seu protótipo fundamental: o corpo perverso e polimorfo, que grita, que chora, que suga, que esperneia, que goza em toda a sua superfície e em todos os seus orifícios. Que não distingue ainda exterior e interior. Um corpo que refrata, como um prisma, os raios de linguagem que se precipitam nele. Enfim, um corpo pulsional, mas não sem o Outro. É claro que desse corpo mítico e real só temos restos.

Seria correto dizer que o corpo que interessa à psicanálise é o sorriso sem o gato? Afinal, o sorriso só tem o estatuto de acontecimento quando o corpo está em suspensão, pelo menos do ponto de vista da técnica ou da intervenção direta, do mesmo modo como o corpo só fala, realmente, quando alguma coisa claudica. O paciente se alonga no divã, ou se posiciona na cadeira à sombra da marquise da praça, ou acessa o *smartphone*: estira seu corpo ou dobra as pernas, talvez ajeite a almofada ou se agite pelos corredores. Ele é convidado a falar. Ele tenta falar como falaria a um amigo, ou à *sister*. Afinal, qual a diferença? É apenas falar? Posso fazê-lo na mesa do boteco, por que não? Não tenho censuras nem vergonha, por que devo falar a um psicanalista, que não me conhece, que não sabe dos meus "corres"? Posso falar a um colega, ao padre, ao pastor, ao médico, ao *coach*, ao psicólogo. Sim, nada o impede. Mas quem o escutará, sem julgar, sem se "colocar no seu ou no meu lugar", sem consolar, sem projetar o próprio eu, sem falar por ele? No espaço da análise, quem fala toma a palavra de um jeito que não pode fazer em qualquer lugar. As significações ordinárias do discurso comum são colocadas entre parênteses, as regras tácitas da conversação ordinária são deixadas de lado, o blá--blá-blá é substituído pela palavra que implica.

Com efeito, o divã é a materialização daquele dispositivo que eleva à máxima potência a regra técnica de abstenção corporal, para justamente dar lugar a uma palavra que não é só palavra, mas é ainda corpo. Corpo que goza, que sofre, que tartamudeia. "Já tinha visto um corpo sem inconsciente, mas inconsciente sem corpo?", poderia perguntar uma Alice analista.

"Não é lá que se supõe propriamente a experiência psicanalítica? – a substância do corpo, com a condição de que ela se defina apenas como aquilo de que se goza" (Lacan, 1985, p. 35), afirmação contundente de Lacan no *Seminário 20*. Nesse sentido, como sublinha Miller (2016, p. 29-30), "é no corpo que é buscado o gozo para o qual trabalha o inconsciente". Isso nos exige uma topologia radicalmente diferente daquelas de que dispomos para pensar as relações corpo-psiquismo. Não estamos mais diante do "piloto e seu navio", mas do sorriso sem o gato. Na famosa "Sexta meditação", último capítulo da neutralização da dúvida metódica e hiperbólica, Descartes caracteriza o homem como aquele que une duas substâncias contrárias e excludentes, o corpo e a alma. Qual o estatuto dessa união? Descartes insiste em duas exigências aparentemente paradoxais: a "distinção real" e a "união substancial" entre corpo e alma, que seguem imagem e semelhança do homem e Deus. A passagem é conhecida: "A natureza me ensina, também, por esses sentimentos de dor, fome, sede etc., que não somente estou alojado em meu corpo, como um piloto em seu navio, mas que, além disso, lhe estou conjugado muito estreitamente e de tal modo confundido e misturado, que componho com Ele um único todo" (§24) (Descartes, [1641] 1973, p. 144). A metáfora do "piloto em seu navio" fez correr muita tinta, embora não custe lembrar que Descartes nunca aceitou a solução tomista (na qual alma e corpo comporiam uma substância única) nem soluções "hilomórficas" (baseadas no modelo de um continente que compreende um conteúdo). Diga-se de passagem, Descartes, se vencermos a leitura das duas primeiras meditações – que digo? –, se vencermos a versão caricatural que predomina em nosso discurso sobre o paradigma "eurocentrado", pode ser mais interessante do que parece. (Aliás, gosto de pensar em Descartes morrendo de frio diante da rainha Cristina, na longínqua Suécia. No século XVII, a *poderosa* era letrada, subvertia papéis de gênero e era uma pessoa livre, à frente do seu tempo. Discute-se hoje se ela era intersexo, *queer*...)

De todo modo, nada disso é, ainda, o corpo falante: afinal, posso ver pilotos sem navios e navios sem pilotos. Nesse sentido, "ao chamar de 'falante' esse real do corpo sem lugar estável na representação, estamos assumindo que uma análise o encontra nem como imagem fixa, nem como apenas silêncio" (Vieira, 2018, p. 129).

Há outra maneira de dizer isso. Num debate nos Estados Unidos, em 2 de dezembro de 1975, no qual estavam presentes nomes de peso como o filósofo W. V. Quine e o linguista Roman Jakobson, o psicanalista francês Jacques Lacan afirma: "Acreditamos pensar com o nosso cérebro. Eu, quanto a mim, penso com meus pés" (Lacan, 1975, p. 60). A desconcertante declaração, na verdade, era uma resposta a uma pergunta sobre o estatuto da alma. Alma? "A única coisa que me parece substantificar a alma", continua Lacan, "é o sintoma" (Lacan, 1975, p. 60). A substância da alma é o sintoma. Maneira astuta de substituir a identidade autotransparente do eu ("Minha alma, pela qual eu sou o que sou", como diria Descartes) pela consistência do sintoma, duro como um osso. Sou o que sou não quando sou um eu, mas quando sou um sintoma.

Na conferência em que afirma "pensar com os pés", Lacan havia falado do corpo. Havia lembrado o descompasso que há entre o modo como o corpo funciona, sozinho e sem nos informar muita coisa acerca desse funcionamento, e o modo como o apreendemos, *i.e.*, como forma, como imagem. O debate termina com uma resposta a Quine: "Não há nada menos certo de que tenhamos um interior [...]. Os dejetos são a única coisa que testemunham que nós temos um interior" (Lacan, 1975, p. 60). Nesse sentido, a fala também não é vista como expressão de uma interioridade, ou coisa do gênero, nem como dejeto. A palavra, para a psicanálise, é não apenas material, mas também exterioridade. Somos um corpo que fala, um tubo oral-anal, um vazio, um furo, em torno do qual se constitui algo que chamamos de sujeito, ou, mais precisamente, um falasser, um falente, para usar a expressão de Lacan, o "*parlêtre*". De que são feitos os sintomas, os sofrimentos, o mal-estar? Como a palavra pode – e ela pode – ter efeitos no corpo? Como ocorre essa mágica? Quando parou de retornar a Freud, Lacan tornou-se, finalmente, freudiano.

Afinal, o que é a mágica senão a arte de esconder um ou mais elos da cadeia causal numa série finita de eventos? O mágico chama a atenção para a mão direita: todos dirigem a atenção para lá, mas é em outra cena que a mágica ocorre. O que o analista escuta é o elo faltante, a própria inexistência do suposto elo causal que restituiria a linearidade de uma cadeia perfeita. O inconsciente no século XXI não é outra coisa senão o sorriso sem o gato. Ou, para dizer como Alice: "Já tinha visto pés que não pensam, mas pensamento sem pés?".

Capítulo 12
Para que serve uma análise? Crítica e clínica

Circulou nas redes sociais que uma psicanalista com forte apelo midiático cobraria R$ 1.000 por consulta. Nos grupos de WhatsApp e cantinas universitárias, não se falava de outra coisa. A psicanálise seria, definitivamente, uma prática de burguês para burguês, repetia-se. Também, continua o barulho, o que esperar de uma vertente que nunca escondeu que o objetivo do tratamento seria "restaurar no sujeito a capacidade de amar e trabalhar"? Afinal, existiram ou existem versões da prática analítica que se prestam a consolidar e reforçar esse estereótipo. Mais grave, a própria história da psicanálise teria comprovado essa visão mais de uma vez, em mais de um lugar.[30] E isso, apesar de vários esforços de Lacan, repetidos à exaustão, até mesmo na grande imprensa:

> Já foi escrito que o propósito da análise é adaptar o sujeito, não completamente ao meio externo, digamos, à sua vida ou às suas verdadeiras necessidades; isso significa claramente que a sanção de uma análise seria que se tornasse um pai perfeito, um marido modelo, um cidadão ideal, em suma, que alguém é alguém "tão tolerante" que não discute mais nada. O que é completamente falso, tão falso quanto o primeiro preconceito

---
[30] Cf., por exemplo, Bulamah (2014).

que via na psicanálise um meio de se libertar de todo constrangimento (Lacan, 2021, [s.p.]).

Amar e trabalhar?

Segundo certa leitura, a própria meta do tratamento analítico, tal como enunciada expressamente por Freud, comprovaria a veracidade da *dóxa*: afinal, a finalidade de uma análise não seria devolver as capacidades perdidas de *amar* e de *trabalhar*? Apesar de todas as belas formulações e complicadas teorias, ao fim e ao cabo, o que a psicanálise visaria é ao restabelecimento do amor romântico cis-heteronormativo e à integração ao mercado capitalista de trabalho. Neste livro, proponho uma visão radicalmente distinta dessa. Antes de abordá-la, quero retomar algumas passagens de Freud regularmente mobilizadas em favor daquela versão.

Feliz ou infelizmente, ao lado de certa tradição de leitura, de traduções duvidosas e de burburinhos da opinião comum, temos os textos de Freud, e podemos recorrer a eles. Três citações principais costumam ser lembradas para inferir a meta do tratamento analítico, tal como exposto antes. Elas se referem respectivamente a "O método psicanalítico freudiano", de 1905, "Luto e melancolia", de 1917, e "A questão da análise leiga", de 1926.

∞ ∞ ∞

Freud funda não apenas uma disciplina, mas também sua própria mitologia. Uma das mais curiosas autoficções por ele criadas começa assim: "O método peculiar de psicoterapia que Freud exerce e chama de Psicanálise tem sua origem no chamado processo catártico" (Freud, [1905] 2017, p. 51). O texto está escrito em terceira pessoa. Um pouco mais para frente, lê-se:

Se o trabalho catártico já havia abdicado da sugestão, Freud, por sua vez, deu um passo além e também desistiu da hipnose. Atualmente, ele atende os seus doentes deixando que eles se posicionem confortavelmente em um divã, sem qualquer outro tipo de influenciamento, enquanto ele próprio, fora do escopo visual dos pacientes, senta-se em uma cadeira atrás deles. Ele também não exige que fechem os olhos e evita qualquer contato e todo procedimento que possa lembrar a hipnose. Portanto, uma sessão assim transcorre como uma conversa entre duas pessoas igualmente despertas, sendo que uma delas poupa todo e qualquer esforço muscular, assim como toda impressão dos sentidos que possa atrapalhar a concentração na sua própria atividade anímica (Freud, [1905] 2017, p. 52-53).

O texto se chama "O MÉTODO PSICANALÍTICO FREUDIANO", grafado assim mesmo, em caixa-alta, e foi publicado em 1905. Trata-se de uma contribuição para o livro de Leopold Loewenfeld *Die psychischen Zwangserscheinungen* (Os fenômenos compulsivos psíquicos). Conforme relata James Strachey, tudo indica que a contribuição de Freud tenha sido redigida um pouco antes de novembro de 1903, data em que Loewenfeld assina o prefácio da obra. Sua importância para Freud é tal que, em 1909, numa nota de rodapé a seu estudo clínico sobre o Homem dos Ratos, confessa que seu livro de cabeceira, seu manual-padrão para a abordagem da neurose obsessiva, continuava sendo o livro de Loewenfeld. Freud resenha a si mesmo, relata, em terceira pessoa, a gênese da disciplina que ele mesmo cria, engrossando o caldo de sua narrativa heroica. Pode soar até um pouco desonesto. Mas o diabo mora nos detalhes. Então, se afinarmos um pouquinho melhor nossa leitura, notaremos que o texto está todo entre aspas e que, portanto, deveríamos citá-lo com aspas duplicadas: ""O método peculiar de psicoterapia que Freud exerce e chama de Psicanálise"".

De que distância se trata aqui? O que significa esse salto para trás, para fora da cena, senão uma maneira de incluir-se por fora? Mas o que me interessa aqui são duas coisas: o estatuto do tratamento analítico, com ênfase na arte da interpretação, e as metas de uma análise.

Ao longo da década de 1890, a técnica freudiana havia sofrido diversas modificações. Foi por isso que Freud aceitou o convite de Loewenfeld para recensear as modificações técnicas posteriores aos *Estudos sobre a histeria*, publicados pouco antes. Além disso, lembra Paul-Laurent Assoun (2009), era a oportunidade perfeita para promulgar oficialmente a psicanálise como técnica terapêutica, em um momento em que o tratamento analítico já havia começado a se instituir internacionalmente, notadamente com Eugen Bleuler, em Zurique. Esse artigo pode ser lido como a primeira exposição abrangente acerca da técnica psicanalítica, em sua especificidade não apenas com relação à sugestão e à hipnose, que já não empregava há algum tempo, mas, ainda, ao método catártico. Vale lembrar que Freud estava familiarizado com o método catártico havia bastante tempo, desde que Breuer relatara o caso Anna O., o que ocorreu em diversas ocasiões a partir de novembro de 1882. A "*talking cure*" já havia impressionado o jovem médico bastante precocemente. Por sua vez, o caso Emmy von N., a baronesa Fanny Moser, teria sido um dos acontecimentos decisivos para que Freud abandonasse o método hipnótico, quando ela, por volta de 1889, pediu-lhe que a deixasse falar sem interrupções. A "arte da interpretação" criada por Freud é correlata à técnica da associação livre, que progressivamente iria se firmar como especificidade da prática analítica, primeiramente de maneira "focal", depois especificamente "livre". É digno de nota que, no contexto de um esforço obstinado em reconhecer a cientificidade da psicanálise, Freud designe como "arte" (*Kunst*) a principal ferramenta técnica de sua jovem ciência.

A tarefa que o método psicanalítico quer resolver pode ser expressa em várias fórmulas, mas que em essência se equivalem, todas. Pode-se dizer: a tarefa do tratamento é suspender as amnésias. Se todas as lacunas da memória forem preenchidas e todos os efeitos misteriosos da vida psíquica forem esclarecidos, impossibilita-se a continuidade e até mesmo uma nova formação do sofrimento. Podemos formular essa condição de outro modo: tornar todos os recalques reversíveis; o estado psíquico, então, seria o mesmo que aquele em que todas as amnésias foram preenchidas. Em outra formulação, ainda vamos além: tratar-se-ia de tornar o inconsciente acessível ao consciente, o que ocorre através da superação das resistências. Mas não podemos esquecer aqui que um estado ideal como esse também não existe em uma pessoa normal, e que só raras vezes conseguimos nos aproximar minimamente desse ponto no tratamento. Assim como a saúde e a doença não são separadas por princípio, mas apenas por um limite somatório determinável a partir da prática, assim também o objetivo do tratamento nunca será algo diferente do que a cura prática [*praktische Genesung*] do doente, o estabelecimento de sua capacidade de realizar e de gozar. Em caso de tratamento incompleto ou de resultados imperfeitos desse tratamento, alcançamos principalmente uma melhora significativa do estado psíquico geral do doente, enquanto os sintomas podem continuar existindo, sem, porém, estigmatizá-lo como doente, mas tendo menor importância para ele (Freud, [1905] 2017, p. 56-57).

O artigo vale, ainda, pela elucidação das relações entre resistência e recalque. Finalmente, e esse é o ponto de chegada do argumento, o artigo de 1905 contém uma das passagens mais citadas, segundo a qual o objetivo do tratamento analítico seria o de estabelecer no paciente "sua capacidade de '*leisten*' e de '*genießen*'". Essa é a primeira das três variantes da frase de Freud que originou a leitura da meta do tratamento analítico como a restituição das capacidades perdidas de "trabalhar" e de "amar". Contudo, segundo aprendi com Pedro Heliodoro Tavares, "*leisten*" não significa primordialmente "trabalhar" nem "*genießen*" significa primariamente "amar". "*Leisten*" remete muito mais ao campo semântico de realizar, cumprir, produzir, contribuir e similares, ao passo que "*genießen*" remete a gozar, desfrutar, apreciar, usufruir, aproveitar, fruir, saborear, curtir. Ou seja, pelo menos desde 1905, a meta de uma análise tem mais a ver com devolver, instaurar ou restaurar capacidades mais genéricas de "realizar" ou "produzir", por um lado, e "gozar", "aproveitar", "curtir", por outro lado, do que com as significações um tanto mais restritivas ligadas a "trabalhar" e "amar".

Uma tradução nunca é neutra. "Amar e trabalhar" como metas da cura traduz ainda outra coisa: a matriz adaptativa que pretenderia devolver o sujeito à sua destinação em termos de integração ao mercado produtivo para geração de riquezas, associada ainda à sua realização na esfera do amor, muitas vezes entendido em sua versão hegemônica, matrimonial. Que *coach* não gostaria de citar essa frase para envelopar o sujeito empresário de si, que gere sua vida e capitaliza sua imagem de família feliz?

Vale assinalar que o tratamento analítico já convive, desde então, com uma perspectiva desinflacionada do sucesso terapêutico. A passagem se conclui lembrando a "incompletude" e a "imperfeição" sempre à espreita. Melhoras significativas poderiam ser obtidas em termos da diminuição do sofrimento psíquico e de sua significação subjetiva, apesar de eventual persistência dos sintomas.

Muitos anos antes, no contexto de sua correspondência com seu amigo Fließ, Freud comemora o término do "caso E." (Oscar Fellner). Escreve:

> E. finalmente concluiu sua carreira de paciente com um convite para jantar em minha casa. Seu enigma está

quase totalmente solucionado; sua saúde excelente, sua essência totalmente mudada; dos sintomas permaneceu um resto, no momento. Estou começando a entender que o caráter aparentemente sem fim do tratamento é algo regular e tem a ver com a transferência. Espero que esse resto não prejudique o resultado prático. Só dependia de mim ainda ter continuado com o tratamento, mas percebi que isso seria um compromisso entre o estar doente e o estar sadio, o qual os próprios pacientes desejam e com o qual o médico, por isso mesmo, não deve concordar. A conclusão assintótica do tratamento, que, para mim, é indiferente, continua sendo uma decepção mais para os de fora. De qualquer forma, estarei de olho no paciente (Freud, [1900] 2017, p. 48).

Esse curto fragmento de caso, relatado em carta de 16 de abril de 1900, interessa por mostrar uma percepção bastante precoce do caráter aparentemente "infinito" ou "sem-fim" (*Endlos*) do tratamento, anunciando um tema que será sistematizado somente muitos anos mais tarde, em 1937, em seu "A análise finita e a infinita" ("Die endliche und die unendliche Analyse"). Esse fragmento é particularmente importante por aglutinar, de modo embrionário, ideias tais como: o caráter "assintótico" do término de uma análise, que se concluiria por uma decisão do analista; o incontornável "resto" sintomático, com o qual o analista deve moderar sua ambição terapêutica; e, *last but not least*, a ligação desses fatores com a "transferência".

Cabe perguntar: como se articulam as metas práticas de restituir as capacidades perdidas de "curtir-gozar" e "realizar--produzir" à perspectiva do resto sintomático inevitável? Temos aqui o esboço de uma teoria do final de análise? A segunda variante textual que gostaria de mencionar aqui é bastante esclarecedora do que dissemos anteriormente e foi extraída de "Luto e melancolia", de 1917. Poucas linhas depois de afirmar que "no luto, o mundo se tornou pobre e vazio; na melancolia, foi o próprio Eu" (Freud, [1917] 2016, p. 102), Freud enfatiza o "extraordinário rebaixamento da autoestima", comparável a um "delírio de inferioridade", que torna o melancólico "tão desinteressado, tão incapaz para o amor (*Liebe*) e para o aproveitamento (*Leistung*), como ele diz" (Freud, [1917] 2016, p. 103).[31] "*Leistung*" poderia ser vertido como "realização", "desempenho", "produtividade", "trabalho". Mas o que importa aqui é que, na frase seguinte, o texto diz do "trabalho interior" que consome o Eu do melancólico: nesse caso, a palavra empregada é, literalmente, "trabalho" (*Arbeit*). Na variante em questão, temos o emprego textual, na fórmula, do termo "amor" (*Liebe*).

A terceira variante é extraída de "A questão da análise leiga", escrito duas décadas mais tarde, em 1926. Na verdade, trata-se de um trecho suprimido da edição-padrão alemã e de suas traduções, sendo pouco provável que tenha exercido algum impacto na recepção.[32] Contudo, ela interessa na medida em que sugere a continuidade da perspectiva freudiana acerca das metas práticas do tratamento, mesmo no cenário das últimas grandes revisões metapsicológicas. Isto é, mesmo depois da introdução da pulsão de morte e da teoria estrutural do aparelho psíquico, Freud continua descrevendo aproximadamente nos mesmos termos o que ele espera do tratamento. A passagem constitui uma longa e ferina crítica aos norte-americanos, na qual Freud destaca quatro elementos principais: a dependência dos norte-americanos em relação à "pressão implacável da *public opinion*" (Freud, [1926] 2017, p. 300), que se transferiria da política até "o empreendimento científico"; sua suposta "*openmindedness*" (p. 301), que esconderia uma subjacente "incapacidade de

---

[31] Tradução ligeiramente modificada.

[32] O trecho restituído por completo pode ser lido no volume *Fundamentos da clínica psicanalítica* (cf. Freud, [1926] 2017, p. 300-304).

julgamento"; sua submissão cega à *"efficiency"* (p. 301); e a extensão desmesurada da ideologia do *"time is Money"* (p. 302). O forte sentimento antiestadunidense dá o tom de seu ceticismo quanto aos destinos da psicanálise nos Estados Unidos. Seria um truísmo dizer que seu anti-norte-americanismo decorre de um sentimento difuso de declínio da influência europeia e de uma espécie de nostalgia de uma perda inevitável do papel geopolítico da Europa. A fraqueza de certa Europa pressentida naquele momento talvez tenha aberto uma pequena brecha pela qual Freud enxergou algo, ou, mais provavelmente, atirou em algo que viu, acertou no que não viu. Bruno Latour também declara hoje que "não os crimes, mas a atual fraqueza da Europa é uma vantagem da qual os europeus e os outros podem se aproveitar" (Latour, 2020a, p. 360). Mas, além daquela versão quase estereotipada, podemos *ler* outra coisa. Freud acaba nos revelando a impossibilidade de desvincular os fins práticos do tratamento analítico de uma crítica social radical. O ponto forte dessa passagem diz respeito, portanto, não tanto a uma oposição cultural entre valores europeus decadentes e a ideologia norte-americana galopante, mas, sobretudo, à posição da psicanálise quanto aos valores dominantes do liberalismo econômico em sua versão hegemônica no Ocidente durante o século XX. Dizendo com todas as letras, o quarteto fantástico formado pela conformidade à opinião pública, pela submissão à eficiência, pela pseudo-cabeça-aberta e pelo servilismo ao ritmo do capitalismo estão nas antípodas da própria psicanálise. *Não há como fazer psicanálise sem criticar, ao mesmo tempo, esses valores.* O detalhe paródico das palavras citadas em inglês mostra que o que está em jogo não é, por exemplo, a eficiência, mas sua versão ideológica, a *efficiency.* Podemos acrescentar à lista de Freud os atuais *neuro-enhancement* e o *doping* da vida cotidiana (Han, 2015, p. 67-70). É nesse ponto que lemos:

Mas os decursos entre consciente e inconsciente têm suas próprias condições temporais, que não condizem bem com as exigências americanas. Não é possível transformar no intervalo de três ou quatro meses em um analista eficiente alguém que até então não tinha qualquer entendimento sobre análise, e menos ainda seria possível conduzir o neurótico às mudanças que deveriam lhe restituir as capacidades perdidas de trabalhar e fruir [*verlorene Arbeits- und Genußfähigkeiten*] (Freud, [1926] 2017, p. 303).

A temporalidade do inconsciente não é a temporalidade do sistema econômico vigente, que a cada dia mais mostra que o cansaço generalizado é a verdade da sociedade do desempenho (Han, 2015, p. 70). O tipo de cansaço produzido pelo excesso de positividade do estágio atual do capitalismo se materializa no indivíduo como "cansaço solitário" (p. 71). O indivíduo cansado é também afetado em sua capacidade de ver e de falar; ele é, cada vez mais, atingido pela cegueira e pela mudez (p. 72). Todo esse quadro é profundamente violento, porque seus elementos "destroem qualquer comunidade, qualquer elemento comum, qualquer proximidade, sim, inclusive a própria linguagem" (p. 72). A linguagem perde sua magia, ao mesmo tempo que as comunidades se retraem. O fluxo do inconsciente é outro: ele faz falar ali onde o imperativo do desempenho cala. Ele transporta o silêncio para o lado do analista, como condição para que uma fala não-qualquer possa ressoar uma escuta não qualquer.

Ao fim e ao cabo, reunidas essas três variantes textuais, que recobrem um arco que vai de 1905 a 1926, podemos sintetizar que as metas práticas do tratamento analítico mobilizam duas séries paralelas: a primeira série encadeia "curtir-gozar-amar", e a segunda série, "produzir-realizar-trabalhar". Sem prejuízo da percepção acerca do caráter assintótico do tratamento, a cura analítica visaria restituir ao sujeito a possibilidade de se movimentar em algum ponto no interior de alguma combinatória na rede constituída por essas duas séries. Assim, se, para alguns, a meta de "amar e trabalhar" serve exatamente para bloquear possibilidades de "curtir e realizar", para outros, nada obsta que aquelas mesmas metas possam funcionar como saídas mais do que legítimas. As duas séries paralelas permitem combinações diversas. Podemos representar isso de várias maneiras. Por exemplo, numa estrutura combinatória simples, em que se exigisse sempre um par formado por um elemento de cada série, formaríamos, com as séries "curtir-gozar-amar" e "produzir-realizar-trabalhar", um total de nove combinações possíveis: curtir-produzir; curtir-realizar; curtir-trabalhar, e assim por diante. Isso se pensarmos a linguagem em termos estruturais e suas combinatórias. Lembremos, contudo, que linguagem é magia empalidecida. Poderíamos, portanto, recuperar o que está sedimentado em cada segmento, em cada feixe. Representando cada uma dessas palavras como pontos nodais de redes complexas, cada um deles contendo restos da história daquilo que foi rejeitado (como uma ruína contém uma cidade), das significações socialmente compartilhadas, mas, ao mesmo tempo, cortando cada um desses planos com a maneira radicalmente singular como cada corpo falante *declina* sua trajetória nesse espaço, teríamos não um tabuleiro de xadrez, mas um espaço multidimensional, uma espécie de rede: uma nuvem fina e alongada que indica a direção do vento. Ao fim e ao cabo, o que importa é que o sujeito as torne suas, incorpore-as, como *resultado*, não como meta.

Cada um, de maneira radicalmente singular e imprevisível, vai inventar uma maneira de, a partir das amarrações que consegue fazer, virar-se com o que está aí. Certamente, uma das melhores maneiras de aprofundar esse tema seria examinar sistematicamente os relatos de final de análise. Não são poucos os testemunhos em que lemos algo como a possibilidade de *uma satisfação a mais*. Por exemplo, "o que antes tomava como agitação dispersa, passei a tomar, não só como um prazer a mais, mas como o modo singular de me apegar à vida" (Vieira, 2018, p. 97). Quando comenta a frase "restituir as capacidades perdidas de trabalhar e de fruir [*verlorene Arbeits- und Genußfähigkeiten*]", Joyce McDougall complementa, entre parênteses, com a expressão: "*avec plaisir!*", "com prazer".[33] Na língua de Guimarães Rosa, esse "leite que a vaca não prometeu".

---

[33] Cf. McDougall (1988).

PARTE IV
Sonhos que interpretam o século

A principal formação do inconsciente é o sonho. Foi em seu esforço de decifrar os sonhos e de estabelecer um método de leitura do material onírico que Freud formulou e sistematizou a teoria do inconsciente. A obra de referência continua sendo A interpretação do sonho, *publicada em 1900. De lá para cá, muita coisa aconteceu. O próprio Freud fez ajustes importantes na teoria por volta de 1920, depois de rever a teoria pulsional diante dos desafios impostos pelos sonhos de repetição narrados pelos combatentes traumatizados pela guerra. Jacques Lacan fez contribuições inestimáveis à teoria dos sonhos ao introduzir a tríade real, simbólico e imaginário como registros que permitem formalizar diferentes aspectos da experiência onírica. Aos poucos, fomos entendendo que o próprio sonho é uma interpretação do desejo. O sonho é uma tentativa de dar forma a um real informe.*

Nos capítulos que se seguem, tento explorar diversos aspectos desses problemas tomando como ponto de partida um acervo de mais de 1.300 sonhos coletados durante a pandemia de covid-19, no Brasil. Seguindo pistas deixadas pela jornalista e ensaísta alemã Charlotte Beradt, que leu a experiência nazista a partir de sonhos, nas páginas adiante não proponho uma interpretação dos sonhos pandêmicos, mas uma leitura do nosso século a partir da experiência onírica. Apesar de sonhos serem atividades extremamente singulares, muitas vezes, o tecido social, especialmente suas fissuras, infiltram-se em nossa intimidade. Ocorreu tragicamente no Terceiro Reich; repetiu-se recentemente na pandemia que inaugura o século.

Em "Sonhos litorais" (capítulo 13), mostro essa íntima e estranha correlação entre o singular e o coletivo nos sonhos. Isso nos coloca diante do difícil problema do estatuto do inconsciente, que não pode ser visto apenas como uma instância intrapsíquica isolada da experiência histórica e social. O inconsciente é transindividual, como dizia Lacan. Mais ainda, como acrescentou alguns anos depois: o inconsciente é a política. As hipóteses do litoral e do infamiliar guiam nossa perspectiva de sonhos leitores. O texto prossegue e enfrenta o estatuto infamiliar dos sonhos pandêmicos.

Concluindo esse capítulo, examino o que chamei de "Sonhos artificiais" e abordo uma experiência pioneira de usar ferramentas de inteligência artificial para produzir relatos de sonhos. Treinando "modelos de linguagem", que simulam redes neurais artificiais, para produzir relatos de sonhos, tento mostrar até que ponto máquinas "aprendem" a sonhar e, por contraste, mostrar o que elas não aprendem. Tomando por base esse acervo de cerca de 1.300 sonhos, treinamos o GPT-2 (Generative Pre-Training Transformer), uma versão um pouco mais antiga do modelo ChatGPT (OpenAI). Sugerimos, de maneira preliminar, que as máquinas aprendem a sonhar, simulando aquilo que também em nós também funciona como máquina no inconsciente estrutural, mas que, justamente, o gozo permanece opaco ao aprendizado de máquina. Não há por que um psicanalista se preocupar com a sobrevivência de seu ofício, se ele souber ler que isso goza, lá onde isso sonha.

No capítulo 14, examino uma parte negligenciada da teoria freudiana dos sonhos, os sonhos típicos. Durante a pandemia, parece ter surgido uma nova versão do sonho típico de nudez, descrito por Freud em 1900. A nova nudez é a ausência de máscaras. Nunca a expressão "cair a máscara" fez tanto sentido. Além disso, esses sonhos leem a centralidade das pulsões de morte no século XXI. Concluo essa parte com outra questão relativamente negligenciada nos sonhos, o despertar – que tem consequências maiores para um novo retorno a Freud.

Capítulo 13
Sonhos litorais

Fomos dormir em um mundo, acordamos em outro. Despertamos? Ao cair da noite, sem que soubéssemos exatamente por quê, começamos a sonhar mais e mais intensamente. Ou estaríamos nos lembrando mais dos nossos sonhos? "Não era real, não era real!", "Era real demais!", "Acordei assustada, demorei a dormir...", "Não costumo me lembrar de meus sonhos, estou estranhando minha própria maneira de sonhar". De uma hora para outra, estávamos compartilhando nossos sonhos. Mal acordávamos e precisávamos falar. "Difícil explicar..." Mas a sensação de estranhamento era terrivelmente real.

Assustados, atônitos, descrentes ou desconcertados, começamos a nos familiarizar com um novo cenário, povoado de máscaras e com as ruas vazias; com novas palavras, como "corona", "quarentena" e "*lockdown*", que rapidamente até as crianças começaram a declinar; e com novos objetos, como as máscaras e o álcool em gel, que passamos a manusear cotidiana e desajeitadamente; passamos a conviver com novas distâncias e novos ritmos. O vírus, que, nas imagens que vinham da China, parecia longe demais, de repente estava entre nós; e foi assim que todos aqueles que eram os mais próximos, nossos vizinhos, amigos e parentes, de uma hora para outra, estavam longe – ou perto – demais. O virtual invadiu, mais do que nunca, o espaço de nossas casas: aulas, reuniões, lazer, "*lives*", tudo passou a ser remoto, como remotas eram nossas chances de prever, naquela altura, a duração da pandemia ou a chegada da vacina. Os sonhos, projetos e votos que havíamos feito na virada do ano pareciam se dissolver num horizonte sem horizonte. De uma hora para outra, estávamos confinados.

Foi também de uma hora para outra que começamos a sonhar mais, a nos lembrar mais dos nossos sonhos, a ter a sensação de sonhos mais vívidos, mais intensos. As redes sociais rapidamente captaram esse fenômeno e tornaram-se um espaço de compartilhamento dessas narrativas. Como disse um sonhador: "Não tenho certeza de nada, só que esses sonhos estão ficando mais 'reais'". O sonho entrou na nossa realidade, e a realidade, ou o que ainda restava dela, invadiu nossos sonhos. Em algum momento de março de 2020, terminava, de fato, o século passado. Talvez a pandemia tenha sido o marcador mais contundente da entrada no século XXI, e no desconhecido em que ele nos lançara. O mundo ao qual estávamos acostumados, sua imaginada solidez, desfez-se como um castelo de areia, com um simples sopro.

∞ ∞ ∞

De onde vinha essa necessidade quase irresistível de contar nossos sonhos, a nossos amores, a nossos colegas, a amigos e amigas, a nossos analistas ou terapeutas? Por que diabos começamos a compartilhar nossos sonhos mais íntimos nas redes sociais? "Nunca fui de sonhar com frequência, mas nos últimos dias tenho sonhado quase todas as noites, e mais de um sonho por noite", diz Lucíola, 36 anos, cabelereira no Distrito Federal. "Normalmente eu não sonho, mas, os poucos que tenho sonhado são com momentos anteriores à pandemia! Momentos em família, lembranças de entes falecidos há vários anos. Porém, na última semana, sonhei todos os dias com o momento em que fui à entrada da minha cidade ver o carro funerário com o corpo da minha tia passar. Eu e minha filha ficamos às margens da estrada e, quando o carro passou, levantei um cartaz e gritei para ela ir em paz e que nos [*sic*] a amamos! Acordo com essa cena e o choro aflora em mim!", relata Vanusa, 51, parda, professora, mãe de dois filhos, que havia acabado de perder a tia, vítima de covid-19 numa cidade vizinha à sua, no interior de Minas Gerais, em maio de 2020.

As redes sociais captaram esse fenômeno ímpar: uma corrente ao mesmo tempo subterrânea e noturna, mas que corria à flor da pele, à luz do dia, uma onda gigantesca e sutil que não apenas nos fez sonhar mais, mas que, principalmente, fez-nos compartilhar nossos sonhos. As redes captaram nossos sonhos. De uma hora para outra, em vários países, pipocavam perfis que perguntavam coisas como "Com o que você sonhou hoje?". Cientistas, curiosos, artistas, psicólogos das mais diversas orientações, psicanalistas, neurocientistas, antropólogos, muita gente ficou intrigada com esse fenômeno. No mundo todo, começaram a surgir pesquisas, de escopos os mais diversos. Foi surpreendente perceber o renovado interesse de jornais, revistas, rádios e programas de TV pela temática dos sonhos. A pergunta sobre o adensamento do trabalho psíquico noturno passou a circular de forma mais ampla nos espaços sociais.

A exigência suplementar de trabalho psíquico que a chegada da pandemia nos impôs, principalmente nos primeiros meses, torna aqueles sonhos particularmente interessantes. Incrédulos e desnorteados, fomos apresentados a uma realidade que parecia ficcional: uma distopia concreta e brutalmente real. Nesse sentido, o acontecimento-pandemia pode ser lido como uma espécie de "trauma". É claro que o conceito psicanalítico de trauma comporta uma complexidade maior: um trauma, falando estritamente, exige dois tempos, duas ocorrências: um primeiro acontecimento que deixa marcas, vestígios ou inscrições psíquicas que não desencadeiam imediatamente formações sintomáticas; um segundo acontecimento que, por associação, ativa retroativamente os restos de memória daquele primeiro tempo, culminando na formação de um sintoma. Se é verdade que a constituição de um *sintoma* exige essa dupla temporalidade do trauma, é igualmente verdade que basta um tempo para a produção de *angústia*. É nesse sentido que a chegada da pandemia e de suas decorrências quase imediatas – a quarentena, o confinamento, as incertezas de graus diversos – ressoou de maneira extremamente imprevisível para cada um: enquanto uns seguiam rigidamente todas as recomendações sanitárias, outros negavam veementemente a realidade à sua frente, outros ainda exageravam as medidas de proteção sob a égide de um supereu guloso, e muitos não tinham sequer condições socioeconômicas de deixar de trabalhar para permanecer em casa. Mas essa variabilidade individual não anula o fato de que todos e cada um tiveram de, de alguma maneira, confrontar-se com um corte em nosso horizonte prático. E esse corte teve efeitos em nossa produção onírica.

Como não dispúnhamos de formas simbólicas, nem de narrativas-padrão, nem de um repertório de imagens compartilhadas capazes de apreender tudo que se passava, nosso psiquismo teve de trabalhar mais. A pandemia marcava uma ruptura em nossas expectativas e em nossos horizontes. Quando não temos um repertório simbólico ou imaginário, sonhamos mais. O sonho é uma tentativa a mais de elaborar algo para o qual não dispomos de repertório, pois sempre esquematizamos o novo a partir do já conhecido. Começamos a ter uma exigência de trabalho suplementar, como se o aparelho psíquico fosse confrontado com o trauma que ele precisa elaborar. Ele teve de processar, dia e noite, sem parar, a nova realidade que se impunha e o novo real que se espreitava. Os sonhos desempenham, nesse contexto, um papel decisivo em nossa saúde psíquica. Como afirma Sidarta Ribeiro (2019, p. 372), "o sonho é um momento privilegiado para prospectar o inconsciente [...]. O sonho pode, portanto, ser considerado um teste de hipóteses em ambiente de simulação". Os sonhos podem combinar elementos heterogêneos, com mais liberdade do que aquela disponível em nossa consciência de vigília, com muito mais segurança do que no mundo externo.

Não por acaso, depois de alguns meses da pandemia, notou-se certa tendência à "normalização" ou à "estabilização" da atividade onírica. As redes sociais também testemunharam esse refluxo: menos gente contando ou conversando sobre os sonhos. Isso torna o fenômeno aqui investigado ainda mais interessante. Com o passar do tempo, muitas pessoas começaram a relatar uma maior continuidade entre os sonhos atuais e os sonhos anteriores à pandemia. Mais ou menos como fomos aos poucos nos acostumando às novas rotinas, os sonhos, de certa forma, refletem isso. Aos poucos, voltamos a dormir. Como dizia Lacan, despertamos para voltar a dormir. Sobre isso, Carolina Koretzky (2023) escreveu páginas insuperáveis.

∞ ∞ ∞

Se o sonho, como dizia Freud, é a via régia para o inconsciente, o que os sonhos em tempos de pandemia podem evocar das questões de nosso tempo? Com a publicação de *A interpretação do sonho*, em 1900, os processos oníricos passaram a receber um novo estatuto. Por trás de imagens absurdas, associações incongruentes, situações, personagens e lugares aparentemente sem sentido, Freud descobriria o sentido dos sonhos, a lógica do desejo inconsciente. O absurdo é a superfície aparente do sonho; mas uma escuta atenta desvelaria a lógica inerente aos processos oníricos latentes. Com isso, ele retirou o desejo das brumas do inefável, do incognoscível e o devolveu à trama das experiências contingentes da vida de um sujeito. É desse modo que Freud ([1900] 1999, p. 126) formula a hipótese de que o "sonho é a realização de um desejo", para logo em seguida reformulá-la. Ao examinar pesadelos, sonhos de angústia e outros materiais que pareciam desmenti-la, conclui que "o sonho é a realização (disfarçada) de um desejo (reprimido, recalcado)". Foi a partir de então que o sonho apareceu como uma via privilegiada de acesso ao inconsciente. Tinha início o primeiro século da psicanálise.

Grosso modo, sabe-se que, apesar de a consciência vigorar em nossa vida de vigília, ela é apenas uma camada, uma parte limitada de nossa experiência. Muito do que percebemos durante o dia não é processado ou elaborado pela consciência. O que não quer dizer que esses processos psíquicos não deixem rastros, em memórias, digamos assim, não conscientes. Esse é um sentido lato de inconsciente, mas que tem um papel importante na vida onírica. Nos nossos sonhos, esse material, que Freud chamava de "restos diurnos", é processado, elaborado. O inconsciente, no sentido estritamente psicanalítico do termo, processa, encena, associa, em suma, trabalha. Conecta esses restos diurnos com nossos desejos recalcados e, portanto, com nossa história singular.

Vai *per si* o truísmo de que o sonho só pode ser escutado e interpretado um a um, no contexto transferencial de um tratamento singular. E, mesmo nesses casos, vale lembrar que há ainda o que Freud chamava de umbigo do sonho, aquele ponto impenetrável, aquele núcleo real que torna a interpretação de um sonho uma tarefa infinita. Embora esse seja um ponto inegociável da clínica psicanalítica, o psicanalista não poderia ser surdo ao que emerge na tênue fronteira que separa o individual e o coletivo.

Sem perder de vista a dimensão absolutamente radical da singularidade do sonho, precisamos enfrentar também como elementos supraindividuais invadem a cena onírica. Afinal de contas, qual o estatuto do inconsciente? Estaríamos frente a instâncias intrapsíquicas imunes ao contexto sócio-histórico que as circunscreve, isoladas dos processos políticos que as situam? Embora seja mais ou menos assim que certa doxa percebe a psicanálise, essa apreensão distancia-se da experiência freudo-lacaniana.

De fato, a concepção de sujeito para a psicanálise nunca se confundiu com a noção de um indivíduo solipsista ou dotado de uma interioridade fechada sobre si mesma. O sujeito da psicanálise sempre se situou na fronteira tênue entre a psicologia individual e a psicologia social. Não por acaso, insistia Jacques Lacan (1966, p. 258), o inconsciente é uma instância "transindividual". Isso quer dizer que o inconsciente – aquele trabalhador que não julga, não pensa e não descansa – elabora conteúdos, impressões, intuições e percepções que nossa consciência não processa, não admite e não reconhece. Os sonhos funcionam como uma espécie de radar capaz de apreender com mais agudeza aquilo que parece recalcado ou não dito em nossa experiência social mais ou menos compartilhada. Como afirmam Dunker *et al.* (2021a, p. 16), "os sonhos ressoam e testemunham de que forma a falta de sentido experimentada na vida social ordinária é tratada pela falta de sentido dos sonhos, cumprindo uma função protetora, ainda que desagradável, e de elaboração de algo que escapa às nossas representações".

Sonhos infamiliares

Prova dessa hipótese foi a constatação de que uma parte significativa dos sonhos coletados numa pesquisa pioneira realizada a quente durante a pandemia sugeria um esforço peculiar de processar o confinamento em nossas casas.[34]

---

[34] Para mais detalhes, ver *Sonhos confinados: o que sonham os brasileiros em tempos de pandemia* (Dunker *et al.*, 2021). Entre 10 de abril e 24

Esperando encontrar nos relatos de sonho uma prevalência de temas como "vírus", "morte" ou "pandemia", os pesquisadores se surpreenderam ao encontrar coisas bastante mais triviais, tais como "casa", "amigo/a/s" ou "mãe". Analisando relatos nos quais a palavra "casa" era prevalente em termos de recorrência e conectividade, foi possível comprovar a esperada ambiguidade do significante "casa". É para casa que queremos voltar, quando estamos, por exemplo, cansados; é de casa que queremos fugir, quando estamos confinados. É em casa que nos sentimos à vontade, mas também é dentro de casa que nos sentimos sós, mesmo estando com outros. É em casa que nos sentimos seguros, mas é em casa que nos angustiamos. O modo peculiar como os sonhos confinados indexaram a palavra "casa" nos conduziu a uma releitura contemporânea do conceito freudiano de infamiliar (*das Unheimliche*) – que veremos melhor no capítulo seguinte. Mas, *grosso modo*, o infamiliar é um sentimento paradoxal, quando estranhamos o que nos é familiar, mas também quando sentimos desconhecer o que há muito conhecemos. O infamiliar designa a impossibilidade de nos sentirmos em casa estando em casa (Cassin, 2018). Nesse sentido, podemos pensar o *infamiliar*, ou, mais precisamente, uma experiência generalizada do sentimento do infamiliar, como uma chave que permite ler os sonhos pandêmicos. Com efeito, assim como os *Sonhos do Terceiro Reich* (Beradt, 2017) anteciparam o modo como o terror nazista invadia a intimidade mais recôndita, os sonhos pandêmicos também mostravam as contradições inerentes de nossa vida social e

---

de julho de 2020, foram coletados 884 relatos de sonhos na base de dados da UFMG. Os relatos eram recolhidos através de formulários on-line divulgados em mídias e redes sociais, prioritariamente pelo perfil no Instagram @sonhosconfinados. A coleta perseverou por quase dois anos. A base de dados construída ainda está em análise.

subjetiva. Nenhum lugar mostrou tão vertiginosamente essa porosidade entre o singular e o coletivo.

Se podemos falar de uma generalização do *unheimlich* – hipótese que também desdobraremos no próximo capítulo, mas que já encontra aqui suas principais coordenadas –, é porque uma das condições requeridas por Freud para a detecção do infamiliar parece se apresentar de forma aguda em nosso tempo presente. Com efeito, se certa indeterminação entre a fantasia e a realidade seria uma das condições para a ocorrência do infamiliar – fato que levaria Freud a afirmar que o efeito de infamiliaridade seria mais facilmente alcançado na ficção do que em nossas experiências cotidianas –, tudo se passa como se na contemporaneidade vários fatores concorressem concomitantemente para a dissolução cada vez mais acentuada das fronteiras nítidas entre ficção e realidade. Como se, a cada dia, dispuséssemos de menos indícios de compartilharmos uma mesma e única realidade. Fenômeno aguçado pelo efeito de redundância típico das bolhas digitais: o compartilhamento de índices de realidade e de crenças baseadas neles é fortemente dependente de interações sociais, que, por sua vez, são cada vez mais dependentes de mediações nas redes. A sensação de que a ficção invade a realidade não é mais restrita aos artistas de vanguarda. Nesse momento, portanto, em que as fronteiras entre a ficção e a realidade pareceram se dissolver e se embaralhar, o conceito freudiano de infamiliar pode nos fornecer um paradigma da nossa condição contemporânea: a pandemia na qual estivemos mergulhados seria o acontecimento que teria explicitado essa generalização e precipitado seus efeitos.

O cenário pandêmico só veio confirmar a experiência contemporânea devastadora do infamiliar freudiano: a angústia e o mal-estar advindos do fato de não sermos senhores em nossa própria casa, tampouco nos sentirmos de novo em casa. Os sonhos confinados nos indagam sobre a anatomia de um país em dissolução, como rostos quebradiços que mostram nosso cérebro, nossos ossos, nossa carne. O limiar entre a vida e a morte é tênue, quase imperceptível: "foi horrível pois foi de uma forma muito fácil, frágil, evitável", como formulou um sonhante.

Sonhos artificiais

"Sonhei que estava sendo perseguida por uma espécie de monstro. Eu tentava escapar de lá, mas o monstro tinha saído da casa de um amigo, que já tinha morrido, o que me assustou muito." Quem poderia supor que esse fragmento de sonho foi "sonhado" por uma máquina? Na verdade, quem "sonhou" esse sonho foi um modelo de IA, conhecido como GPT-2 (Generative Pre-Training Transformer), uma versão um pouco mais antiga do modelo ChatGPT, famoso nos últimos tempos devido a suas habilidades com linguagem natural. Esses modelos são chamados "modelos de linguagem" e podem ser descritos como grandes redes neurais artificiais (um tipo de modelo matemático inspirado na suposição de como funcionam cérebros biológicos) que foram treinadas em um enorme conjunto de textos escritos em linguagem natural. O relato artificial foi gerado por um modelo treinado em textos da Wikipédia em língua portuguesa, que foi em seguida alimentado com um conjunto de cerca de 1.300 relatos de sonhos coletados durante a pandemia de coronavírus no Brasil. O experimento mostra que a máquina pode "aprender" a "sonhar"! Esse viés se torna evidente nos textos gerados pelo GPT, que aprendeu a produzir relatos de sonhos que se aproximam dos sonhos relatados por humanos, não só na temática como também na forma como são escritos. "Estava fugindo de algo, mas me divertindo com aquilo. Corria, me escondia, *fugia. De repente vejo do que estou fugindo e é minha mãe.*"

O treinamento do modelo foi feito separando o conjunto de sonhos em duas partes: uma para o treinamento propriamente dito, e outra para calcular uma métrica chamada *perplexity*, que mede a surpresa do modelo quando confrontado com um texto. Acostumado com os artigos da Wikipédia, o GPT utilizado indica uma alta *perplexity* para os relatos de sonhos antes de ser treinado com eles. Após o treinamento, a métrica cai pela metade: aquilo que antes era surpreendente passou a ser mais bem entendido pelo modelo. Antes de ser apresentado aos sonhos, o modelo tinha dificuldades em gerar relatos semelhantes a sonhos humanos. Por exemplo: "Sonhei que eu estava indo viver com a avó, mas eu disse: 'Você não pode ter que mudar'. Eu me disse: 'Não, eu acho que a mãe é a melhor coisa para um rapaz'". Esse exemplo mostra uma espécie de pastiche, uma imitação grosseira, que não teríamos dificuldade de identificar como texto gerado por máquina. Parece um texto sem sentido, mas não exatamente um sonho. Já o sonho do monstro, relatado anteriormente, provavelmente passaria com facilidade por um relato humano. O que parece estar em jogo aqui? Uma característica dos sonhos é que eles admitem uma dimensão meio sem sentido, absurda. Sonhos são na maior parte das vezes produções que exigem um método de leitura e de interpretação, que precisam ser decifradas. Eles não costumam entregar a chave de seu sentido, a não ser a partir de algum método de leitura. Isso porque o próprio sonho é uma interpretação do desejo, o tecido do sonho é uma tentativa de dar forma a algo que é informe.

A humanidade tem tentado decifrar sonhos desde a aurora dos tempos. Todas as culturas humanas desenvolveram um ou mais de um sistema de leitura e interpretação. Muitas vezes, métodos simbólicos, calcados em mitologia, religião e assim por diante (Ribeiro, 2019). Na cultura ocidental moderna, profundamente laicizada, o método mais conhecido de interpretação de sonhos foi proposto por Freud, no início do século XX. Um século mais tarde, apesar das controvérsias que sempre evoca, ainda é um dos mais fecundos disponíveis. Uma das descobertas de Freud é a de que o sonho deve ser lido como um rébus, isto é, como um enigma pictográfico. Devemos ler um sonho como um texto, e não devemos nos enganar pela profusão de imagens sem sentido que nele brotam. De cada sonho devemos extrair uma lógica textual subjacente.

Até que ponto a máquina é capaz de fazer isso? Sonhos são produtos fortemente singulares, embora, em períodos de maior turbulência ou convulsão social, tais como guerras ou pandemias, a dimensão coletiva do sofrimento psíquico se infiltre de forma mais perceptível no tecido do sonho. As máquinas aprendem rapidamente, o que nos fascina e nos assusta. Elas frequentemente nos surpreendem, ultrapassando limites que julgávamos intransponíveis. Se máquinas modernas podem aprender a produzir relatos de sonho, é também, por outro lado, porque o inconsciente também trabalha como uma máquina. Se há algumas décadas nos perguntávamos se androides sonhariam com ovelhas elétricas, hoje não temos certeza se não somos ovelhas elétricas sonhando que somos humanos, versão moderna de Lao-Tsé.

A cada avanço da máquina, é o próprio humano que está em jogo. Tudo indica que a IA consegue produzir relatos de sonhos bastante verossímeis. Mas que desejo humano os sonhos artificiais realizam?

Capítulo 14
Sonhos desmascarados

Em uma nota acrescentada em 1925 à A *intepretação do sonho*, Freud escreve: "A tese de que o nosso método de interpretação do sonho se torna inutilizável quando não dispomos do material de associações do sonhante exige a complementação de que o nosso trabalho de interpretação é independente dessas associações em um caso, a saber, quando o sonhante utilizou elementos simbólicos no conteúdo do sonho. Nesse caso, servimo-nos, rigorosamente, de um segundo método, um método auxiliar de interpretação de sonho".[35] Trata-se aqui da seção tão importante quanto relativamente esquecida que trata dos "sonhos típicos".

Sonhos são produções altamente singulares, fortemente marcados pela experiência concreta de cada sonhador e interpretáveis principalmente no contexto clínico, no tratamento deste ou daquele sujeito, a partir de suas associações, obtidas em geral sob transferência. Isso não exclui sua correlação com o tempo histórico nem o caráter típico de alguns sonhos, pela simples razão de que, para a psicanálise, o sujeito nunca foi e nunca será uma entidade isolada, um átomo indiviso e coeso.

---

[35] Tradução de Maria Rita Salzano Moraes para a coleção Obras Incompletas de Sigmund Freud, ainda inédita.

Assim, não é um fato surpreendente que alguns sonhos envolvam elementos que encerram forte correlação com o contexto histórico no qual estão inseridos, como demonstramos anteriormente. Além disso, podem expor as tramas e articulações do seu tempo sem, contudo, perder a forte conexão com o que há de mais próprio e singular ao sonhador.[36] O exemplo mais conhecido dessa íntima e estranha correlação entre o singular e o coletivo nos é apresentado pela jornalista e ensaísta alemã Charlotte Beradt, em seu livro *Sonhos do Terceiro Reich*, que explicita esse tipo de vínculo entre o singular e o político nos sonhos da seguinte maneira: "A forma como sonhamos é a maneira como tratamos o real da política com nossas próprias divisões subjetivas" (Beradt, 2017, p. 17).

No vasto âmbito das produções oníricas que testemunham a vinculação estreita entre o singular e o coletivo, destaca-se aquilo que conhecemos como "sonhos típicos". O exemplo mais célebre de sonhos típicos nos é fornecido pelo próprio Freud, que descreve, entre outros, o "sonho embaraçoso de nudez" ou "sonho de estar nu", que apresenta uma série de características comuns, apesar de sua ocorrência em diferentes sonhadores. Essas características comuns, ou, mais precisamente, "típicas", impõem-se aos sonhadores, tecendo a trama na qual se mescla o fio da experiência concreta de cada um. Tipicidade não quer dizer representatividade, e o que está em jogo não é o número de ocorrências desses sonhos num espaço amostral qualquer, mas o fato de essas ocorrências apresentarem elementos invariantes facilmente identificáveis, apesar das variações locais. Em outras palavras, independentemente da frequência, a presença desses

---

[36] Como abordado em "'Presente': tempo de sonhar" (Iannini *et al.*, 2021, p. 71-107), publicado no livro *Sonhos confinados: o que sonhamos brasileiros em tempos de pandemia* (Dunker *et al.*, 2021b).

elementos invariantes permite a caracterização de um "tipo". Por tudo isso, falar em tipicidade não implica adotar qualquer hipótese acerca de arquétipos ou supor um inconsciente coletivizado. É pelo significante e pelo discurso que a história social se infiltra na realidade psíquica do sonhador.

No contexto da pandemia de covid-19, um dos elementos que se destaca do acervo onírico coletado pela pesquisa "Sonhos confinados" são os sonhos envolvendo a presença ou a ausência da "máscara". Até então estranha ao cotidiano da nossa vida social, a máscara de proteção facial individual tornou-se componente indispensável para o controle da disseminação do vírus. Uma quantidade não desprezível de sonhos enviados à pesquisa desde o início da pandemia até os dias de hoje nos chamou a atenção: aqueles cujos sonhadores se descobrem em locais públicos sem fazer uso da máscara de proteção facial. O forte caráter histórico desses sonhos é facilmente atestado: seria absolutamente improvável a ocorrência de sonhos com máscaras na população em geral há apenas dois ou três anos, ou seja, antes da chegada da pandemia de covid-19.

O ano 2021 nos apresentou o que passamos a chamar de "sonhos desmascarados", sonhos que aglutinam uma série de características de um "sonho típico", mas próprio dos tempos atuais. Mais especificamente, os "sonhos desmascarados" herdam e modificam características de "sonho de nudez", caracterizados por Freud. Um sonho embaraçoso de nudez é típico quando satisfaz pelo menos três condições iniciais: (1) o caráter de surpresa, no momento em que o sonhador se descobre nu em meio a estranhos; (2) a indiferença do olhar do Outro, quando este se dá conta da nudez do sonhador (como formula Freud, "as pessoas diante das quais nos envergonhamos são quase sempre desconhecidos, cujos rostos são deixados indeterminados" ([1900] [s.d.], [s.p.]); (3) a irrupção do afeto de vergonha ou de embaraço, que, muito frequentemente, leva a uma sensação de paralisia, que, por sua vez, pode conduzir ao despertar. Tudo isso culmina numa quarta exigência: "o sonho de nudez só merece o nosso interesse quando nele sentimos vergonha e embaraço, quando queremos fugir ou nos esconder, e com isso sucumbimos a uma curiosa inibição [*Hemmung*] que faz com que não consigamos sair do lugar e com que nos sintamos incapacitados de alterar a situação desagradável. Só nessa ligação o sonho é típico" (Freud, [1900] [s.d.], [s.p.]).

Os "sonhos desmascarados", por sua vez, repetem as duas primeiras características, mas modificam o componente afetivo vinculado, substituindo o afeto da vergonha ou do embaraço por sensações de desespero e seus correlatos. Ou seja, nos "sonhos desmascarados" em geral temos: (1') a surpresa do sonhador ao se perceber – de repente – sem máscara em meio estranhos, muitas vezes uma multidão; (2') a indiferença do olhar do Outro quando se dá conta da ausência da máscara; (3') a irrupção do afeto de desespero ou afins. As ligeiras modificações ocorridas nos dois primeiros componentes dos sonhos (deslocamento "estar sem roupa" = "estar sem máscara") são facilmente explicáveis pelas diferenças entre os respectivos contextos históricos. Lembremo-nos da teoria dos "restos diurnos" e de como as experiências concretas do dia ou dos dias anteriores ao sonho emprestam o material onírico, ao passo que a história singular e o desejo do sujeito fornecem a forma e o impulso. A hipótese teórica formulada para explicar a principal transformação entre os sonhos de estar nu do início do século XX e os sonhos desmascarados do século XXI, no contexto da pandemia – e o respectivo deslocamento afetivo da "vergonha" em direção ao "desespero" –, diz respeito, nos primeiros, à preponderância de pulsões eróticas, enquanto, nos últimos, destaca-se a presença de pulsões agressivas ou de destruição, agrupadas por Freud como pulsões de morte.

Nesse sentido, os sonhos desmascarados não precisam ser propriamente interpretados, porque eles próprios nos interpretam, como sujeitos e como coletividade. O significante "máscara", ao ser tomado como fio condutor para a leitura da tipicidade desses sonhos, surgiu especialmente a partir de 2021, quando estar sem máscara tornou-se uma versão atualizada de estar nu. Ao descrever os elementos de um sonho típico de nudez, Freud destaca: "Em regra geral, a falta de vestimenta não é tão grave a ponto de a vergonha correspondente parecer justificada. No caso do soldado que usou o uniforme do imperador, a nudez é substituída muitas vezes por um equipamento contrário ao regulamento. 'Estou na rua sem sabre e vejo oficiais se aproximando, ou sem gravata, ou estava usando uma calça civil xadrez etc.'" ([1900] [s.d.], [s.p.]). Nos sonhos desmascarados do século XXI, ocorrem situações semelhantes.

A *tipicidade* de um sonho nos permite ir além – ou aquém – da singularidade, permitindo ler a infiltração de temas sociais na vida onírica. Segundo Freud, no sonho típico de nudez, os estranhos parecem não se incomodar. O olhar de indiferença das pessoas para o sujeito justificaria a hipótese de realização de um desejo inconsciente, muitas vezes caracterizado como um desejo exibicionista. Em relação aos sonhos sem máscara, ou desmascarados, observa-se igualmente um paralelo em relação à indiferença dos outros, como veremos nos exemplos a seguir. Além disso, nesses casos, no entanto, o sentimento gerado é o de desespero, à diferença do afeto preponderante nos sonhos de nudez, a vergonha. Esse desespero, e suas variantes envolvendo pavor e medo, sugere que estamos em face de outro tipo de gramática. Não é difícil inferir que, enquanto, nos sonhos típicos analisados por Freud, parecia haver uma influência dominante do princípio de prazer, ou de um elemento erótico, nesses novos sonhos típicos trazidos pela pandemia estaríamos diante da vigência de sonhos infamiliares, marcados pela preponderância da implacável pulsão de morte, portanto, uma experiência para além do princípio de prazer.

Raquel, 36 anos, conta-nos, em junho de 2021, que sonha frequentemente que está sem máscara e que fica desesperada quando nota: "Hoje sonhei que estava com meu marido em uma viagem de grupo, saímos para lanchar e fomos assaltados. O bandido segurava um fuzil, eu desesperada gritei para meu marido atirar (ele é policial), ele atirou o homem morreu. Ele chorou muito, pq nunca matou ninguém (real), e chegou a polícia e o prendeu. Ah e o desespero piorou pq estávamos sem máscara. Fiquei desesperada e acordei". Vários elementos chamam a atenção nesse sonho. Gostaria apenas de destacar como o desespero que culmina com o despertar do sonho não é ligado apenas ao fato de que Raquel pede a seu marido para matar o assaltante. Ela continua dormindo e sonhando. O que a faz despertar é a reduplicação desse desespero no momento em que se percebe sem máscara. Nunca a expressão "cair a máscara" fez tanto sentido. Justamente por estar fora-do-sentido, indexando um gozo desconhecido.

Mais uma vez, a leitura dos relatos de sonhos por meio das tecnologias de processamento automático de linguagem natural corrobora as hipóteses elaboradas no contexto das escutas analíticas individuais, o que sugere não apenas a "atualidade" de Freud, mas também sua força inatual. Todavia, essa força não reside no relato do sonho, mas no modo de gozo que nele se infiltra, de acordo com a prevalência das pulsões de vida ou de morte.

Não por acaso, a "máscara" aparece reiteradamente associada à "multidão", e, nas duas pontas, ao mesmo tempo constatamos a tipicidade dos sonhos, como também corroboramos a hipótese da associação ao afeto de "desespero", que distingue os sonhos desmascarados dos sonhos de estar nu relatados por Freud.

A tipicidade dos sonhos mostra essa infiltração de dimensões histórico-sociais no tecido do sonho, sem, contudo, anular a radical singularidade do sujeito: a máscara é para todos, mas a nudez é de cada um. Ou seria o contrário?

Redes

Podemos aprofundar a leitura de aspectos linguísticos relacionados à ocorrência da "máscara" nos sonhos estudados. Inicialmente, podemos elencar algumas perguntas centrais: como o pensamento do sonho *reconfigura* o conteúdo latente em conteúdos manifestos? Quais *gramáticas* orientam a determinação episódica desse *íntimo*, que provém de um *êxtimo* indeterminado? No trabalho da figurabilidade, as imagens oriundas dos *restos diurnos*, por serem de fácil acesso na memória do aparelho psíquico, fazem figura a um fundo que tem por horizonte uma indeterminação linguística. Nesse engendramento, o *pensamento onírico* reside na lógica pela qual seus elementos são elencados. Segue-se assim que, fazendo uma distinção entre o *texto* e o *pensamento* do sonho, os emaranhamentos simbólicos da língua permitem ao ser falante, em seu trabalho onírico de sequenciamento semântico de imagens, imbuir de significância o *aspecto fônico* daquilo que é figurado. Acerca dos emaranhamentos simbólicos da língua, cabe mencionar ainda que é potencialmente neles que se encontra a materialidade das inter-relações entre a singularidade de cada sujeito sonhador, seu tempo histórico e o momento de sua cultura. Ao textualizar a lembrança que lhe emerge do evento onírico, o ente da fala acaba por se deparar com os significantes e com outros elementos semióticos que circulam socialmente, codificados na língua, ao mesmo tempo que exercerá sobre o código a singularização de sua relação com lalíngua.

Sobre a língua e sobre os próprios níveis de organização que nela se manifestam (fônico, semântico, sintático etc.), há na linguística de hoje propostas descritivas, como a *Word Grammar* (Hudson, 2007; 2010), que insistem na adequação de pensá-los como uma arquitetura de rede, em que os diversos componentes se ligam por associação derivada de sua recorrência. Nas propostas dessa teoria linguística, conforme destaca Ricardo Augusto de Souza em contribuição inédita, rejeitam-se noções anteriormente preponderantes na ciência da linguagem, tais como o postulado da existência de sistemas de regras gramaticais fixas, aprioristicos e separados do léxico, ou seja, noções que reproduziam no interior da teoria linguística a imagem de dicionário e gramática como volumes distintos em uma biblioteca.

Tal ponto de vista sobre a linguagem nos interessa aqui, sobretudo, por adequar-se a uma apreensão da materialidade do discurso como dinâmica, mediada pelo tesouro dos significantes compartilhado pelos falantes de uma língua e, ao mesmo tempo, porosa à mudança, impactada pelos significantes que circulam localmente em comunidades específicas, ou mesmo ao que nasce no idioleto de um sujeito e que somente com o tempo poderá ou não se propagar em discurso com outros falantes. Longe de um código fixo de significações preexistentes a cada sujeito, falaríamos de uma rede dinâmica, temporalizada, mutável e emergente. A Figura 2 ilustra uma rede de associações, tendo por nódulo pivotal o significante "máscara", entre tal significante e outros. A rede, denominada um grafo de palavra [*wordgraph*], foi produzida a partir do conjunto de narrativas oníricas das quais os exemplos acima mencionados foram extraídos. As linhas mais sólidas representam associações salientes, que se repetiram em mais de uma dessas narrativas.

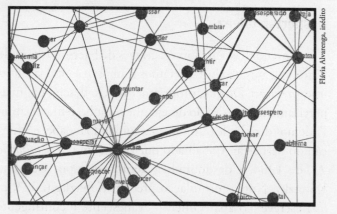

Figura 2: Wordgraph da palavra "máscara".

Chama-nos a atenção a saliência entre o significante "máscara" e o significante "multidão", por exemplo. Ou, ainda, o nexo que a rede revela entre os significantes "desesperado" e "entrar", verbo de movimento. Reiterações como essas sugerem que a evocação das "máscaras" nos relatos oníricos da pandemia justifica o caráter típico desses sonhos, ancorados no tempo histórico e nas circunstâncias da coletividade desses sonhadores.

Pode-se entender então que o sonho, para além de algo a se interpretar, já é um produto do trabalho do inconsciente e, portanto, interpretante em si mesmo. Mecanismos de condensação e deslocamento, guiados por esse pensamento, já trabalharam de maneira a representar no roteiro onírico algo que por si só é um tratamento dado a esse Real angustiante e aterrorizador, algo que interpreta o sem sentido da angústia. Resta-nos esperar que as palavras de Caetano possam nos despertar: "É um desmascaro/Singelo grito/O rei está nu, mas eu desperto/porque tudo cala/frente ao fato de que o rei é mais bonito nu".[37]

---

[37] Versos da canção "O estrangeiro", de Caetano Veloso, do álbum homônimo, lançado em 1989.

Despertar, talvez

Aprendi bastante jovem, através de Jeferson Machado Pinto, que nós não interpretamos sonhos: o sonho já é uma interpretação. De quê, propriamente? Do desejo, ou, mais precisamente, do real do desejo que o sonho tenta decifrar. Podemos dizê-lo de outra forma, tomando o papel e a função do despertar, trabalhado por Lacan em seu *Seminário 11*, de 1964, e desdobrado recentemente por Carolina Koretzky. Numa formulação precisa, Koretzky (2023, p. 98) escreve: "o aparecimento evanescente e contingente do sujeito do inconsciente, aparelhado aqui a 'esse ponto de despertar', é um fora-da-linguagem, mas produzido e delimitado a partir do conjunto do que pode ser dito. Isso sonha, isso cogita, isso pensa, logo, isso dorme". O fenômeno do despertar, o momento em que o real irrompe na cena onírica e rasga seu tecido feito de imagens e palavras, interessa à clínica de muitas maneiras. Se não interpretamos o sonho, pelo menos não no registro do sentido, é porque nos interessamos em ler o rébus, a escrita pictográfica que ele encerra. Ler é diferente de interpretar. Mais ainda, interessa ao psicanalista o momento litoral do sonho, que é justamente esse instante fulgurante em que algo do real mostra o fracasso do aparelho psíquico em dar sentido ou mesmo representação às exigências pulsionais. Nesse litoral, aqui tomado também como letra, esse verde-azul (verzul, diriam os lógicos) entre significante e real, é que o despertar nos mostra "esse resto evanescente que falta ao significante" (p. 100).

Despertar não é uma panaceia. Quantas vezes não despertamos, justamente, para continuar a dormir? A realidade é o outro nome do sono: "Uma vez bem desperto, o sujeito pode dar continuidade ao seu sonho, no qual a realidade homeostática o protege de todo encontro com o real" (p. 139). Na clínica do século XXI, temos cada vez mais clareza de que o sonho interessa como algo que exige uma leitura, mais do que uma interpretação. Isso exige, entre outras coisas, que tomemos os pontos de interrupção, de falha, de fracasso do aparelho psíquico, como sintetiza Serge Cottet (2023, p. 17): "localizar no próprio sonho a instância do despertar é confirmar o seu valor paradigmático e afirmar o partido que se pode tirar disso para redefinir o inconsciente como real". O inconsciente como real é, assim, um inconsciente a ser posto à leitura de seus elementos pulsionais, e não à interpretação de seu sentido; menos como um inconsciente dos jogos significantes, traduzido por Miller como um "inconsciente transferencial", aquele "estruturado como uma linguagem", e mais como um inconsciente pulsional. É quando Lacan desperta do seu projeto de retorno a Freud, dele se separando – do *Seminário 11* em diante, mas, mais especialmente, a partir dos anos 1970 –, que podemos então ler um Lacan propriamente freudiano.

Muitos se preocupam com a *sobrevivência* da psicanálise no século atual. Sem muito medo de errar, eu diria que, se há uma prática "psi" que não poderia ser substituída por IA, é a própria psicanálise. Uma máquina pode aprender a produzir e a emular relatos de sonhos extremamente verossímeis. Uma máquina também pode detectar correlações significantes subterrâneas, em redes de múltiplas dimensões. Nisso ela não difere tanto do inconsciente estrutural, que não deixa de ser uma máquina.

Mas todas essas operações produzem inevitavelmente um resto, que é a matéria bruta do ofício do psicanalista. É com esse resto incalculável, pulsional, que uma análise opera. Ao contrário, o futuro de práticas baseadas em protocolos e técnicas fundadas em diagnósticos e psicometrias é bem mais incerto. Um psicanalista não pode ser substituído por um avatar. Ler um texto é uma coisa, ler um texto que goza sem saber é outra. Onde isso sonha, isso goza e a máquina não escuta. Ela é atenta demais para uma escuta flutuante de nuvens de palavras que gozam.

Veremos adiante com a discussão sobre o infamiliar.

PARTE V
O infamiliar na e da psicanálise

Todos os eixos e hipóteses deste livro desaguam na quinta e última parte, por essa razão um pouco mais extensa do que as demais. A palavra-conceito-chave de todo esse percurso é o "infamiliar". Primeiramente, examino e mostro a centralidade do conceito freudiano de unheimlich. Abordo problemas de tradução, o contexto de produção e os principais componentes de como Freud descreveu o infamiliar. Ao mesmo tempo, mostro, seguindo uma pista de Freud, que a própria psicanálise contém algo de infamiliar. Radicalizo essa ideia para sugerir que a infamiliaridade da psicanálise lhe é essencial e é o que permite nos situarmos diante das exigências do século. A psicanálise causa, ao mesmo tempo, fascínio e desconforto. É assim com relação às expectativas dos arautos do método científico, é assim diante de diversos movimentos sociais progressistas. Não é fácil permanecer indiferente a Freud, que suscita o que Lacan chamou de "amódio". É nesse fio tênue de escutar as demandas do século e, no mesmo gesto, não ceder quanto ao nosso real que a psicanálise pode se apropriar de sua própria infamiliaridade.

No capítulo 15, Garfinho, um personagem de Toy Story, explica-nos o que é o infamiliar, afinal de contas. Nada melhor do que um personagem criado a partir de restos de objetos achados na lata de lixo de uma criança amedrontada para nos explicar isso.

No capítulo 16, abordo o que ficou conhecido como "vale da estranheza", fenômeno descrito por um roboticista japonês no início da década de 1970. O "uncanny valley" tenta dar conta do fato de que sentimos uma espécie de afinidade com robôs de aparência humana, mas apenas até certo ponto. Quando a semelhança com o humano atinge certo ponto, nossa afeição se transforma subitamente em repulsa, horror ou medo. Esse fenômeno é amplamente conhecido na robótica e no cinema. Tento fazer uma leitura psicanalítica do fenômeno, mostrando que o que está em jogo é, justamente, o infamiliar.

Perdemos, no século XXI, a capacidade de nos fiar em critérios claros de distinção entre o real e o irreal, entre a realidade e a fantasia, entre a verdade e a ficção? Essa é questão que abordo no capítulo 17, no qual sugiro a hipótese de que estamos experienciando individual e coletivamente uma espécie de generalização da experiência de infamiliaridade. Quer dizer, estamos, nesse momento do século, mergulhados no vale infamiliar. Por que caímos, tão facilmente, em golpes cibernéticos ou por que elegemos líderes mitômanos que nos prometem devolver o elo perdido de nossa felicidade, ou por que chegamos às "fake news" e à "pós-verdade"? O vale infamiliar é uma hipótese que nos permitiria ler esses fenômenos aparentemente apartados. Finalmente, tento sugerir algumas pistas de como enfrentar isso.

Capítulo 15
Mas, afinal, o que é o infamiliar?

> *Através de um dia eu ter beijado o resíduo insípido que há no sal da lágrima, então a infamiliaridade do quarto tornou-se reconhecível, como matéria já vivida.*
> Clarice Lispector

Afinal de contas, o que é o infamiliar? A série televisiva *Garfinho pergunta*, *spin-off* do filme de animação *Toy Story 4*, pode nos ajudar aqui. Em *Toy Story*, os brinquedos ganham vida sempre que o olhar humano não os torna meros objetos. A lição é poderosa. Se seres inanimados ganham vida quando não há ninguém para testemunhar, é porque o olhar humano é mortífero para isso que chamamos de "objetos".

No primeiro dia de aula no jardim de infância, Bonnie se sente triste e sozinha quando todas as outras crianças se apoderam de todos os materiais oferecidos pela professora para uma atividade artesanal. Com as mãos vazias, Bonnie retorna para seu canto, quando o xerife Woody, o boneco principal da trama, ao perceber a desolação da criança, sai da mochila e recolhe da lixeira um garfo de plástico usado, um palito de sorvete, um limpador de cachimbos vermelho, um pouquinho de massinha e outros resíduos. Com esses restos retirados do lixo e um pouquinho de cola, Bonnie constrói seu companheiro, o Garfinho. O personagem incidental fez tanto sucesso que ganhou a série *Garfinho pergunta*. Em episódios curtos, Garfinho, que não sabe nada do mundo, faz aos outros brinquedos perguntas fundamentais, como "O que é amor?", "O que é tempo?", "O que é dinheiro?" ou, talvez, a mais fundamental de todas: "O que é queijo?". No episódio em que Garfinho pergunta "O que é arte?", o pomposo crítico de arte Sr. Espeto fornece uma definição intensional: "Está bem, Garfinho, a arte é um meio através do qual sentimentos e pensamentos importantes são comunicados através da criatividade, habilidade e imaginação". Insatisfeito com a resposta do porco-espinho, Garfinho insiste e repete exatamente a mesma pergunta: "O que é arte?". O Sr. Espeto responde: "Veja bem, escultura, e... pintura e... música, e..., no meu caso, atuação. Agora, repita para mim!". Temos aqui uma resposta extensional. É claro que Garfinho entende do seu jeito...

Numa definição intensional, definimos o que um conceito é por suas propriedades intrínsecas; numa definição extensional, damos exemplos de casos em que esse conceito ocorre. Freud realiza as duas tarefas: a primeira parte do texto *Das Unheimliche* é uma definição intensional de *Unheimliche*; a segunda parte, em que apresenta "O Homem da Areia", é uma definição extensional, pois ele trata ali das coisas, dos processos, das impressões, das pessoas em que ocorre o infamiliar.

A primeira coisa que salta aos olhos nesse ensaio é que ele é dividido em três partes, mas há uma inversão que nem sempre se nota. A primeira parte é uma análise da palavra "*unheimlich*"; a segunda parte é uma análise dos processos, das situações, das coisas e das pessoas *unheimlich*, ou seja, os exemplos. No entanto, isso não coincide com a ordem da descoberta de Freud. O psicanalista diz, a certa altura do texto, que ele apenas está expondo dessa maneira para fins de clareza, mas há uma inversão da ordem da exposição em relação à ordem da descoberta. Primeiro, ele trabalhou as situações e os processos, as pessoas e as vivências *unheimlich*, e só depois ele fez a análise da palavra "*Unheimliche*". Mas, na hora de construir o texto, Freud, que era um grande ensaísta, considerou que, estilisticamente, a inversão seria mais interessante. A terceira parte trata de contraexemplos: elementos fantásticos ou estranhos, que contradizem o princípio de realidade, mas que não se encaixam no conceito de infamiliar.

∞ ∞ ∞

Assim como o "mal-estar", o "infamiliar" é uma categoria que descreve, numa perspectiva não psicopatologizante, processos complexos, nos quais as fronteiras entre o psíquico e o social, bem como entre o corpo e o psiquismo, embaralham-se. Vejamos, assim, como Freud constrói o infamiliar, como esse conceito pode, por um lado, ser pensado hoje, e, por outro lado, pensar o amanhã. Comecemos por sua reconstrução.

Em 12 de maio de 1919, em carta a Ferenczi, Freud anuncia, numa única sentença, ter realizado três tarefas quase simultaneamente: "eu não apenas concluí um rascunho de 'Além do princípio de prazer', que está sendo copiado para você, mas também retomei mais uma vez o pequeno escrito 'Das Unheimliche', e, com uma simples ocorrência eu alcancei o fundamento psicanalítico da Psicologia das Massas" (Freud; Ferenczi, 1996, p. 391-392). Isso mostra, por si só, como estão imbricadas três dimensões aparentemente independentes umas das outras. Num dos vértices do triângulo, a bastante bem conhecida reformulação clínica e metapsicológica da teoria das pulsões; na outra ponta, a reflexão estético--literária, que suplementa a ambição científica freudiana com aspectos refratários àquela racionalidade; no terceiro vértice, a vertente política e social da psicanálise, que situa o sujeito na tênue linha que liga e separa o individual e o social.

Essa imbricação triangular não apenas é o resultado de uma reconfiguração histórica, explicada em grande medida pelos diversos impactos que a Grande Guerra determinou, mas também expressa uma solidariedade, um solo comum da experiência freudiana.

De fato, a Grande Guerra separou o mundo, as vidas, as ilusões, os corpos. Em suma, redefiniu nosso sistema de evidências, nossa partilha do comum, tornando visíveis coisas antes encobertas pelo véu da invisibilidade, tornando indizíveis outros sofrimentos. A guerra que começou como uma guerra do século XIX terminou nos lançando de vez no século XX e suas bombas de gases. Separou também a própria história da psicanálise.

Para início de conversa, o hiato entre os congressos da Associação Internacional de Psicanálise foi dilatado enormemente. Entre o IV e o V Congresso Internacional de Psicanálise, ocorridos, respectivamente, em Munique (1913) e Budapeste (1918), toda a trama interna da psicanálise foi reconfigurada. Não apenas porque a clínica se deparou com traumas diferentes daqueles que emolduraram os anos dourados da era da interpretação: os sintomas histéricos e suas reminiscências de prazeres inconfessos perderam sua proeminência, diante do enigmático retorno de experiências de desprazer, relatadas pelos combatentes. O princípio de prazer era insuficiente para dar conta dessa nova clínica. Mas não apenas isso. O paradigma estético até então em vigor parece entrar em colapso. A publicação de "Das Unheimliche" é uma prova contundente disso. O infamiliar aborda uma estética que, longe de reconciliar o sujeito com um horizonte ideal de apaziguamento da pressão pulsional, confronta-o com um regime estético que o desaloja, que faz com que não nos sintamos mais em casa. Nem mesmo dentro de nossa própria casa. Com o *unheimlich*, Freud destaca que aquilo que produz a maior inquietação e estranheza é justamente o *heimlich* (íntimo-secreto), linguisticamente, o aparente oposto de *unheimlich*. O angustiante, portanto, não é o estrangeiro, mas, ao contrário, nossa intimidade mais remota, mais, como diria Lacan, êxtima. O caráter político dessa matriz estética não poderia dar um recado mais certeiro. O que tememos, aquilo que odiamos, não é o mais exterior a nós, mas o mais exterior *em* nós. Isso vai longe: prato fino, pronto para ser servido no banquete, para muitos indigesto, do debate político sobre a luta antirracista, que passa, necessariamente, por um letramento racial, incluindo aí o enfrentamento do fantasma da branquitude. Não à toa, Jacques-Alain Miller ([1985-1986] 2010) pôde formular, já faz cerca de 40 anos, a hipótese do racismo como ódio ao próprio gozo, que, rejeitado em mim mesmo, retorna projetado no Outro, numa espécie de topologia política da extimidade. Nossa tarefa, hoje, talvez seja levar mais longe o alcance clínico e político inaugurado por essa topologia.

Intraduzir

Das Unheimliche é uma palavra e um conceito; o título de um texto e o nome de um sentimento aterrorizante; um domínio desprezado pela pesquisa estética e o efeito da leitura de certos contos fantásticos. Mas talvez seja inapropriado separar a palavra e o conceito, já que Freud anuncia desde o início o intuito de delimitar com precisão, no interior do vasto âmbito daquilo que suscita angústia e horror, um núcleo específico que justifique a especificidade dessa palavra-conceito (*Begriffswort*), o núcleo específico do *unheimlich*. Mas dizer isso ainda é dizer pouco: partindo de uma intrincada análise lexicológica da palavra-conceito que intitula o ensaio, Freud pretende justamente cingir o real que ela recorta. Para fazê-lo, ele mobiliza uma trama de referências que parte da ciência, passa pela filologia e pela estética, indo até a literatura fantástica, sem nunca perder de vista o que interessa ao psicanalista, convocado desde a primeira linha do ensaio. Num movimento às vezes vertiginoso, Freud se apropria de uma palavra de uso relativamente comum em alemão (pelo menos em seu uso adjetivo-adverbial), empresta-lhe um estatuto conceitual, transporta-a por variadas searas linguísticas e filosóficas, examina a experiência literária que melhor a engendra, escrutina a vivência real que ela recorta, para, ao final, devolver a palavra à língua, mas dessa vez com o selo perene da psicanálise. Desde então, sob o impacto dessas investigações, seus leitores nas mais diversas áreas passam a contar com uma apreensão muito distinta da que tinham anteriormente. O *Unheimliche*, tanto a palavra quanto aquilo que ela "designa" – se é que podemos fazer essa distinção –, não é o mesmo antes e depois da publicação desse ensaio em 1919, há pouco mais de 100 anos. Definitivamente, a análise empreendida por Freud modifica não apenas a língua alemã, acrescentando-lhe um sentido e um emprego inauditos, mas ainda exporta para todas as línguas através das quais a psicanálise se difundiu um significante novo e incômodo, um vocábulo, a rigor, intraduzível.

Não por acaso, e por motivos que a própria leitura do texto esclarece, sua tradução implica dificuldades maiores. Uma consulta rápida às melhores traduções disponíveis nas línguas mais próximas da nossa atesta-o facilmente. Só em francês, foram propostas pelo menos três traduções diferentes: "L'inquiétante étrangeté" (Gallimard), "L'inquiétant familier" (Payot) ou simplesmente "L'inquiétant" (PUF); em espanhol, "Lo siniestro" (Biblioteca Nueva) ou "Lo ominoso" (Amorrortu); em italiano, "Il perturbante" (Boringhieri), em inglês, "The uncanny" (Standard Edition); em português, "O estranho" (Edição Standard), "O inquietante" (Companhia das Letras); "O incômodo" (Blucher). Nenhum vocábulo freudiano apresenta tantas variações e tantas soluções diferentes. Nesse sentido, estamos diante de um "intraduzível": "o intraduzível não é o que não pode ser traduzido, mas o que não cessa de (não) traduzir" (Cassin, 2018, p. 17). Não se trata aqui de repetir o dogma da intraduzibilidade ou de sugerir uma suposta superioridade ontológica desta ou daquela língua. Ao contrário, as muitas traduções diferentes de "*Das Unheimliche*" são um índice inequívoco de que estamos diante de uma palavra intraduzível. O intraduzível, por sua vez, é o sintoma por excelência da diversidade das línguas (cf. Santoro, 2018, p. 158).

> Falar de intraduzíveis não implica absolutamente que os termos em questão, ou as expressões, os expedientes sintáticos e gramaticais, não sejam traduzidos e não possam sê-lo – o intraduzível é antes o que não cessa de (não) traduzir. Mas isso assinala que a sua tradução, em uma língua ou em outra, causa problema, a ponto de suscitar às vezes um neologismo ou a imposição de um novo sentido para uma velha palavra: é um indício da maneira como, de uma língua à outra, tanto as palavras quanto as redes conceituais não podem ser sobrepostas (Cassin, 2018, p. 17).

É bem verdade que "guerra é guerra" e que "negócio é negócio", mas o neologismo "infamiliar" não é um neologismo. A linguagem tem dessas coisas. Afinal, "*Rose is a rose is a rose is a rose*", sabia Gertrude Stein. Quando, no centenário de "Das Unheimliche", propusemos "O infamiliar" para traduzi-lo (Freud, 2019), descobrimos, *a posteriori*, que não estávamos, afinal, sozinhos. Clarice Lispector, estrangeira na própria língua, empregou-o algumas vezes, em um sentido bastante próximo ao de Freud, como notou Monteiro (2021). Ao que consta, Katz também propôs, mais de uma vez, a equivalência entre "*Unheimliche*" e "infamiliar". Por fim, bastante recentemente, Miquel Bassols, psicanalista em Barcelona, precisou: "se tivéssemos que transpor literalmente o termo em nossa língua, seria então melhor falar de 'O in-familiar', entendendo o 'in-' como a negação do familiar, mas também como o mais interior a ele, o mais próprio, o mais êxtimo".[38] Todos esses testemunhos mostram que, ao contrário do que querem alguns, a língua de Freud é uma língua viva.

Apesar de ser um aparente neologismo, "infamiliar" é a palavra em português que melhor expressa, tanto do ponto de vista semântico quanto do morfológico, o que está em jogo na palavra-conceito "*Unheimliche*" em seus usos por Freud. Não porque "infamiliar" expresse o "mesmo" conteúdo semântico do original alemão ou porque se situe numa rede conceitual "equivalente", mas justamente pela razão inversa. O "infamiliar" mostra que o muro entre as línguas não é intransponível, mas também que a passagem de uma língua a outra exige certo forçamento. O "infamiliar" não é, nesse sentido, resultado da fidelidade à língua de partida, mas o vir à tona da infidelidade que tornou possível a transposição do hiato entre as línguas. É uma marca visível da impossibilidade da tradução perfeita. Nesse sentido, não deixa de ser também uma "intradução",[39] que, em vez de esconder o problema da inevitável equivocidade da tradução, faz com que ele venha à tona.

Um aspecto suplementar em favor dessa intradução é a ambiguidade inerente ao vocábulo "familiar". "Familiaridade" costuma funcionar como sinônimo de "intimidade": "O jogador mostra familiaridade com a bola". Mas não é incomum experimentarmos situações que nos fazem dizer coisas do tipo: "Seu rosto me é familiar", "Isso me

---

[38] O leitor interessado pode consultar as referências completas em Bassols (2018), Katz (1996) e Nodari (2017).

[39] A "intradução" é uma palavra e um procedimento propostos por Augusto de Campos em 1974. Para mais detalhes, ver o verbete homônimo de Fernando Santoro, no *Dicionário dos intraduzíveis* (Cassin, 2018, p. 154-160).

soa familiar", "Esse lugar me é tão familiar!"; mas, nesses casos, não raro, ao pronunciar "familiar", insinuamos, numa corrente silenciosa e inaparente, também seu exato oposto. Como se, na verdade, disséssemos algo do tipo: "Seu rosto me é familiar [mas não me lembro de onde o/a conheço, (e/ou) nem sequer me lembro de seu nome]", ou "Isso me soa familiar [embora pareça meio estranho]", "Esse lugar me é tão familiar [mas não sei bem por quê, acho que nunca estive aqui]". Nesses casos, estamos diante de ressonâncias e reverberações bastante ambíguas - ou mais precisamente antitéticas - da expressão "familiar": trata-se de algo que, por um lado, reconhecemos como íntimo e já conhecido, mas, por outro lado, percebemos como desconhecido, como estranho e inquietante, como esquecido e oculto, de e em nós mesmos. Nesse aspecto particular, "familiar" assemelha-se bastante ao alemão "*heimlich*", que designa algo bastante familiar, mas que pode também abrigar seu sentido antitético. O *unheimlich* é uma negação que se sobrepõe ao *heimlich* apreendido tanto positiva quanto negativamente: é, portanto, uma reduplicação dessa negação, que acentua seu caráter angustiante e assustador. A palavra em português que melhor desempenha esse aspecto parece ser o "infamiliar": do mesmo modo, ela acrescenta uma negação a uma palavra que abriga tanto o sentido positivo de algo que conhecemos e reconhecemos quanto o sentido negativo de algo que desconhecemos. É claro que o original alemão guarda um núcleo angustiante e aterrorizante que "familiar" não abriga, pelo menos em seu uso cotidiano.

Sem precisar saber alemão, gostaria de destacar apenas a equivalência bastante aproximada da oposição "*Heim/Haus*", em alemão, ao par "*home/house*" em inglês. "*Heim*" equivale aproximadamente a "*home*", que, por sua vez, é mais ou menos nosso "lar", em português, ao passo que "*Haus*" equivale a "*house*", que é mais ou menos "casa", em português. O termo "*heimlich*" deriva desse termo "*Heim*", que significa "lar", quer dizer, não a "casa" enquanto espaço físico, constituído por paredes, portas, piso etc., mas o "lar", ou seja, ali onde nos sentimos bem. No uso concreto do português, contudo, a palavra "casa" tende a aglutinar muitos sentidos que seriam reservados a "*Heim*" e "*Home*". Nunca tivemos, parece, um lar.

O ponto fundamental que Freud vai mostrar é que, sem que cheguemos ainda a essa palavra complexa que é o "*unheimlich*", o próprio termo "*heimlich*", mesmo antes de ser negado com a partícula "*un-*", implica, dentro da língua mesma, uma série de acepções como o familiar, o íntimo, mas que rapidamente desliza para o secreto, o escondido. Ou seja, é dentro da sua própria casa, por se sentir dentro, protegido em sua *Heimlichkeit*, que alguém pode se sentir à vontade para tirar a roupa, deitar-se no sofá e abrir a geladeira. Os animais domésticos em alemão são animais *heimlich*; as partes íntimas do corpo, as *pudenda*, também são partes *heimlich*.[40] Assim, aquilo que é familiar, íntimo, logo se transforma no secreto, oculto, escondido: "tal qual um bem precioso que, de tão bem guardado, se perde" (Souza, [1998] 2021, p. 115). Essas acepções do lar, do confortável e do familiar rapidamente se revestem do seu oposto. Muita gente escorrega nesse passo. A ambiguidade já se apresenta no próprio *heimlich*. O conceito freudiano, o que é propriamente *unheimlich* nega e redobra essa ambiguidade. Não por acaso, ao elencar os sentidos de "*heimlich*", Freud refere ainda as "([...] partes *heimlich* [íntimas] do corpo humano, *pudenda* [...] E os que não morriam eram feridos em partes *heimlich*, 1 Sam. 5, 12 [...])" (Freud, [1919]

---

[40] Em português, temos algo semelhante. Dizemos que temos familiaridade com algo quando nos sentimos à vontade com aquela coisa: "você tem familiaridade com alemão?".

2019, p. 47). Uma leitura rápida da longa citação do verbete do dicionário dos irmãos Grimm pode deixar escapar esse aspecto fundamental para a psicanálise, relativo ao seu sentido sexual: "*heimlich*" designa não apenas as partes íntimas do corpo humano, aquelas que devem ficar escondidas ou veladas, como também aquelas mais suscetíveis ao risco de ferimento, evocando indiretamente a angústia de castração.

Com essa dupla inscrição, Freud demonstra passo a passo como o *heimlich*, aquilo que é tão "familiar e íntimo", pode evocar também a impressão oposta, relativa ao "secreto e desconhecido", "chegando a um ponto paroxístico na qual coincide com o seu oposto" (Souza, [1998] 2021, p. 115). Nisso, aliás, seu ensaio tem um importante precedente num escrito de 1910 que igualmente parte de reflexões aparentemente linguístico-filológicas para nutrir uma discussão essencialmente psicanalítica. Trata-se do brevíssimo, porém denso, "Sobre o sentido antitético das palavras primitivas" (Freud, [1912] 2016). O texto, publicado originalmente num anuário psicanalítico,[41] era, na verdade, uma espécie de resenha ao trabalho de mesmo título do filólogo comparatista alemão Carl Abel. Numa carta a Ferenczi datada de 22 de outubro de 1909, Freud refere-se com entusiasmo à leitura que acabara de fazer. O trabalho de pesquisador da linguagem efetuado por Abel seria uma espécie de confirmação, em um domínio do saber conexo ao da psicanálise, da teoria dos sonhos, fornecendo o fundamento linguístico da tese de que a negação não opera no inconsciente. Uma nota sobre o tema foi introduzida na terceira edição de *A interpretação do sonho* (1911), precisamente no parágrafo em que Freud afirma que o sonho não conhece nem a oposição (*Gegensatz*) nem a contradição (*Widerspruch*). Chamam ali a

---

[41] *Jahrbuch der psychoanalytischen und psychopathologischen Forschung* (Anuário de pesquisa psicanalítica e psicopatológica), t. 2, n. 1, p. 178-184.

atenção de Freud os exemplos de palavras que originalmente expressavam um par de oposição em vez de servir a um significado polarizado. Eloquente exemplo de uma língua tão próxima quanto o latim seria "*sacer*",[42] que pode significar tanto "sagrado" (*heilig*) quanto "maldito" (*verflucht*). É imprescindível entender isso para abordar o que em psicanálise chamamos de complexo (*Komplexe*), que evoca um arranjo de elementos heterogêneos, polaridades, que coexistem e antagonizam-se sem se excluir.[43] Isso tudo tem uma importância não apenas clínica e estética, mas também política. Não por acaso, Agamben extrai consequências políticas fundamentais a esse respeito, relativas ao poder soberano e à determinação de vidas matáveis. Escreve o filósofo italiano: "na expressão *homo sacer*, o adjetivo parece designar um indivíduo que, tendo sido excluído da comunidade, pode ser morto impunemente, mas não pode ser sacrificado aos deuses", o que culmina à exposição de alguns "à possibilidade da morte violenta" (Agamben, 2007, p. 61). Quem trabalha com adolescentes periféricos sabe muito bem as implicações disso. Esse paradoxo entre o interior e o exterior, o íntimo e o êxtimo será fundamental. Nessa esteira, Mbembe se apropria dessa categoria num passo crucial de sua *Crítica da razão negra* (2020a). Voltaremos a isso no segundo volume.

A tese sobre o caráter antitético das palavras primitivas serve a Freud como uma espécie de confirmação linguística da hipótese psicanalítica, levantada já desde *A interpretação do sonho*, de que o inconsciente não conhece nem a oposição nem a contradição. No texto de 1910, as palavras primitivas

---

[42] Ver, a esse respeito, o proveito que Giorgio Agamben faz dessa ambiguidade em sua monumental obra *Homo sacer* (2002).

[43] Contribuições indispensáveis de meu amigo Pedro Heliodoro Tavares nesse e em todos os esclarecimentos acerca da língua de Freud. Pode ser considerado coautor dessas incursões.

começavam ambíguas e a história da língua era uma história de desambiguação; agora, em 1919, em "Das Unheimliche", a palavra "*heimlich*" se desenvolve em direção à ambiguidade, configurando um sentido inverso daquele constatado por Abel e comentado por Freud em 1910. Assim, o que o psicanalista mostra com o infamiliar é que lalíngua não está na origem, mas, ao contrário, no curso do desenvolvimento, em direção ao real da língua. Lalíngua não é aí o anterior, mas sim o resultado do processo da palavra. É por isso que as crianças chegam primeiro.

Nessa direção, Freud vai propor que esse prefixo de negação "*um-*" seria a marca do recalcamento, tese que depois seria desenvolvida e generalizada no texto de 1925 "A negação" (Freud, [1925] 2019). No limite, tanto o termo "*Unbewusste*" quanto o termo "*Unheimliche*", morfologicamente, devem ser traduzidos como "o inconsciente" e "o infamiliar", mantendo, assim, essa mesma estrutura. Dessa maneira, e dizendo com o vocabulário lacaniano, o *Unheimliche* se torna a marca impressa do não-todo na língua.

Toda essa construção prepara o terreno para constatarmos, então, que o *Unheimliche* não é o estranho, como discutiremos mais adiante neste livro. O estranho é perfeitamente traduzível no alemão a partir do termo "*Fremde*".

O infamiliar não é o estranho

Gostaria de retomar a ideia de que o *Unheimliche* não é o estranho. Porque o estranho é apenas estranho, e isso é diferente daquilo a que visa o psicanalista. Quando Freud propõe o *unheimlich*, no contexto do pós-guerra, ele mostra que o estrangeiro, o inimigo, habita em mim, no meu íntimo. É por esse mesmo motivo que Lacan, em sua releitura, mostra que aquilo que nos angustia não é o estranho, mas justamente o familiar, aquilo que é muito próximo.

E é também por isso que ele vai formular a ideia de extimidade, correlato lacaniano do infamiliar. Afinal, o êxtimo não é apenas o contrário do íntimo, como o exterior seria o contrário do interior: segundo o dicionário de latim de Félix Gaffiot, o êxtimo (em latim, "*extimus*") é aquilo que é situado na extremidade, mas é ao mesmo tempo aquilo que é desdenhado, desprezado.

Então, a psicanálise opera, como afirma Lacan ([1965] 1998), com o resto da ciência, mas opera também com o resto da estética e da política, tese de Freud na primeira página de "O infamiliar", dizendo que *das Unheimliche* é aquilo de que a estética não quis tratar. Aquilo que ela jogou na lata de lixo: o garfinho, por exemplo. A esse respeito, Freud nos dá alguns exemplos muito interessantes. Um deles é que nem todo objeto inanimado que ganha vida é *unheimlich*, algo cujo paradigma é o soldadinho de chumbo, um objeto inanimado que ganha vida, mas não nos assusta. Ou ainda, nem toda pessoa morta que ressuscita é infamiliar, a exemplo da Branca de Neve. Esses exemplos vão nos permitindo distinguir entre o estranho e o infamiliar.

Freud também afirmará que é mais fácil encontrarmos o *Unheimliche* na ficção do que na nossa experiência ou nas nossas vivências. Mas isso ainda se sustenta, em pleno século XXI?[44] A pergunta, então, é a seguinte: quando a ficção invade maciçamente a realidade, e poderíamos aqui pensar na forclusão generalizada, um corolário disso não seria precisamente uma espécie de generalização do infamiliar? Ou seja, quando o comum, aquilo que é partilhado socialmente, parece haver se perdido, uma vez que em todo

---

[44] Lima (2021) se serviu dessa mesma interrogação para discutir os crimes de homofobia no Brasil, apontando para a dimensão do infamiliar que mobiliza as vivências de ódio a dissidentes de gênero e sexualidade.

e qualquer objeto de partilha social parece haver um excesso não simbolizado, encontramo-nos então diante de um estado de anomia, de indeterminação, de fragmentação. Contudo, não é nem a anomia, nem a indeterminação, nem a fragmentação que nos angustiam, mas o retorno disso em imagens que nos olham.[45]

Não por acaso, o isolamento pandêmico foi tão angustiante para uns quanto foi, para outros, uma verdadeira solução sintomática, como se fosse a luva feita para a mão. Um obsessivo com quadro de fobia social pode isolar-se com boas justificativas; a mania de limpeza de um neurótico obsessivo compulsivo nadou de braçadas borrifando álcool em maçanetas e corredores, e assim por diante. Para outros, o retorno ao presencial é que foi insuportável: "Não estava preparado!".

∞ ∞ ∞

Do ponto de vista das análises linguísticas de Freud, o ensaio sobre o *Unheimliche* ocupa uma posição central: ele pressupõe o texto publicado uma década antes, "Sobre o sentido antitético das palavras primitivas", e prenuncia o que será formalizado alguns anos mais tarde sobre "A negação". A tese do sentido antitético de palavras primitivas aplica-se perfeitamente ao caso do *Unheimliche*. Escreve Freud: "Em suma, familiar [*heimlich*] é uma palavra cujo significado se desenvolveu segundo uma ambivalência, até se fundir, enfim, com seu oposto, o infamiliar [*Unheimlich*]. Infamiliar é, de certa forma, um tipo de familiar. Juntemos esse resultado ainda não esclarecido com justeza, com a definição de infamiliar trazida por Schelling. A investigação de casos específicos do infamiliar tornará compreensível essa alusão" (Freud, [1919] 2019, p. 47-49). Dessa forma, o ponto que

---

[45] Cf. Kaufmanner (2022).

muitas vezes escapa quando fazemos uma leitura rápida é que Freud está mostrando que o "*heimlich*", ele próprio, é uma palavra antitética, ambígua; ele se desenvolve em direção à ambiguidade; a história mesma da palavra "*heimlich*" em alemão é uma história que caminha em direção à ambiguidade. Então, quando acrescentamos a essa palavra, que já é ambígua e antitética, a negação "*un-*", formando "*unheimlich*", redobramos o caráter antitético que já fazia parte dessa palavra.

Além disso, Freud percebe a partícula "*un-*" não apenas como privativa, mas ainda como um índice do recalcamento: "O infamiliar é, então, também nesse caso, o que uma vez foi doméstico, o que de muito é familiar. Mas o prefixo de negação 'in-' [*Un-*] nessa palavra é a marca do recalcamento" (Freud, [1919] 2019, p. 95). O raciocínio que fundamenta tal asserção prenuncia uma tese capital do célebre artigo de 1925 sobre a negação (*Verneinung*). Aquilo que vale, em 1919, para a morfologia de uma palavra negativa será generalizado como princípio geral do funcionamento de juízos negativos. Escreve Freud: "Com a ajuda da negação, apenas uma das consequências do processo de recalcamento é revogada, a saber, a de seu conteúdo de representação não chegar à consciência" (Freud, [1925] 2019, p. 142). Numa passagem ainda mais célebre: "Negar algo no juízo significa, basicamente: isto é alguma coisa que eu preferiria recalcar. A condenação é o substituto intelectual do recalcamento; seu 'não' é a marca característica do mesmo, um certificado de origem, tal como o '*made in Germany*'. Por meio do símbolo da negação, o pensar se liberta das limitações do recalcamento e se enriquece de conteúdos, dos quais não pode prescindir para o seu desempenho" (Freud, [1925] 2019, p. 143).[46]

---

[46] Voltaremos ao tema da negação e do negacionismo no segundo volume desta obra.

Não foi por acaso que Freud demonstrou, 10 anos antes, que o poeta é justamente aquele que conhece por dentro "a intransponível sabedoria da língua" (Freud, [1908] 2012, p. 273). Também não é por acaso que em tantas ocasiões Freud debruça-se sobre o saber depositado no espaço da língua, quando envereda por esforços etimológicos, quando estuda mitos, folclores e ditos populares, quando destrincha a formação de palavras num sonho ou num ato falho etc. São camadas e camadas de sentido sedimentado que se descortinam. Freud, o psicanalista, é, ao mesmo tempo, o poeta da língua do inconsciente.

Capítulo 16
Bem-vindos ao vale infamiliar!

> *Arte é algo que repousa sobre uma linha tênue entre o real e o irreal [...]. É irreal e, no entanto, não é irreal; é real, e, no entanto, não é real.*
> Chikamatsu Monzaemon

Como distinguir um autômato e um burguês? Ou como distinguir um robô e um humano? Ou, ainda, como distinguir um rosto humano natural e um rosto humano criado por IA? Ou um ser animado e um inanimado? Há séculos, a literatura busca explorar questões desse tipo. Um exemplo icônico desse gênero literário, que mescla o horror e a beleza, é *Frankenstein ou o Prometeu moderno*, publicado pela escritora inglesa Mary Shelley em 1818, antes que a autora completasse 20 anos de idade. Freud, por sua vez, debruçou-se, na verdade, sobre um conto publicado um ano antes: "O Homem da Areia", de E. T. A. Hoffmann, de quem o psicanalista toma seu principal exemplo literário de *unheimlich*. Além de a discussão freudiana do conto ser reconhecida por deslocar o centro de gravidade do efeito de infamiliaridade da boneca Olímpia para o Homem da Areia, uma leitura atenta do ensaio de Freud, em paralelo a uma releitura do próprio conto, ainda pode nos emprestar ferramentas bastante fecundas para um mergulho no mundo em que vivemos, em que são cada vez mais indiscerníveis o "humano" e a "máquina".

Burgueses e autômatos

O conto "O Homem da Areia", que nos últimos 200 anos tem inspirado inúmeras peças teatrais, balés, filmes e até uma canção do Metallica, começa com três cartas. O autor se retira da posição de narrador. Não informa nada. Estão lá as cartas trocadas entre três personagens: Nathanael, o poeta; Clara, sua noiva; Lothar, irmão de Clara. A primeira carta é de Natanael a Lothar. Lembrança infantil, cena de horror:

> Ó Deus! – na forma como o meu velho pai se inclinava para o fogo, ele parecia alguém completamente diferente. Uma dor horrível e convulsiva parecia ter distorcido os seus traços suaves e honestos numa feia e repulsiva imagem diabólica. Ele parecia com o Coppelius. Este empunhava tenazes vermelhas incandescentes e com elas retirava da espessa fumaça massas claras e brilhantes, que ele então martelava laboriosamente. Para mim, era como se em volta disso rostos humanos se tornassem visíveis, mas sem olhos – no lugar deles, covas profundas, negras, horríveis. "Dê-me os olhos, dê-me os olhos!", exclamou Coppelius com voz abafada e ameaçadora. Eu soltei de súbito um grito agudo, tomado violentamente por um pavor selvagem, e caí no chão, deixando meu esconderijo. Então Coppelius me agarrou, "Pequena besta! – Pequena besta!", berrou ele, mostrando os dentes – ele me puxou para cima e me atirou sobre o fogão, de modo que as chamas começaram a chamuscar o meu cabelo: "Agora nós temos olhos – olhos – um belo par de olhos de crianças". Assim murmurou Coppelius, e agarrou das chamas, com as mãos, brasas vermelhas incandescentes, que ele queria lançar-me nos olhos. Então meu pai levantou as mãos suplicando e gritou: "Mestre! Mestre! Deixe os olhos do meu Nathanael – deixe os olhos dele!" (Hoffmann, [1815] 2019, p. 228).

Seria um sonho? Não sabemos. Aos beijos e carícias, a mãe garante: "não, meu filho querido, o homem da areia já foi há muito, muito tempo!". Acalenta um pouco mais: "não, ele não vai te fazer mal!". A segunda carta é de Clara a Natanael. Por descuido, nosso poeta havia remetido equivocadamente a carta que seria a Lothar a quem? À sua irmã, Clara. Acertara o alvo no gesto mesmo de errar. Acertou, porque Clara é a voz da razão. Ela diz, em suma: "Natanael, nada disso ocorreu, não foi desse jeito". "Quero confessar-lhe apenas, com toda franqueza, que na minha opinião todas as coisas horríveis e assustadoras de que você fala aconteceram apenas em seu íntimo, o verdadeiro mundo exterior, real, tendo pouco a ver com isso tudo. O velho Coppelius pode ter sido suficientemente repugnante, mas o fato de que ele odiava crianças é que produziu em vocês verdadeira aversão contra ele" (Hoffmann, [1815] 2019, p. 232). Sim, não foi desse jeito, mas a criança, com sua imaginação captou o essencial, a verdade do ódio do velho Coppelius. Mesmo se fosse um delírio, um grão de verdade estaria lá.

A terceira carta, finalmente, é de Natanael a Lothar. Parece que ele se convence, em parte, dos esclarecimentos de Clara, "podem ter-me por um sonhador sombrio, mas eu não posso me livrar da impressão que o maldito rosto de Coppelius produz sobre mim" (Hoffman, [1815] 2019, p. 236). Depois dessa curiosa introdução com as três cartas, entra em cena o narrador, que convoca o leitor desde a primeira linha. O narrador confessa que não sabe como começar essa história e propõe nada menos do que três inícios diferentes. "Talvez então você acredite, ó meu leitor, que nada é mais extraordinário e louco do que a vida real, e que o poeta só poderia captá-la como num reflexo escuro de um espelho fosco" (Hoffmann, [1815] 2019, p. 239). Só então começa o conto, que já começado começa. Nada é mais extraordinário e louco do que a vida real. A frase tem 200 anos, mas parece escrita hoje. Certamente estamos diante de um elemento de incerteza intelectual, concorda Freud com o neurologista Jentsch, mas isso não basta para explicar o sentimento que se apodera de nós.

Lembremos rapidamente o que significa *ler* por volta de 1815. Nem todo mundo sabe ler, pelo contrário; nenhum *tablet*, tampouco luz elétrica. O próprio conto, aliás, tematiza isso. A família de Natanael costumava se reunir em torno da figura do pai após o jantar para ouvi-lo contar histórias e ler livros, o que fazia enquanto fumava cachimbo e bebia. A posterior invasão do rádio, das televisões, dos computadores e dos *smartphones* sepultou essa tradição. Esquematicamente, a família no século XIX ainda se reunia em torno do pai, que contava histórias ou lia em voz alta. No século XX, as famílias se reuniam para escutar a voz do rádio ou, mais tarde, a TV. No século XXI, cada um mergulha em seu *smartphone* e compartilha sua solidão nas redes sociais, onde laços invisíveis desafiam nossos esquemas conceituais. Isso tudo ajudou a mudar drasticamente o lugar do pai na sociedade digital, aprofundando uma tendência bem mais antiga. Contudo, algumas coisas permanecem inatuais. Como o silêncio do pai de Nathanael, o que denota sua divisão, ou melhor, seu furo. Com efeito, o pai apenas às vezes fazia assim, outras vezes ficava em profundo silêncio, apreensivo, como se estivesse à espera de um visitante terrível... e a mãe, para colocar as crianças na cama, falava da visita do Homem da Areia, tomando o cuidado, que a babá não teve, de não assustar demasiado as crianças... Ufa! Mas o visitante terrível, infamiliar, temido e esperado, pode, sempre, chegar a qualquer momento. Poderia ser o urso que se encontrou com Nastassja Martin nas montanhas geladas da Sibéria, os lobos também russos que povoaram os sonhos de Sergei Pankejeff ou o coração transplantado de Jean-Luc Nancy.

Além de todo esse contexto da leitura no início do século XIX, diga-se de passagem, àquela altura, o alemão estava longe de ser uma língua literária de relevância internacional. O mais célebre dos reis alemães, Frederico II (1712-1786), havia dito poucas décadas antes: "O alemão é uma língua bárbara, apropriada para se falar com seus cavalos". Voltaire teria acrescentado: "e soldados" (Freitas, 2019, p. 267),[47] o que vem a calhar. Como ensina Romero Freitas, tradutor de "O Homem da Areia", Hoffmann (1776-1822) foi ao mesmo tempo "escritor, compositor, boêmio e jurista da alta burocracia prussiana. Longe da existência monacal de muitos dos escritores românticos, Hoffmann foi um tipo mundano, próximo do leitor comum. Isto talvez explique por que esse burocrata boêmio foi um daqueles casos fascinantes de um êxito artístico inesperado, quase acidental" (Freitas, 2019, p. 265). E continua:

> Na Inglaterra do final do século XVIII, a burguesia ilustrada e triunfante divertia-se com histórias de fantasmas de nobres em castelos medievais, demonstrando tanto fascínio quanto desprezo pela aristocracia e seus símbolos (não por acaso, a imagem da armadura que se move sem o cavaleiro é tão frequente nessa literatura). Décadas depois, essa literatura ressurge na Alemanha, em contexto bem distinto: o falso irracionalismo da literatura gótica inglesa é substituído por uma forma nova de idealismo poético e metafísico (Freitas, 2019, p. 268).

Quantos filmes infantis não exploram essa fantasmagoria? Crianças ou jovens andando cautelosamente num castelo ou numa casa mal-assombrada, quando uma armadura vazia de repente parece mover-se... Hoffmann é um romântico singular porque não poupa nem o burguês mecânico nem o sonhador poeta, quer dizer, a "luta de classes" entre o artista e o filisteu deixa de ser um esquema plausível.

---

[47] Sobre a história dessa citação, ver "Das Pferde-Plagiat". Disponível em: www.zeit.de/1963/09/daspferde-plagiat.

Nenhum dos mecânicos burgueses presentes no baile que apresenta a boneca Olímpia à sociedade desconfia de que Olímpia seja, na verdade, um autômato. O que é ainda mais espantoso quando sabemos que os presentes tinham percebido que ela era "rígida como um cadáver". Burgueses – de todas as classes – não ligam lé com cré. Quem duvidaria ainda hoje, olhando para o Brasil da Terra plana? Mergulhados em valores utilitários, pragmáticos, já não perderam faz tempo, a capacidade de distinguir entre o automático e o espontâneo? São tão autômatos que perderam a capacidade de reconhecer um autômato quando estão diante dele? Perderam ou nunca tiveram? Até aí, o *topos* romântico é trivial.

Mas, pontua o tradutor, "Hoffmann é igualmente impiedoso com o antifilisteu por princípio, o poeta Nathanael. E o faz com suprema ironia: como Clara morre de tédio diante dos longos poemas que o nosso herói lê para ela, Nathanael a troca por uma boneca de madeira que pode escutá-lo por horas a fio sem bocejar nem brincar com o cachorro, e que nunca diz mais que Ah – Ah!" (Freitas, 2019, p. 270-271). A loucura de Nathanael é subversiva neste exato sentido: "ela ao mesmo tempo *dá vida ao mecânico* (quando vê luz nos olhos da boneca Olímpia) e *recusa a vida* quando ela lhe *parece* mecânica (quando chama Clara de 'maldito autômato, sem vida!'). É nesse sentido que ele continua sendo um herói trágico, apesar de toda a caricatura. Sua crítica dos filisteus o leva à loucura. Mas não há aqui nenhum elogio da sobriedade: o mundo de Clara certamente não é uma alternativa" (Freitas, 2019, p. 273, grifos do autor).

Não é fácil distinguir um autômato em meio a uma sala de burgueses. O tema faz parte da crítica literária há pelo menos 200 anos. Continua contemporânea? Generalizou-se para além da classe burguesa? O ponto relevante aqui talvez seja menos o de denunciar a inautenticidade, lembrando, por exemplo, como muitos se entregam voluntariamente a repetir dancinhas no TikTok, gravar *trends* no Instagram ou assistir a *gamers* no YouTube, e mais a possibilidade de colocar uma pergunta acerca do que, afinal das contas, caracteriza uma *vida*. O que seria isso que falta ao autômato, afinal de contas? Cada vez mais o desenvolvimento das tecnologias nos coloca mais perto da realização desse sonho incrível e terrível de uma cópia indistinguível de nós? Nas redes sociais *postamos* a cópia melhorada de nós mesmos: nosso "duplo", tema clássico da literatura do século XIX, volta em sua versão não mais trágica, mas mais farsesca. E esse retorno nem sempre nos apazigua, pelo contrário. Veremos os efeitos do metaverso. Sensível ao tema, Neusa Santos Souza já havia apontado isso: "que o duplo possa suscitar inquietude e estranheza não é evidente; não se vê, de imediato, o porquê. Ao contrário, o que se observa aponta em outra direção: a criança, por exemplo, ao descobrir sua imagem no espelho, experimenta júbilo, alegria" (Souza, [1998] 2021, p. 119). A psicanalista ainda observa que é justamente por essa imagem reduplicada contrastar "com nosso miserável eu, por assinalar nossa precariedade, é por isso que a imagem do duplo ganha seu sentido terrorífico, ameaçador. O que era imagem especular vira espectro, vulto, fantasma anunciador da morte" (p. 119). Como se dá essa virada?

Mergulhados no *uncanny valley*

Masahiro Mori era professor de Robótica no Instituto de Tecnologia de Tóquio. Em 1970, ele publicou um ensaio especulativo numa obscura revista japonesa chamada *Energy*. O texto permaneceu totalmente desconhecido por décadas, até que mais recentemente recebeu atenção de muitos estudiosos e alcançou sucesso inesperado. Algumas razões para entender essas circunstâncias são bastante óbvias, relacionadas principalmente ao vertiginoso desenvolvimento de tecnologias que aproximam cada vez mais os robôs e os humanos.

O argumento de Mori pode ser reconstruído sumariamente do seguinte modo. Nossa sensação de familiaridade com um robô tende a aumentar gradativamente à medida que este se assemelha a um humano.[48] Quer dizer, não sentimos nem afeição (親愛感, *shinwakan*) nem repulsa diante de um robô industrial ou de uma torradeira elétrica. À medida que esse robô assume feições mais e mais humanas, passamos a aumentar gradativamente nossa afeição e nossa intimidade com ele. Crianças, por exemplo, tendem a gostar de brincar e de cuidar de bonecos de feições humanas. Essa sensação de familiaridade cresce gradativamente, mas se detém em algum ponto bastante perto do ponto de indiscernibilidade entre o robô e o humano. No ponto em que robô e humano se tornam *quase* idênticos, nossa sensação de familiaridade decresce bruscamente em direção a sentimentos como angústia, repulsa, horror, medo. Segundo Mori (1970), "seja no caso dos robôs de aparência humana ou de próteses, quando se está em uma situação na qual o grau de semelhança aos seres humanos é bastante alto, um passo em falso acaba por nos fazer cair repentinamente no vale infamiliar". Nesse caso, teríamos uma espécie de familiaridade negativa, como escreve Mori. Teoreticamente, quando esse ponto de inflexão no ponto mais baixo do vale da infamiliaridade puder ser ultrapassado, nossa sensação positiva de familiaridade tenderia a aumentar novamente.

"The Uncanny Valley", expressão que intitula o texto em sua tradução inglesa, pode ser representado matematicamente como uma função em um gráfico, do seguinte modo. Uma função é monótona quando preserva (ou inverte) a relação

---

[48] Tradução direta do japonês generosamente realizada por Diogo Porto da Silva a meu pedido.

de ordem entre dois conjuntos ordenados. Por exemplo, se eu caminho numa superfície plana em direção a um ponto qualquer, quanto mais rápido me movimento, mais rapidamente alcanço meu destino. Matematicamente falando, isso é uma função f(x) = y monótona crescente. O contrário nos daria uma função decrescente: quanto mais lentamente caminho, mais lentamente chego aonde quero. Mas existem situações em que essas funções falham, ou seja, perdem sua monotonicidade. Ou seja, funções para as quais, à medida que x cresce, o valor de f(x) não necessariamente cresce sem cessar, podendo decrescer e em seguida voltar a crescer. Por exemplo, quando um alpinista escala uma montanha, como o Everest, com vales e colinas entre o ponto de partida e o cume da montanha, a distância percorrida pode não aumentar continuamente em relação à altitude. O alpinista pode estar mais perto do cume num determinado momento t_2, apesar de estar em altitude inferior em relação a um momento anterior t_1. Antes de chegar ao cume, o alpinista precisa subir e descer montes intermediários e descer vales ao longo do caminho.

Fenômeno similar ocorreria em nossa relação com robôs. Nossa intimidade/afinidade/familiaridade (*shinwakan*), mas também nossa afeição (*shin'aikan*), crescem gradativamente junto à similaridade entre um humano e um robô humanoide. Vale a pena explorar minimamente a palavra escolhida por Mori. A palavra 親和感 (*shin wa kan*) é uma composta por três ideogramas, ou kanjis. Como ensina ainda Diogo Porto da Silva, em comunicação pessoal, "o primeiro ideograma, '*shin*', quer dizer 'ser próximo' ou 'ser íntimo' de alguém, designando também para 'pais' (com a leitura '*oya*'); o segundo ideograma, '*wa*', remete a harmonia, tranquilidade e paz, mas também a algo acolhedor, agradável e simpático. Nesse segundo sentido, é quase um sinônimo de '*shin*'; o terceiro ideograma '*kan*', quer dizer 'sentir', isto é, aquilo que nos é suscitado a partir do exterior, de forma que é um 'sentir' que faz referência ao sensorial". Silva nota ainda que, ao longo do texto, Mori emprega "*shinwakan*" e "*shin'aikan*" como equivalentes, sendo que a substituição de "*wa*" por "*ai*" (amor) enfatiza a acepção de "afeição". Tudo somado, "*shinwakan*" se refere a algo como o sentimento de ter uma ligação íntima ou próxima com alguém ou com alguma coisa, "sentimento de intimidade", "sentimento de familiaridade", "sentimento de afinidade para com o outro". Palavras desse tipo são fortemente impregnadas de aspectos culturais, que reverberam nas traduções. Não por acaso, nas traduções do texto de Mori para o inglês, "*shinwakan*" varia entre afinidade e familiaridade; na versão francesa consultada, a tradutora escolhe familiaridade.

O que Mori sugere é que, quando o grau de similaridade entre o humano e o robô está a um passo de atingir o cume da semelhança, a ponto de se tornarem indiscerníveis, caímos em um vale, que ele chama de "*uncanny valley*", em sua tradução para língua inglesa. Também aqui vale a pena uma observação linguística. O título original do texto de Mori, e do fenômeno que ele analisa, é "*bukimi no tani*" (不気味の谷). Ainda seguindo nosso sensei, "*bukimi*" (不気味) é formado por "*bu*" (不), que corresponde aos prefixos negativos ou privativos da língua portuguesa, tais como "não", "des-", "anti-" ou "in-". Como em *in*consciente ou *in*familiar. Já os dois últimos ideogramas, "*kimi*", remetem à sensação que se recebe de alguma coisa ou situação. Aqueles que jogam videogames sabem que a energia invisível de um personagem é sua "*ki*", e quem luta aikidô também aprende que "*ki*" é "vida"; por sua vez, "*mi*" designa algo como o "sabor". Portanto, "*kimi*" seria algo como o "sabor da energia",[49] algo como a "*vibe*". Segundo Silva em comunicação pessoal, "quando se diz, em japonês, que o '*kimi*' está ruim, significa que a

---

[49] Devo toda essa digressão e, especialmente, essa expressão deliciosa ao professor Diogo César Porto da Silva.

atmosfera de algum lugar, pessoa ou situação nos desagrada ou nos amedronta sem sabermos bem o motivo". Não por acaso, o texto de Freud *Das Unheimliche* foi traduzido em japonês exatamente com essa palavra: *Bukimi-na Mono*.[50]

Quando estamos no grau máximo da similaridade, no ápice da semelhança, precipitamo-nos no horror. Ou, eventualmente, no riso. Não por acaso, essa teoria é amplamente conhecida nos estúdios de cinema, especialmente em dois segmentos: a indústria dos filmes infanto-juvenis e os filmes de terror. O gráfico de Mori menciona não apenas robôs, mas também bonecos e bichinhos de pelúcia. Sentimos certa atração por bonecos de aparência humana, especialmente, mas não exclusivamente, quando crianças. Uma boneca fofa, com aparência de bebê, pode ser extremamente encantadora. Mas basta arrancar um braço ou um olho da boneca para ela se converter imediatamente numa figura que nos causa espanto ou repulsa. O cinema é recheado de exemplos assim. Mas figuras estáticas também podem causar esse efeito, situando-se em algum ponto da curva descendente no gráfico do *uncanny*. A fotógrafa canadense Mariel Clayton se autodefine como fotógrafa "interessada na justaposição de perfeição estereotipada e escuridão interior escondida". Clayton ganhou notoriedade há cerca de uma década, ao apresentar fotos da Barbie envolvida em assassinatos em série, tortura e canibalismo, além de mostrá-la como bulímica, deprimida, suicida). Dependendo do lugar de onde olhamos as fotos de Clayton, nossas sensações podem variar do

---

[50] "A palavra '*unheimlich*', ou '*uncanny*', é usualmente traduzida como *bukimi* [不気味] em japonês, a fim de indicar uma sensação ominosa (literalmente, *bu* significa 'negativa', ao passo que *kimi* significa 'sentimento' (*feeling*) e é parafraseado como *kimyo-nashinmitsu-sa* [奇妙な親密さ; 'estranha intimidade '(*strangeintimacy*)'] (precisamente a ideia freudiana)" (Kim, 2016, p. 93).

horror ao riso. Mas o lado obscuro da Barbie talvez seja um exemplo apenas do inquietante, mas não ainda do infamiliar.

Começamos a ficar desconfortáveis, incomodados com a semelhança, quando ela se aproxima da indiscernibilidade. O eixo horizontal do gráfico tenta capturar o grau de "semelhança" ou "similaridade" dos robôs com o humano (no original 類似度, *ruijido*). Quando sabemos que um robô é apenas um robô, *aproxi*mamo-nos dele e nele confiamos, vários estudos experimentais mediram essa confiança; nossa afinidade, nossa familiaridade, nossa intimidade aumenta; quando, ao contrário, perdemos a capacidade de distinguir entre o humano e o robô, passamos por uma experiência súbita de repulsa, de estranhamento, de inquietude, de infamiliaridade. O vale infamiliar – já que "*uncanny*" (em "*uncanny valley*") é a palavra inglesa que melhor verte o termo alemão "*unheimlich*" – é essa curva descendente no gráfico a seguir (Figura 3), que nos mostra uma transformação abrupta da sensação de familiaridade em repulsa e horror. Esse ponto de inflexão é o ponto em que o semblante se confunde com o real?

Mas o argumento de Mori não para por aí. Ele acrescenta uma segunda camada ao problema, ao examinar o *movimento* de robôs. Os exemplos que Mori mobiliza em seu texto de 1970 são as próteses de mãos, no original, "*sōshoku gishu*" (装飾義手), literalmente: "prótese de mão decorativa". Uma prótese desenvolvida justamente em Viena era a mais avançada na época e já era capaz de detectar correntes elétricas de um braço amputado, por exemplo, através de eletromiograma, e de transformar esse estímulo em movimento. O usuário da prótese, invariavelmente, experimentava uma estranheza nas primeiras utilizações dela, até que pudesse se "familiarizar" com os movimentos dos seus novos dedos protéticos. O autor relata que, na Exposição Mundial de Osaka, em 1970, um robô capaz de sorrir acabou demonstrando perfeitamente esse efeito. Construído com 29 pares de músculos artificiais, que seria o mesmo número dos rostos humanos (como se pensava na época), o robô era capaz de produzir deformações faciais que simulavam um sorriso. A velocidade dessas deformações é crucial para que o humano reconheça o sorriso. No entanto, a desaceleração do movimento não produz um sorriso, mas sim uma expressão assustadora. Ou seja, quando acrescentamos movimentos humanos aos robôs de aparência humana, as curvas do vale infamiliar se intensificam, tornando-se mais sinuosas, segundo o gráfico da Figura 3[51]:

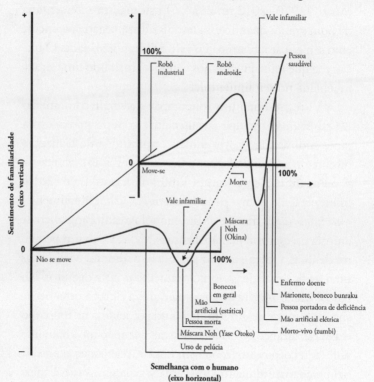

Figura 3: Gráfico do vale infamiliar, por Masahiro Mori.
Fonte: Mori, 1970, p. 34.

---

[51] As duas referências às máscaras do Teatro Noh designam coisas bastante diferentes. A máscara Yase Otoko refere-se a um homem com aparência doentia, ao passo que a máscara Okina refere-se a uma divindade, acima do humano.

Cito uma passagem do texto de Mori, a partir da tradução francesa: "o sentimento de familiaridade desaparece para ser substituído por um sentimento de inquietante estranheza. Em termos matemáticos, a estranheza pode ser representada por uma familiaridade negativa, de tal modo que a prótese da mão será situada ao pé do vale. Nesse caso preciso, a aparência humana é bastante forte, mas o sentimento de familiaridade é negativo. Estamos, aí, no vale infamiliar" (Mori, [1970] 2012, p. 28).[52] O psicanalista acrescentaria de bom grado: quando essa familiaridade negativa coincide com seu oposto, estamos no vale da infamiliaridade. O que exigiria que reformulássemos o gráfico, forçando uma virada moebiana no seu limite inferior.

Visto de hoje, um robô capaz de sorrir com apenas 29 pares de músculos faciais elétricos pode parecer bastante rudimentar. Talvez a mais impressionante realização recente do *unheimlich* nos venha, não por acaso, do teatro. A companhia alemã Rimini Protokoll montou, em 2018, um espetáculo com o título *Unheimliches Tal*, literalmente, *Vale infamiliar*. Trata-se de um monólogo autobiográfico de autoria do escritor alemão Thomas Melle. Com um pequeno detalhe. Quem sobe ao palco não é Thomas Melle, mas uma réplica robótica assustadoramente realista do autor. No palco, Melle 2 senta-se em uma cadeira e cruza uma perna suavemente sobre a outra. Há ainda o detalhe de um copo d'água ao alcance de sua mão direita, embora o robô não sinta sede. Seu corpo é um robô com fios e mecanismos expostos, deliberadamente quadrados demais; mas seu rosto, à meia

---

[52] No original: "*Le sentiment de familiarité disparaît pour être remplacé par un sentiment d'inquiétante étrangeté. En termes mathématiques, l'étrangeté peut être représentée par une familiarité négative, de telle sorte que la prothèse de main sera située au pied de la vallée. Dans ce cas précis, l'apparence humaine est très forte mais le sentiment de familiarité est négatif. Nous sommes là dans la vallée de l'étrange*".

distância, poderia facilmente ser considerado realista. O único detalhe propositadamente deixado à mostra é a massa de fios que se projetam do enorme buraco na parte de trás de sua cabeça. O robô infamiliar narra a saga de Melle. Em sua autobiografia, o autor enfrenta o fantasma da bipolaridade, a oscilação entre o pavor e o tédio diante do Outro. Cansado de dar entrevistas, ele sonha com um robô que pudesse substituir seu corpo inteiro para executar essas tarefas que o aterrorizam. O diretor Stefan Kaegi, interessado no que conhecemos por teatro pós-dramático, procurou o autor e, juntos, elaboraram o projeto que culminou na peça (Gislon, 2019). O tema clássico do duplo nunca havia conhecido uma realização tão impressionante.

∞ ∞ ∞

Essa duplicidade moebiana seria a razão que explica por que é tão fácil produzir a sensação de horror a partir de coisas singelas, belas, infantis. O cinema explora isso perfeitamente. De repente, o rosto angelical de uma menina de cabelos compridos se transforma na figura do horror, quando o rosto pálido esboça um sorriso macabro ou um dos olhos vira do avesso.

Argutamente, Mori percebe ainda o efeito infamiliar da morte: "Quando morremos, caímos no oco do vale infamiliar. Nosso corpo esfria, a cor da nossa pele muda e nossos movimentos cessam. Nossa percepção da morte pode assim ser representada pelo movimento do segundo pico em direção ao interior do vale infamiliar, seguindo a linha pontilhada traçada na figura. Regozije-se por essa linha situar-se no vale tranquilo de um cadáver, mais do que no de mortos-vivos!" (Mori, [1970] 2012, p. 30). O problema é que entre 1970, quando o artigo de Mori foi publicado originalmente, e o ponto em que estamos talvez não seja mais possível nos regozijarmos. Mergulhados no vale infamiliar contemporâneo e no olhar arrebatado que ele engendra, não estamos na era dos mortos-vivos? A massa de "crackeiros" movimentando-se nas ruas de São Paulo não seria uma

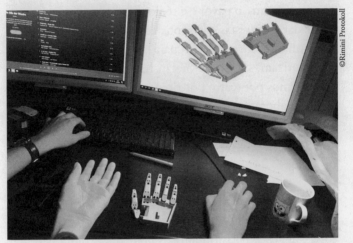

Figura 4: Mão protética e mão humana trabalhando em *O vale infamiliar*.

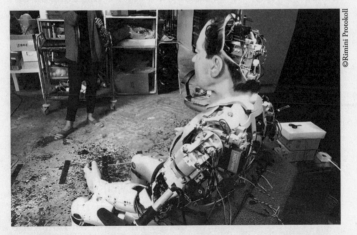

Figura 5: Construção do ator robô da peça *O vale infamiliar*.

Figura 6: Máscaras do robô de *O vale infamiliar*.

representação perfeita, porque nos devolve em espelho a verdade do ponto opaco de nossa civilização, desse efeito?[53]

∞ ∞ ∞

Nos últimos anos, a hipótese de Mori recebeu muita atenção. Diversos estudos experimentais foram realizados, e uma vasta bibliografia foi produzida. Num trabalho recentemente publicado, Kim, Visser e Phillips (2022, p. 3-4) sumarizam: "alguns estudos descobriram que os participantes mostram respostas negativas a robôs semelhantes a humanos. Os participantes classificaram robôs altamente parecidos com humanos como mais estranhos, angustiantes e menos agradáveis e exibiram comportamento de evitação, como uma duração reduzida do olhar direcionado a esses robôs, do que entidades semelhantes a humanos muito baixas ou

---

[53] Conforme demonstrou Henri Kaufmanner em sua tese de doutoramento: Os mortos-vivos e a psicanálise.

extremamente altas (Gray; Wegner, 2012; MacDorman; Ishiguro, 2006; Strait *et al.*, 2015, 2017, 2019)". Por outro lado, outros estudos experimentais buscaram mensurar esse efeito de diversas formas, estendendo-se, por exemplo, à apresentação de imagens de rostos humanos reais e de rostos humanos criados por IA. De modo geral, a hipótese de Mori parece bastante fecunda. Tecnicamente, discute-se se a função por ele descrita é realmente um vale ou uma função de forma mais complexa, "multimodal", com não um, mas vários pontos de mínimos locais. Outros estudos acharam resultados considerados "incongruentes", porque respostas positivas (familiaridade) e negativas (repulsa) ocorreram simultaneamente... O que não espanta nem um pouco um psicanalista. No fundo do vale teríamos então uma dobra moebiana, uma espécie de oito invertido. Nesse caso, a função do psicanalista, como sugere Marcus André Vieira, não seria precisamente a de nomear a borda, exatamente no ponto em que tudo parece sem borda?

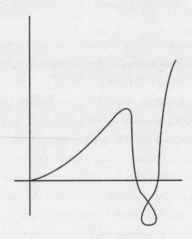

Figura 7: Vale infamiliar moebiano.

∞ ∞ ∞

Analisando o gráfico tal como proposto por Mori, deparamo-nos com uma curva que se estende por um plano, composto por duas dimensões, os eixos x e y. A primeira representa a similaridade entre o robô e o humano (eixo horizontal), enquanto a segunda tenta "medir", ou melhor, *localizar* no plano cartesiano nossa *shinwakan* (intimidade/familiaridade) que cada robô suscita (eixo vertical). Chama atenção, contudo, a heterogeneidade ontológica dos exemplos que povoam o gráfico de Mori: de robôs industriais a máscaras do teatro *bunraku*, de bichinhos de pelúcia a ciborgues budistas, de cadáveres a mortos-vivos, os *exempla* mobilizados pelo roboticista japonês são tudo, menos objetos mensuráveis em uma função $f(x)$! A fascinação do *uncanny valley* não resulta diretamente apenas da formalização matemática proposta, mas também do conjunto de enigmas que nele podemos ler. O *uncanny valley* é uma tentativa de literalização do real. A presença de *exempla* ontologicamente distintos, que mais se parecem com erros categoriais, lembra-nos que não há formalização sem restos (Iannini, 2009).

Cruzam-se aqui questões técnicas da robótica com objetos estéticos e culturais, passando por questões antropológicas que, por sua vez, evocam uma teoria implícita da saúde e da doença (a oposição entre "pessoas saudáveis" e objetos técnicos, como as próteses, que devolvem, ampliam ou subvertem a "natureza humana").

Ao pensarmos na complexidade e na quantidade de fatores que poderíamos considerar para descrever o que torna um robô "humanoide", porém, não é difícil especular, radicalizando aquilo que está inexplícito no próprio trabalho de Mori: que uma abordagem unidimensional é claramente insuficiente. É a heterogeneidade ontológica dos exemplos embutidos no gráfico que tornam o *uncanny valley* tão interessante: ele próprio não deixa de ser, a seu modo, um gráfico bastante infamiliar.

Salta aos olhos que o que está em jogo não são apenas atributos relacionados ao *design*, tais como o tamanho, as cores, a textura, a fluidez dos movimentos de um robô etc. Se quiséssemos realmente extrair consequências do que temos em mãos, seria preciso incluir uma terceira dimensão que de alguma forma pudesse "representar", ou melhor, "literalizar" o que, em psicanálise, chamamos de gozo. Teríamos de desenhar uma flecha em direção a um ponto de fuga, como numa figura perspectiva em 3D. Além disso, como não considerar uma quarta dimensão, que incluísse o tempo e seus buracos? Tudo isso parece exigir uma abordagem multidimensional. Mesmo o caráter contínuo da curva pode ser posto em dúvida: se retomarmos o exemplo da boneca adorável que subitamente perde um braço e se converte em algo assustador, não há maneira de ligar um estado ao seguinte em um *continuum*. O efeito gerado em quem observa essa transição é abrupto, parecendo mais a torsão de uma fita do que uma mudança abrupta da inclinação de uma curva contínua. Por mais negativamente inclinada que seja, dificilmente uma curva conseguiria capturar a passagem do afeto positivo de atração ao afeto negativo de horror. Introduzimos uma descontinuidade que se assemelha mais ao giro ou à transformação de um objeto topológico do que à inversão de uma função em um gráfico.

Desse modo, o gráfico, tal como o vemos no plano cartesiano, não passa de uma entre inúmeras projeções unidimensionais, cada uma delas numa espécie de dobra espaço-temporal particular. Uma moeda imersa em três dimensões, por exemplo, gerará uma sombra que pode ser um segmento de reta, uma elipse ou um círculo, em função da direção da projeção escolhida. O ponto a partir de onde vemos, nossa perspectiva, determina o que é visível e o que é invisível, de acordo com as diferentes sombras do próprio objeto em relação ao olhar. A curva do *uncanny valley* desenhada por Mori pode ser, portanto, apenas a sombra de algo mais complexo: uma projeção da variedade topológica real que captura incontáveis atributos humano-robóticos. Objetos em espaços multidimensionais só podem ser observados quando sofrem essa projeção, que compacta suas muitas dimensões em um espaço que contém apenas três ou menos, onde vive o limite daquilo que conseguimos observar, imaginar e representar. Mas nem o pensamento nem a linguagem e muito menos o real estão restritos aos limites da representação. Mais ainda: tal projeção é, no fundo, sempre arbitrária e trará maior visibilidade aos atributos cuja forma quisermos preservar. Uma leitura freudiana do *uncanny valley* deveria, portanto, levar em conta o inconsciente pulsional, que refrata singularmente o gozo fora do sentido.

O infamiliar entre a matemática e o teatro

Mas o ponto que, literalmente, salta aos olhos em boa parte desses estudos é que os maiores desafios enfrentados pela robótica e pelo cinema para ultrapassar a sensação negativa do vale infamiliar residem precisamente na dificuldade de emular a voz e, principalmente, o olhar humanos. Não por acaso, justamente os dois objetos pulsionais por excelência que furam o rosto humano. A voz e o olhar são o que distingue a máscara e o rosto. O problema não escapa a Mori. Na verdade, não escapa porque, no fundo cultural de onde ele fala, nem se coloca.

Na estética japonesa, o real e o irreal, ou o "falso e verdadeiro [*Kyojitsu Himaku* (虚実皮膜)]", separam-se apenas por "uma membrana, por uma pele", como ensina Chikamatsu. Comenta Diogo Porta da Silva: "assim, não apenas o que é de fato e o que foi inventado se separam por uma fina camada, mas também esse limite tênue pode ser 'sentido na pele'".[54]

---

[54] Comunicação pessoal.

Se olharmos com atenção, o gráfico de Mori reserva um lugar crucial a uma referência cultural japonesa que é o teatro *bunraku*. O teatro *bunraku* "é constituído pela unidade obtida através de três elementos básicos e independentes, derivados de três tradições de atuação diferentes: os bonecos operados por manipuladores silenciosos, as palavras da narração e dos diálogos recitados e cantados pelos narradores [...] e o acompanhamento musical" (Kusano *apud* Taminato Hara, 2022, p. 60). Para entender minimamente o que está em jogo aqui, é preciso lembrar que, "no Japão, a oposição entre o natural e o artificial é diminuída por uma espécie de continuidade entre o homem e suas criações. A marionete *bunraku*, do mesmo modo como a máscara no Teatro Noh, é sua alegoria. Para o professor Mori, as marionetes do teatro *bunraku* são uma metáfora formidável, que ele situa sem hesitação na curva ascendente de seu gráfico do vale infamiliar como se fossem marionetes em busca de um ideal de verdade" (Paré, 2012).

Chamada de *bunraku ningyō* (文楽人形), a marionete do *bunraku* é manipulada por três pessoas, todas vestidas com quimonos pretos, duas delas encapuzadas, uma com a cabeça desnuda. Isso chama a atenção de Lacan, que nota que os manipuladores operam às claras (Lacan, [1971] 2009, p. 118). A relação entre corpo e semblante é radicalmente outra. Apenas o mestre mostra o rosto, tão impassível quanto a máscara do boneco. É preciso dizer que os rostos dos bonecos são pintados e que nem os olhos nem a boca se movem. "Contrariamente aos rostos dos autômatos ocidentais, que muitas vezes expressam ou silenciam suas emoções através de movimentos dos olhos e da boca, na maior parte do tempo, é impossível induzir, de saída, alguma presença psicológica a partir de traços de uma boneca japonesa" (Paré, 2012). Sem movimentos de olhos e boca, o rosto permanece ilegível. Pelo menos para nós, "ocidentados". O comentário de Barthes é preciso: o rosto do mestre, descoberto e sem maquiagem, é oferecido à leitura, mas "o que é cuidadosamente, preciosamente dado à leitura, é que não há nada a ser lido" (Barthes, [1970] 2016, p. 81). Falta o furo? Desse modo, o dentro não comanda o fora: aparência teatral e verdade material não se excluem. Trata-se de dizer a verdade através da mentira, o que é o contrário do que faz o mentiroso (Lacan, [1971] 2009, p. 68).

No *bunraku*, comenta Vieira (2003, p. 38), "o ator, ou uma marionete, apenas representa a ação enquanto sua fala é articulada por atores-narradores, nada ocultos, que ao lado do palco vivem a fala dos personagens com todas suas notas afetivas. Estamos bem distantes do teatro ocidental em que a tendência dominante é oposta: quanto mais um ator incorpora o discurso do personagem, quanto mais o interioriza e subjetiva, mais é reconhecido o valor de seu jogo de cena". Nesse sentido, continua, "o objeto voz está na superfície, não mais aninhado no peito do ator" (p. 40), o que torna mais porosas as fronteiras entre a natureza e a cultura, entre o interior e o exterior, entre o humano e suas criações: mais uma vez, estamos diante não de uma fronteira, mas de litorais. Como aqueles que Lacan vislumbrou sobrevoando as planícies da Sibéria rumo ao Japão. As aparências são agenciadas de outra maneira: as oposições entre figura e fundo, dentro e fora não têm mais o estatuto de distinções reais, mas de montagens.

Tudo somado, diante da impassividade do rosto do mestre e da fixidez impenetrável da máscara teatral, o que nos permite ler algum traço que empreste vida aos bonecos? O fio tênue da vida está condensado "nessa passagem quase imperceptível, que os grandes mestres do *bunraku* adoram dominar, da imobilidade à precisão de um movimento sutil" (Paré, 2012). Não por acaso, segundo Miller (2001, p. 28), o *bunraku* fornece o modelo de uma modalidade de saber "que se sustentaria fora do corpo".

Há muitas maneiras de esconder algo. Uma criança, por exemplo, acaba mostrando que esconde algo no próprio gesto desajeitado de esconder. Mas podemos esconder algo deixando totalmente às claras, como ocorre com a carta do conto de Edgar Allan Poe. "A carta roubada" encantou Lacan e serviu de ponto de partida para uma leitura estrutural do inconsciente freudiano. Uma sutileza separa o texto que abre os *Escritos* e

Figura 8: Domon Ken, Performance de *Sugawara e os segredos da caligrafia* (*Sugawara Denjyu Tenarai Kagami*), 1942.

o texto que abre os *Outros escritos*. Escreve Lacan: "nada comunica menos de si do que um dado sujeito que, no final das contas, não esconde nada. Basta-lhe manipular vocês: vocês são um elemento, entre outros, do cerimonial em que o sujeito se compõe, justamente por poder decompor-se. O bunraku, teatro de marionetes, permite ver a estrutura muito comum disso por aqueles a quem ela dá seus próprios costumes" (Lacan, [1971] 2003, p. 18). A manipulação é tão meticulosamente ensaiada que temos a sensação oposta à de um mecanismo. A robótica japonesa finca raízes profundas nas sutis estéticas de seu teatro ímpar. A modernidade realiza a tradição.

Robôs que conversam são seres falantes?

Em 1968, Philip Dick publicava seu icônico *Androides sonham com ovelhas elétricas?*, que serviu de inspiração para o filme *Blade Runner*, de Ridley Scott, em 1982. No futuro distópico que, digamos de passagem, ficou para trás recentemente (a ação do livro se passa em 1992, a do filme, em 2019), androides idênticos a humanos promovem uma espécie de rebelião das máquinas. O enredo é conhecido de todos. Alguns androides replicantes rebelam-se contra o regime de servidão involuntária (são humanoides, se fossem humanos a servidão seria voluntária!) a que estão submetidos e contra a finitude programada (no caso humano, a finitude é costumeiramente denegada). Um elemento importante no livro, mas secundário no filme, é que, devido à extinção em massa da maior parte dos animais, possuir um animal de estimação transforma-se em um índice de status social. Aqueles que não podem ter um bicho de estimação natural possuem robôs. O protagonista Rick Deckard (no filme, Harrison Ford), por exemplo, possui uma ovelha elétrica. A experiência de assistir novamente ao filme original nos oferece uma experiência ímpar. Diversas previsões do livro e do filme parecem plenamente realizadas e, francamente, bastante ultrapassadas. Carros que voam ainda não são comuns, nem a colonização de outros planetas, tampouco androides indistinguíveis de humanos. Por outro lado, o avanço da tecnologia de comunicação e processamento de linguagem ultrapassou em muito a capacidade criativa de então. Não temos androides idênticos a humanos, mas andamos com "Androids" em nossas mãos e interagimos com eles mais do que com humanos. A capacidade de emular humanos desenvolveu-se menos no sentido da aparência física ou biorrobótica e mais no sentido do processamento de linguagem.

Com efeito, Mori trata, em seu artigo, essencialmente da similaridade física entre robôs e humanos. Embora a robótica tenha, de fato, concentrado muitos de seus esforços no desenvolvimento de máquinas humanoides (principalmente no Japão, graças a cientistas como Mori e a uma longa tradição cultural ligada a manufatura de robôs, que remonta a pelo menos dois séculos antes), não é a forma bípede, ou dotada de dois olhos e uma boca, que invadiu a vida das pessoas. Pelo contrário, a proliferação de computadores, telefones ditos "inteligentes" e demais aparelhos eletrônicos tem trazido uma inserção da robótica em nossas vidas de maneira pulverizada, levando-nos a interagir, trabalhar e até depender de robôs que não caminham nem nos olham nos olhos, mas nem por isso deixam de causar reações que vão da empatia à estranheza. Quando interagimos com operadoras de telefonia ou com aplicativos de banco ou de *marketplaces*, conversamos com avatares. São robôs linguísticos, o que não faz deles robôs linguageiros. Nossas crianças conversam com dispositivos: "Alexa, conte uma piada!". Nossa solidão ganhou companhia robótica, sem aparência humana, mas com voz humana. A relação sexual existe, à condição de estabelecer-se não entre dois seres falantes, mas entre um ser falante e essa versão contemporânea da ovelha elétrica de Dick, nossos *smartphones*!

Particularmente, esforços da comunidade científica têm se voltado não à tarefa de mimetizar humanos em sua aparência física, mas sim de emular a forma como se comunicam. O processamento de linguagem natural (NLP, do inglês *natural language processing*) conheceu recentemente grande sucesso na criação de modelos de IA capazes de compreender e reproduzir linguagem natural. Modelos como o ChatGPT surpreendem pela capacidade de engajar uma conversa de maneira "natural" com um usuário, podendo auxiliá-lo em tarefas várias: desde resumir um texto, escrever uma redação sobre determinado tema ou corrigir a gramática e a ortografia até tarefas que *quase* poderíamos classificar de criativas, como inventar uma nova receita, gerar um roteiro de teatro, escrever um conto de ficção ou aprender a relatar um sonho, como vimos anteriormente.

De maneira análoga ao gráfico de Mori, é na dimensão do *quase* natural que modelos como o ChatGPT se tornam infamiliares: sua criatividade não é real, mas fruto de um *treinamento* exaustivo em bilhares de frases escritas por humanos, tornando-o capaz de identificar relações estatísticas nada triviais entre palavras. Quando pedimos ao modelo que nos escreva um roteiro de teatro, o que vemos é de fato um roteiro que até então não existia; o que, por essa razão, parece fruto de uma criatividade legítima em geral se mostra menos impressionante sob um segundo olhar, quando ficam evidentes os lugares-comuns e a linguagem usada pelo modelo.

Isso não significa que ChatGPT e companhia não sejam capazes de realizações absolutamente notáveis. Não é difícil ficar admirado com suas habilidades linguísticas após alguns "diálogos", em que a precisão das respostas e a naturalidade da linguagem empregada podem nos causar a estranha sensação de estar conversando com uma forma de inteligência nova. Assim como um animal que se assusta com sua própria imagem refletida em um espelho, por acreditar se tratar de outra forma de vida que o encara, assustamo-nos em nossa interação com tais modelos, sem perceber que aquilo que estamos vendo não é outra forma de vida, mas sim um reflexo de nossa própria inteligência.

Com efeito, o exaustivo treinamento que mencionamos faz com que o modelo se torne um reflexo de bilhões de textos extraídos da internet, com exemplos de linguagem natural produzida por humanos. Esse reflexo, entretanto, é aproximado: uma imagem desfocada daquilo que já existe. Mais ainda: fosse o reflexo perfeito, o modelo não nos impressionaria; se o modelo fosse uma espécie de memória perfeita da internet, ao perguntarmos algo, receberíamos como resposta a reprodução exata de algum trecho da internet que contivesse a informação buscada, ou uma informação similar. Estaríamos diante de um simples motor de busca, como os que já conhecemos. Uma conversa com o robô falha exatamente por ser perfeita demais: o tom de voz costuma ser cordial e acolhedor, o uso da língua é gramaticalmente correto. Ao mesmo tempo, robôs não estão imunes àquilo que os próprios cientistas da computação chamam de "alucinações", quando, por exemplo, produzem informações falsas.

O ChatGPT é fruto de um impressionante esforço de pesquisa e desenvolvimento, que se materializa em um modelo cuja matemática é ao mesmo tempo abstrata e desconhecida de grande parte da população. Essa desigualdade é, na verdade, o grande ponto obscuro, como demonstrou Eugênio Bucci (2023). Estamos, na verdade, cercados por milhares de "robôs" frutos de esforços parecidos, que funcionam à nossa volta sem cessar, mas cuja interação conosco não se dá por meio de diálogos. O cálculo da rota mais eficiente em um aplicativo de mapas, a recomendação de músicas e filmes em aplicativos de *streaming* de conteúdo, a antecipação da palavra que escrevemos em aplicativos de troca de mensagens são exemplos de realizações cuja complexidade é enorme e ao mesmo tempo completamente desconhecida pela grande maioria de usuários. Quando nos chocamos com um diálogo com o ChatGPT, não é a sofisticação da matemática que nos impressiona, mas o jogo da imitação, a ousadia do modelo em tentar "falar" como falamos.

Em *A metamorfose,* o infortúnio sofrido por Gregor Samsa não atinge de maneira idêntica todos os personagens da obra. Aqueles que já conheciam Gregor antes de sua transformação, como o pai e a irmã, são aqueles que sofrem o efeito infamiliar que surge dela. Em contraste, aqueles que não o conheciam antes do acontecimento não parecem muito impressionados com o que veem. De maneira similar, podemos imaginar que as transformações tecnológicas causarão um efeito de infamiliaridade que não é uniforme através das gerações: alguém que nasce em uma era em que o ChatGPT é uma realidade dificilmente se impressionará, por exemplo, com a voz de um GPS que guia um motorista pela cidade. Por outro lado, alguém que nunca teve contato com tal tecnologia se surpreenderá justamente com a existência dessa voz. Em um experimento recente, crianças e jovens foram colocados diante de aparelhos tecnológicos hoje obsoletos, como cabines telefônicas operadas com fichas, aparelhos de fax e telefones de discar. Nenhum deles conseguiu utilizar os aparelhos. Em seguida, idosos que têm dificuldade com *smartphones* e internet operaram as máquinas com desenvoltura, para o espanto de seus netos.

Mas o ponto que nos interessa é o seguinte. Uma máquina como o ChatGPT é capaz de uma fala não-qualquer, como a da associação livre, que pressupõe não um treinamento em bilhares de textos, mas justamente o regime privado do sem sentido de lalíngua? Pode um robô ser traumatizado pelo furo da língua, inferir uma norma de distribuição desigual de gozos permitidos e proibidos por um equívoco entre o vinho e o ovinho? Pode uma máquina recuperar o caráter mágico da palavra, seu peso próprio, sua capacidade de ferir, de curar, de fazer gozar? Lidamos, numa psicanálise, com a lata de lixo da lógica e da linguística. Máquinas são plenamente capazes de conversar, mas não falam sem saber, não gozam quando falam. Conversam e interagem, mas não escutam o texto inconsciente que goza. O ofício do psicanalista é justamente o de devolver o caráter mágico da palavra. A palavra que fere também cura.

O urso, o androide e o coração

A esta altura de nosso percurso, poderíamos perguntar se o que realmente nos angustia é a semelhança, a indiscernibilidade entre o robô (seja ele humanoide ou conversador) e o humano. Hoffmann já nos havia mostrado, com sua ironia suprema, os dois lados da moeda: não há salvação, nem para o poeta nem para o burguês. Já sabemos, há mais de um ou dois séculos, que o indivíduo burguês, ou o homem moderno, ou o sujeito neoliberal, ou o que veio depois dele não vai muito além de uma engrenagem, que nem sempre funciona muito bem, numa máquina obsoleta e sem propósito. Por outro lado, já tememos, se não desde Pigmaleão, pelo menos desde Frankenstein (Mary Shelley, de 1816-1817), de HAL 9000 (*2001: uma odisseia no espaço*, de 1968) ou dos replicantes de *Blade Runner* (de 1982), uma espécie de revolta das máquinas, em que a criatura se vinga do criador.

Não há como não perceber nos estudos de robótica inspirados em Mori – assim como na literatura e no cinema nos quais humanos lutam com não humanos (o monstro, o robô, o androide, a IA etc.) – a presença silenciosa e subterrânea de um esquema quase diria teológico. Trata-se, na apropriação ocidentada do Japão, da narrativa do fim do tempo histórico, do apocalipse, da vingança da criatura sobre o criador. Um esquema, no fundo, edípico. Um esquema totalmente alheio ao contexto original do próprio Mori, mas que volta e meia nos assusta, devido, talvez, ao fundo teológico de nossa cultura ocidental.

Desativar esse esquema foi a tarefa cumprida pela mulher-urso desde a primeira linha deste livro. Foi também uma das funções de recorrer ao relato de Jean-Luc Nancy, quando compara seu corpo transplantado a "um androide de ficção científica, ou mesmo um morto-vivo" (Nancy, [2000] 2010, p. 43). Quando eu relato, em primeira pessoa, a experiência – que não chega a ser uma experiência, mas uma zona cinzenta entre uma memória implantada e uma lembrança tão vívida quanto nublada – da circulação extracorpórea e da respiração por aparelhos, é também no sentido de desativar o esquema teológico da narrativa que subjaz a teoria da vingança da criatura contra o criador, presentes em nossas angústias diante de robôs e IA.

Se quisermos avançar nesses domínios, precisamos abandonar o problema da semelhança ou não com o "humano". Não é isso que nos encanta, angustia-nos, aterroriza-nos ou nos causa repulsa. O problema tem a ver com isso que Freud caracterizou a partir do infamiliar e que Lacan avançou com a extimidade. O que angustia é a presença desse objeto que deveria estar elidido, disso que deveria estar envelopado pelo sintoma, ou que deveria ter sido extraído do Outro a fim de constituir um corpo.

O ponto poderia ser demonstrado por uma espécie de curto-circuito no argumento. O que ocorre quando um humano apresenta comportamentos estereotipados que lembram os de um robô? Lançada em 2022, a série sul-coreana *Uma advogada extraordinária* apresenta uma jovem de 27 anos diagnosticada com TEA e identificada a essa nomeação. Com muitas dificuldades, ela consegue formar-se em Direito e ingressar num importante escritório de advocacia. Deliberadamente, trato aqui da representação cinematográfica do autismo e não de um caso clínico ou da entidade TEA. Interessa-me mais, nesse momento, a forma como a verdade se estrutura na ficção. A personagem apresenta comportamentos bastante estereotipados, mais ou menos típicos do espectro autista, com sintomas de ecolalia, hiperfoco, rigidez e dificuldades sociais. Em algumas cenas, seu comportamento é bastante robotizado e parece produzir um efeito de desconforto no telespectador, amplamente discutido e repercutido nas redes sociais.

Nesse caso, estamos olhando para o gráfico do *uncanny valley* a partir de sua dobra moebiana. Não estamos diante de um robô que se assemelha a um humano, mas de um humano com traços estereotipados que, pela iteração de automatismos, lembram, de alguma forma, um robô. Essa sensação de desconforto, tipicamente neuroticocentrada, apresenta-nos um real em que nada falta, onde falta o furo (Laurent, 2014, p. 80). Nesse sentido, "dizer que não há furo é também dizer que não há borda delimitando esse furo, no sentido de que uma borda é uma zona fronteiriça, possível de ser transportada, é o lugar onde contatos e trocas podem ocorrer" (Laurent, 2014, p. 82). A criança autista nos mostra o que é essa presença do duplo que não é uma imagem no espelho ou uma sombra que se comporta como o corpo que a produz. E se a imagem no espelho perdurar além de mim ou a sombra se movimentar independentemente de mim? E se o gato não fizer "au-au" nem o cachorro fizer "miau"? Ainda assim teríamos o sorriso sem o gato?

Assim, o que nos angustia e que produz o efeito de horror descrito pelo *uncanny valley* não é a quase perfeição, mas justamente o contrário. O que falta à máquina, ou à

IA, ou aos robôs para se tornarem humanos? Uma resposta psicanalítica poderia dizer que o que lhes falta é a "falta da falta", o objeto *a*. Ou, freudianamente, o que falta não é a alma, a linguagem, as pulsões, mas, justamente, aquilo em que tudo isso se condensa: o infamiliar. Em outras palavras, não falta nada, exceto a falta.

∞ ∞ ∞

Poderíamos nos perguntar se é possível cruzar o vale infamiliar. Dez anos depois de seu transplante cardíaco, Jean-Luc Nancy fala sobre os restos de sua experiência: "tudo é intrusivo nesse entrelaçamento inextricável de 'natureza' e 'artifício' que forma o mundo dos homens, quer dizer, o mundo *tout court*, absolutamente e sem fora. De fato, esse intricamento me dá cada vez menos o sentimento de ser estrangeiro – de qual ordem 'natural', eu o seria? ... e cada vez mais a consciência de uma familiaridade sempre crescente com este corpo montado, bricolado, aparelhado" (Nancy, [2000] 2010, p. 52-53). Nastassja Martin cruza o vale ao recusar a narrativa sensacionalista da imprensa, que insistia em afirmar que uma antropóloga francesa havia sido atacada por um urso siberiano, dizendo, ao contrário, que o acontecimento tinha sido outro: uma mulher francesa e um urso siberiano haviam se encontrado e o destino de ambos tinha sido marcado por aquele encontro. O que está em jogo aqui é a recusa da narrativa antropomórfica que opõe o homem ao animal; o que Nancy recusa é o esquema que separa o corpo natural e o artificial. Atravessar o vale infamiliar equivaleria, de alguma maneira, ao que, em psicanálise, chamamos de passe? Ou, ainda, um passe da própria psicanálise, ao dar um passo para além do enquadre edípico?

∞ ∞ ∞

No próximo passo, avançarei a hipótese de que estamos imersos numa espécie de generalização contemporânea do infamiliar. Não estaríamos, neste ponto do século XXI, como sujeitos e como sociedade, diante do hiper-realismo das imagens geradas por computador e dos espectros da IA, mergulhados em algum ponto desse *uncanny valley*?

Capítulo 17
Generalização contemporânea do infamiliar

Em seu famoso seminário sobre *A angústia*, proferido em 1962-1963, Lacan afirma que a angústia surge como algo que não pode ser dito na cena do mundo, mas que depende de certo enquadramento:

> angústia é quando aparece nesse enquadramento o que já estava ali, muito mais perto, em casa, *Heim*. É o hóspede, dirão vocês. Em certo sentido, sim, é claro, o hóspede desconhecido, que aparece inopinadamente, tem tudo a ver com o que se encontra no *unhemlich*, mas é muito pouco designá-lo dessa maneira, pois, como lhes indica muito bem com o termo em francês, assim, de imediato, esse hóspede [*hôte*], em seu sentido comum, já é alguém bastante inquietado pela espera. Esse hóspede é o que já passou para o hostil [*hostile*] com que iniciei este discurso sobre a espera. No sentido corriqueiro, esse hóspede não é o *heimlich*, não é o habitante da casa, é o hostil lisonjeado, apaziguado, aceito. O que é *Heim*, o que é *Geheimnis* [segredo, mistério], nunca passou pelos desvios, pelas redes, pelas peneiras do reconhecimento (Lacan, [1962-1963] 2005, p. 86-87).[55]

---

[55] Sobre a hospitalidade, ver Rodrigues (2013).

É numa casa que a gente se sente só

Aqueles que puderam se dar ao terrível luxo de viver o isolamento em regime *full-time* durante pelo menos parte da pandemia de covid-19 certamente darão razão a Marguerite Duras em "Escrever": "É numa casa que a gente se sente só. Não do lado de fora, mas dentro". Pouco tempo atrás, não seria possível ter ideia de quão agudo seria, no século XXI, esse pequeno texto de Marguerite Duras. Certo discurso psicológico insiste em que devemos, segundo seu mantra, reconciliar-nos com o "verdadeiro Eu", nosso "Eu interior", afastando-nos de "falsas crenças", algumas vezes acrescentando "impostas pela sociedade". As experiências de confinamento exigidas pelas medidas de isolamento social devido à pandemia de covid-19 mostram, por sua vez, o quanto ter de conviver com o "verdadeiro Eu" de cada um pode ser, para muitos, insuportável, intensificando estados de angústia, e o texto de Freud vai nos ajudar a entender um pouco do que está em jogo nesse insuportável.

Apresentei pela primeira vez a hipótese de uma generalização contemporânea do infamiliar em 2019, quando do lançamento da edição de *O infamiliar* pela Autêntica Editora. Àquela altura, ninguém poderia imaginar como a pandemia de covid-19 nos confrontaria com essa espiral de incerteza e medo, com essa brutal política da morte, com a imperdoável indiferença à dor dos outros que o riso de uns não soube esconder. Soa risível ler hoje a primeira página do *best-seller* do filósofo Byung-Chul Han. Em 2010, ele escrevia: "Apesar do medo imenso que temos hoje de uma pandemia global, não vivemos uma época viral. Graças à técnica imunológica, já deixamos para trás essa época" (Han, 2015, p. 7). Apenas 10 anos depois dessa afirmação, fomos (re)apresentados ao infamiliar dentro de nossas próprias casas: a impossibilidade de se sentir em casa *em casa* foi sentida na carne por muitos daqueles que tiveram o privilégio de poder se isolar.

Lembremos que, para Freud ([1915] 2020), a morte é irrepresentável no inconsciente, tese que se articula à constatação de que encontramos conservada, na vida psíquica dos modernos, uma relação com a morte muito parecida com aquela pertencente aos povos ditos primitivos: no dizer do psicanalista, o antigo permaneceria oculto sob uma fina camada. Mas, numa situação extrema como a guerra ou a pandemia – a da época de Freud, mas também a nossa –, essa camada que nos separa da relação convencional com a morte simplesmente rui, de modo que, no século XXI, talvez pudéssemos reformular a questão freudiana de outra maneira: a pulsão de morte ainda opera silenciosamente?

Inicialmente, numa primeira camada, a sugestão de leitura que tenho para *Das Unheimliche*, que foi escrito ao mesmo tempo que *Além do princípio de prazer*, é que o leiamos como uma espécie de "para além do princípio de realidade", especialmente se atentarmos para um trecho, na passagem entre as partes 2 e 3 do texto, em que Freud interroga o estatuto ontológico da ficção. Ele faz uma espécie de distinção entre os regimes de verdade da fantasia e da realidade. Nas palavras de Freud ([1919] 2019, p. 93): "Quando as fronteiras entre a fantasia e a realidade são apagadas", temos ali a expressão máxima do *Unheimliche*. Minha pergunta, então, é se – ou em que medida – essa distinção, essa fronteira entre fantasia e realidade, sustenta-se ainda hoje. Ou seja, o argumento sobre a experiência generalizada do *Unheimliche* tem a ver com certa ruína dos critérios que permitiam uma distinção clara entre fantasia e realidade.

De fato, durante a pandemia de covid-19, fomos confrontados com uma espécie de aprofundamento da experiência generalizada do infamiliar. Se muitos já haviam percebido que já não existe mais a *Heimlichkeit* humana, a pandemia aprofundou a experiência generalizada de *Unheimlichkeit*, metaforizada pela impossibilidade de nos sentirmos em casa em casa. Fomos confrontados com um regime forçado de retorno à casa, a uma casa que não existia mais. Se não é mais possível nos sentirmos em casa em casa, o que acontece quando de repente somos lançados dentro de casa? Alguns casais precipitaram decisões de viver juntos, para outros a convivência 24/7 resultou em separação ou em violência. Fomos privados de nossas estratégias-padrão diante da solidão: para uns, o sublime trabalho; para outros, as diversões e suas tragédias. A quarentena nos isolou em florestas de concreto e vidro, infamiliares, ominosas, sinistras. Exilados em nossas próprias casas, experimentamos uma invasão maciça da ficção na realidade, tornando a forclusão não apenas generalizada, mas também à flor da pele, à flor dessa casca de nogueira de nossos *smartphones* onde nosso corpo é reduzido a voz e sangue. Na cruzada contemporânea, nossas armaduras são máscaras.

∞ ∞ ∞

O argumento que sustenta a hipótese de uma generalização contemporânea do infamiliar tem a ver com certa ruína dos critérios que permitiam uma distinção clara entre fantasia e realidade na vida social compartilhada. Esse processo, que se desenrola há pelo menos meio século, culmina e ganha contornos absolutamente inimagináveis com a emergência e a proliferação das redes digitais, que absorvem a tarefa de filtrar nossa experiência comum, definindo "comum" de uma maneira absolutamente nova, através de algoritmos. Paralelamente, a expansão crescente de mecanismos de culpabilização, vulnerabilização, precarização da vida cobram seu preço subjetivo, precisamente no retorno opaco de nosso duplo melhorado projetado nas redes. A recente aceleração, absolutamente vertiginosa e incontrolável, da presença da IA nas nossas vidas é o ponto culminante de tudo isso. Cada vez temos menos recursos para distinguir o "verdadeiro" e o "falso". Um estudo da Universidade de Lancaster, na Inglaterra, sugeriu que humanos não conseguem mais distinguir rostos de pessoas "reais" e rostos criados por IA. Não bastasse isso, humanos tendem a confiar mais nas fisionomias sintetizadas do que na de pessoas "reais" (Whitworth, 2022). Mas como chegamos até aqui?

Existem pelo menos dois caminhos para abordar a questão. Em primeiro lugar, há um texto instigante de Jean-Luc Nancy ([1993] 2019), em que ele argumenta que o que era *unheimlich* para Freud – e para seus contemporâneos, como Jentsch – era, por exemplo, um autômato que ganha vida, ao modo da boneca Olímpia, ou um ser vivo, uma pessoa, que vive como se fosse um autômato, ao modo da criatura de Frankenstein, temas recorrentes na literatura do século XIX. Esse autômato que ganha vida é, hoje, banal, trivial, não assusta mais ninguém. O argumento de Nancy é que a linha tênue contemporânea entre o real e o virtual, que aparece, por exemplo, num membro mecânico (como uma prótese biônica), na nanotecnologia, no transplante de órgãos (em que um órgão de outra pessoa morta funciona dentro do corpo vivo do transplantado), na instalação de equipamentos eletrônicos que substituem órgãos ou estruturas ou funções biológicas, tudo isso redesenharia a partilha do *heimlich* e do *unheimlich* que Freud havia proposto.

Nesse sentido, teríamos hoje uma experiência generalizada do infamiliar, a ponto de Nancy dizer que a onipotência contemporânea não seria nem divina nem humana, mas um processo autônomo, trans-humano. Essa construção vai fazer com que o filósofo conclua que já não existe mais a *Heimlichkeit* humana: esse lugar onde nos sentimos à vontade, esse lugar em que nos sentimos em casa em casa, isso não existiria mais do mesmo jeito. Embora essa leitura seja muito instigante, não é exatamente essa a via que gostaria de tomar; afinal, o próprio Freud faz um deslocamento importante em relação ao conto de Hoffmann.

Os leitores de Hoffmann em geral localizavam o efeito infamiliar, o efeito *unheimlich*, na boneca Olímpia: ela seria o personagem responsável por esse efeito, na medida em que seria uma boneca, um autômato, mas que parecia ter vida. Diferentemente, Freud vai dizer que aquilo que é *unheimlich* no conto, no sentido psicanalítico do termo, não é um autômato que ganha vida. Na releitura freudiana, o *unheimlich* é o Homem da Areia, o pai dividido que aparece ali como o centro da experiência do *unheimlich*, abrindo espaço para os temas da morte e do olhar, elementos talvez mais interessantes do ponto de vista psicanalítico do que a referência ao autômato. Não seria difícil localizar os personagens de Hoffmann no vale infamiliar de Mori. Basta substituirmos o robô androide pela boneca Olímpia, a mão artificial, pelos *bellis occhios*, e assim por diante, para encaixarmos, uma a uma, as peças do quebra-cabeça. O quadro se complica, contudo, por um detalhe essencial da contemporaneidade. Não estamos mais diante apenas do pai dividido, impotente, fraco; mas do próprio desfacelamento das coordenadas patriarcais da sociedade do século passado. O objeto, portanto, ocupa o zênite de nossa experiência social, cada vez menos compartilhada, cada vez mais experienciada ao modo de um estilo "autístico", mais do que "autômato". Hoffmann digital é o paradigma do contemporâneo.

Qual é a chave para entendermos isso? Trata-se de investigarmos qual é o estatuto ontológico da fantasia e da realidade, que é o que Freud vai fazer na terceira parte do ensaio. Penso ser preciso levarmos absolutamente a sério a afirmação de que a própria psicanálise se tornou *unheimlich*. Essa frase é um programa político sobre a sobrevivência da psicanálise, que não pode perder esse caráter infamiliar. Essa estratégia já está presente quando Freud reconta o conto, ao fazê-lo de maneira absolutamente infiel: ele é infiel a Hoffmann, pois estabelece relações causais que o próprio autor recusava.

Quando Freud estabelece que os personagens Coppola e Coppelius são a mesma pessoa, fazendo ver aí a incidência de um pai cindido, ele sugere que a fantasia do poeta não é livre. Essa é uma grande crítica à concepção romântica do papel do poeta na sociedade. Ou seja, não há um lugar de fala neutro, o poeta não escolhe ficar "dos dois lados", no lugar da fantasia e no lugar da realidade, como se ele tivesse uma espécie de passaporte, de *green card* ou *laissez-passer* que lhe permitisse transitar livremente entre esses domínios. Ninguém tem esse passaporte. Ao contrário, o poeta, ele próprio, está submetido à fantasia. É isso que Freud está propondo ali. Como, aliás, havia afirmado cerca de 10 anos antes. Com efeito, em *O poeta e o fantasiar* (1907-1908), a fantasia é apresentada como aquilo que atravessa a dimensão temporal, permitindo transitar entre passado, presente e futuro. O poeta cria um mundo em que seria possível "gozarmos com nossas fantasias sem censura e sem vergonha" (Freud, [1908] 2015, p. 64). Então, podemos perguntar: em um momento civilizatório supostamente permissivo e tolerante, em que a censura e a vergonha ganham novos contornos e se deslocam do centro da vida psíquica para sua periferia, quais são suas consequências para a fantasia? Seríamos, no século XXI, então, virtualmente capazes de "gozar com nossas fantasias sem censura e sem vergonha" como outrora apenas o poeta podia fazer? Certamente não, embora possamos pensar que esse gozo sem censura e sem vergonha tenha se consolidado como uma espécie de fantasia social, amplamente difundida na cultura: não é esse o zênite do horizonte de nossa economia política do gozo?

Nesse sentido, Freud faz com Hoffmann a mesma operação que Hoffmann fez com um de seus personagens, o poeta Nathanael. Hoffmann não salva o poeta. Por um lado, o autor faz uma crítica aos mecânicos burgueses, que não percebem que Olímpia é um autômato: mesmo que eles a descrevam como um "cadáver rígido", eles não percebem seu caráter de autômato, supõem ser Olímpia apenas uma mulher fria. Por outro lado, como demonstra Freitas (2019), "Hoffmann é impiedoso não apenas com a burguesia, reiterando sua incapacidade de perceber as coisas, mas também com Nathanael, com o poeta". Com uma "suprema ironia" (Freitas, 2019, p. 271), Hoffmann mostra que Clara, a noiva viva de Nathanael, morria de tédio com os poemas que o namorado lia para ela; e, diante disso, ele a troca por uma boneca sem vida, que o escuta perfeitamente, sem bocejar. É a escuta perfeita que o namorado encontra. Ela não faz como Clara, que escutava os poemas e quase dormia, ou se distraía com qualquer outra coisa. E Freud faz com Hoffmann a mesma operação: ele mostra que a fantasia poética oculta uma fantasia real. Trata-se de um Freud iluminista explicando o romântico. No Japão do século XXI, bonecas de silicone hiper-realistas, equipadas com cabeça e vagina desmontáveis e laváveis, não funcionam apenas como brinquedos sexuais. Conhecidas como "boneca do amor", alguns homens preferem o duplo de silicone às japonesas de "coração frio". Não precisamos ir tão longe.

Em termos psicanalíticos, tudo se passa como se o deslocamento da referência fálica como ordenadora do discurso desembocasse nessa vacilação cada vez maior entre o real e a ficção. Com a ressalva de que o que atormenta no infamiliar não seria apenas a reversibilidade entre realidade e ficção, mas, sobretudo, a presença do real no irreal (na ficção, na fantasia etc.) (cf. Lacan, [1962-63] 2005, p. 91). Nesse sentido, o infamiliar situa-se no "além do falo" (Castro, 2021, p. 40). *Grosso modo*, o infamiliar pode ser pensado como precursor freudiano do objeto *a* lacaniano. Ele está ligado a tudo que pode aparecer no lugar da castração (-phi). O objeto *a*, rigorosamente falando, não é a falta, mas a falta da falta: "a angústia não é sinal de uma falta, mas de algo que devemos conceber num nível duplicado, por ser a falta de apoio dada pela falta" (Lacan, [1962-1963] 2005, p. 64).

Contemporaneamente, em tempos de aliança entre discurso do capitalista e expansão da necropolítica, a falta da falta parece ganhar outro estatuto. O que nos angustia é que "a falta venha a faltar" (Lacan, [1962-1963] 2005, p. 52). Se é verdade que o infamiliar é aquilo que aparece "no lugar em que deveria estar o menos-phi" (Lacan, [1962-1963] 2005, p. 51) e, se, em nosso tempo, esse menos-phi da castração é substituído por um gozo deslocalizado em relação ao falo, temos outra versão da generalização contemporânea do infamiliar. Instalando-se cada vez mais no "zênite do social", o objeto *a* implicaria, hoje, a "prevalência de um gozo múltiplo e constelar" (Castro, 2021, p. 39). Na verdade, o próprio Lacan sugere essa hipótese da possibilidade de uma experiência generalizada do infamiliar: "se, de repente, faltar toda e qualquer norma, isto é, tanto o que constitui a anomalia quanto o que constitui a falta, se esta de repente não faltar, é nesse momento que começará a angústia. Tentem aplicar isso a uma porção de coisas" (Lacan, [1962-1963] 2005, p. 52). O convite é de 1962. Não é esse "de repente" que parece ter se concretizado não apenas individualmente, mas também de forma coletiva?

Instrumentalização perversa da ficção

Se seguirmos a indicação de Freud para sustentarmos uma psicanálise infamiliar, uma psicanálise para o século XXI, ou uma psicanálise extemporânea, para usar um termo de Giorgio Agamben, essa psicanálise é aquela que ao mesmo tempo afirma que a verdade tem estrutura de ficção, mas não dilui o real numa espécie de infinitização das narrativas. Há um real em jogo que impede que se possa dizer qualquer coisa. Se é verdade que nenhum discurso prescinde do semblante, isso todavia não equivale a reduzir o real às narrativas. E é justamente essa tentativa de redução que presenciamos hoje nessa espécie de instrumentalização perversa das ficções, que aparece claramente no discurso da pós-verdade. Esse real que nos atormenta na ficção, na fantasia, na pós-verdade, em todas as formas de "irreal", pode manifestar-se de diversas formas. Uma delas é, justamente, o infamiliar.

∞ ∞ ∞

Na política contemporânea, há em curso uma instrumentalização perversa de algumas das consequências de um discurso que, há cerca de 50 anos, interroga a própria estabilidade da noção de realidade ou a autoridade hegemônica da ciência para seu conhecimento. A esse respeito, podemos pensar em Julio Cortázar, que produz uma imbricação entre fantasia e realidade. Se evito propositadamente qualquer distinção conceitual fina entre literatura fantástica, realismo mágico, realismo maravilhoso etc., não é porque as recuso, mas porque, para fins deste argumento, não nos ajudariam muito. O que preciso, antes de tudo, é lembrar a tese segundo a qual o insólito, o fantástico, o surreal estão de tal maneira misturados com nossa experiência cotidiana da realidade que a distinção naturalizada de fantasia e realidade precisa ser interrogada. Essa é a tese geral difundida quando da expansão magnífica da literatura fantástica hispano-americana. Paralelamente a isso, poderíamos evocar também o trabalho de desconstrução que importantes autores como Michel Foucault, Jacques Derrida e Bruno Latour fizeram da epistemologia, da ciência, dos discursos etc. No campo da epistemologia *stricto sensu*, desde Paul Feyerabend, pelo menos, a ciência perde, se não prestígio, ao menos hegemonia como discurso privilegiado sobre a realidade. Isso tudo abriu caminho para a explosão das epistemologias, que culminou na consolidação de campos de discursos como as epistemologias regionais (epistemologia feminista, epistemologia *queer*, epistemologias do sul, e assim por diante). De alguma forma, esse momento histórico que destronou a ciência, a razão, ou que de alguma maneira pluralizou as narrativas, passa a ser instrumentalizado de maneira perversa na política contemporânea.

Uma curta piada – com a qual podemos rir ou chorar – talvez possa ser bastante ilustrativa dessa perda contemporânea dos índices partilhados de realidade. Depois de um longo dia de trabalho, um homem puxa assunto com alguém que acaba de se assentar ao seu lado no metrô: "Você ouviu a última? Tem gente que até hoje não acredita que o homem pisou na Lua!". Ao que seu interlocutor responde: "E você acredita em Lua?".

Esse exemplo mostra uma versão caricatural, exagerada, hiperbólica dessa crescente indistinção entre ficção e realidade, que caminha nos dois sentidos. Tanto na direção da ficcionalização da realidade, quanto na da realização da ficção. Nossas experiências cotidianas são ameaçadas por essa sombra. Por mais campanhas de esclarecimento que tenhamos acerca de fraudes eletrônicas, quantas pessoas caem diariamente em golpes cibernéticos, não sabendo identificar com clareza o agente bancário e o estelionatário? Numa conhecida cena da *Ópera dos três vinténs,* o personagem Mac Navalha, pouco antes de ser enforcado, diz: "Minhas senhoras e meus senhores estão vendo extinguir-se o representante de uma classe em extinção. Nós, pequenos artesãos burgueses, que trabalhamos com o bom e velho pé-de-cabra as modestas caixas dos pequenos comerciantes, estamos sendo engolidos pelos grandes empresários, atrás dos quais estão os bancos [...]. O que é um assalto a banco comparado à fundação de um banco?" (Brecht, 1992, v. 3, p. 103). A tirada de Brecht parece se realizar, ironicamente, no ciberespaço. Por que mesmo pessoas altamente instruídas, como médicos ou engenheiros, acreditam em *fake news* claramente falaciosas? Por que elegemos líderes mitômanos que prometem reerguer uma ordem para sempre perdida?

O paradigma da democracia liberal representativa encontra aqui seu limite. Mergulhados no vale infamiliar, parece que perdemos algo, mas que não estamos dispostos a realizar essa perda. Perder a perda seria uma maneira de atravessarmos esse vale?

Nada disso é o infamiliar, mas situações como essa talvez possam ser entendidas como respostas bastante toscas, bastante precárias, para tentar liquidar essa inquietante estranheza solidificada no ar.

Achille Mbembe nota também essa fusão contemporânea de animismo e capitalismo, transformando o real em ficção e a ficção em real (Mbembe, 2020a, p. 18). Não por acaso, o filósofo camaronês igualmente percebe "a generalização da sensação de terror e a democratização do medo" (Mbembe, 2020b, p. 56). O infamiliar está justamente nesse espaço, nesse intervalo entre o terror e o medo, de toda forma generalizados ou potencializados.

A generalização contemporânea do infamiliar diz respeito ao modo como certa forma de sentimento de angústia enquadra nossa experiência cotidiana, não como fenômeno psicopatológico individual, mas como um processo mais disseminado, mais generalizado, característico de nosso tempo histórico. Talvez possamos sugerir que ele seja uma sensação, um presságio, um pressentimento de que a morte mudou de estatuto (Kaufmanner, 2022), de que o necropoder se imiscui sorrateiramente no tecido do tempo. É importante frisar que generalização não quer dizer universalização. Nesse sentido, não é apenas a porosidade entre ficção e realidade no século XXI que justifica essa hipótese acerca da generalização do infamiliar, mas sobretudo a infiltração do real no irreal.

Epílogo

No epílogo, retomo os vagalumes freudianos e interrogo uma das frases mais citadas de Lacan, segundo a qual deve renunciar à prática da psicanálise "quem não conseguir alcançar em seu horizonte a subjetividade de sua época" (Lacan, 1998, p. 322).

Epílogo

Vagalumes

"O inconsciente nunca despista tanto quanto ao ser apanhado em flagrante" (Lacan, [1967] 2003, p. 329). Esse é o paradoxo do conhecimento do inconsciente, já formulado claramente por Freud em seus escritos metapsicológicos. O inconsciente é justamente aquilo que resiste à apreensão conceitual, aquilo que, ao ser apanhado, escorre entre os dedos. O inconsciente é justamente aquilo que desliza entre uma palavra e outra. No limite, o inconsciente freudiano, o inconsciente cortado pela pulsão, não é. Ou, como coloca Lacan, "nem ser nem não-ser, mas é algo de não-realizado" (Lacan, [1964] 2008, p. 37). O problema deixa de ser meramente epistemológico para ser também ontológico, ou "pré-ontológico". Em que condições podemos enunciar ou conceituar o que o inconsciente "é"?

O estatuto do inconsciente parece, portanto, muito mais orientado por uma ética, por uma política do que por uma ôntica ou uma ontologia. O mesmo não valeria também para a própria psicanálise? O que é a psicanálise senão essa prática radical, insubmissa aos protocolos e às normas, essa prática profundamente extemporânea, que quanto mais tentamos enquadrar nos lugares fixos da cultura ou do saber ou da história, mais não se deixa aprisionar? Certa condição de atopia é crucial e intrínseca ao fazer analítico. Não existe psicanálise sem mal-estar. Não apenas porque a psicanálise faz do mal-estar sua matéria, mas também porque, onde quer que se instale, um novo mal-estar se produz, seja na universidade, seja nas políticas públicas, seja nas ruas.

Essa condição errante, atópica, infamiliar foi tematizada por Freud em seu último texto de fôlego, *O homem Moisés e a religião monoteísta*, de 1939. A prosa árdua, algo repetitiva e sem concessões à elegância ou à economia textual, elementos típicos do "estilo tardio", denotam um escritor maduro e exigente. O livro traria contribuições fundamentais para a concepção psicanalítica da temporalidade, para a teoria do pai, para o conceito de Supereu, para a teoria da sublimação, além de uma sofisticada elaboração do conceito de verdade histórica, que, em alguma medida, colocava em perspectiva a antiga concepção freudiana de que a religião seria fundamentalmente uma ilusão. Mas, sobretudo, tratava-se de propor uma espécie de teoria psicanalítica da tradição e da transmissão (Bernstein, 2000). Consciente da proximidade de sua morte, importava assegurar a sobrevivência da psicanálise. Não por acaso, os trabalhos de maior envergadura preparados naqueles anos tratavam justamente de oferecer uma teoria da tradição e de sua transmissão (*O homem Moisés e a religião monoteísta*) e uma súmula tão completa quanto possível da teoria e da prática analítica (*Compêndio de psicanálise*).

Durante todo aquele período, o trabalho ao qual se dedicou mais intensamente foi o terceiro e mais extenso ensaio de seu *Moisés*. Ao longo dos três ensaios, o livro traçava uma espécie de genealogia do povo judeu, em que a própria identidade judaica apareceria cindida. "Ao escavar a arqueologia da identidade judaica, Freud insistiu em que ela não teve início em si mesma, mas sim em outras identidades" (Said, 2004, p. 73). De fato, era o próprio devaneio "identitário" que seria posto em xeque, às vésperas da eclosão da Segunda Grande Guerra, orientada ela mesma pela fantasia da pureza e da supremacia arianas – pela esperança em alcançar uma "solução final" diante da suposta impureza encarnada pela infamiliaridade do povo judeu, assim como por diversas outras figuras da alteridade (pessoas não heterossexuais, ciganas, loucas, portadoras de deficiência etc.) eleitas para encarnar a imagem positivada e substancializada do mal que impediria a concretização de uma totalidade social harmônica – impossível por estrutura.

Em 1935, a psicanálise havia sido decretada "ciência judaica". Sob a supervisão do próprio Göring, os nazistas implantaram um "programa de destruição não só de seus praticantes não exilados, como de seu vocabulário, palavras e conceitos" (Roudinesco, 2010, p. 105). Incansavelmente, Freud rejeitara, em diversas ocasiões, o caráter judaico da psicanálise, preferindo apresentá-la como "ciência", enquanto apresentava a si mesmo como um "judeu sem deus", profundamente crítico da religião. Mas, naquele momento, às vésperas da Segunda Guerra, parecia, um tanto ironicamente, que o que poderia salvar a psicanálise depois da morte de seu criador seria o mesmo que tinha salvado o próprio judaísmo: a transmissão de uma prática de leitura e de escrita, mas sobretudo uma profunda compreensão da inevitabilidade "do exílio e da dispersão" (p. 105). Judeu da diáspora, Freud nunca negou solidariedade aos seus colegas sionistas, ao mesmo tempo que não escondia sua suspeita quanto à viabilidade de um estado judeu na Palestina. A história – do passado e do presente – nos lembra, insistentemente, que nada garante que o oprimido e brutalizado de ontem não possa se tornar o brutal opressor de hoje.

Ao fim e ao cabo, ao sugerir que Moisés, o patriarca do povo judeu, era estrangeiro, egípcio, norte-africano, Freud está insistindo numa tese absolutamente radical acerca da identidade. No fundo da identidade, há um estrangeiro, o radicalmente Outro. No fundo do fundo, não há nada: o mito aqui é o esforço de dar uma forma épica ao real que está em jogo, o impossível. "Inserir a figura do estrangeiro no seio da tradição judaica é falar da intrusão traumática do Outro que se assemelha a um corpo estranho. Um estranho familiar. A dimensão do pertencimento, saber-se conhecido e reconhecer-se como membro de uma classe, uma família, um povo, fica cindida. Trata-se da superação do idêntico e do acolhimento da condição de exilado" (Moreira, 2014, p. 212). Não se ousa um gesto dessa natureza sem pagar com a própria carne, com o próprio ser: "Privar um povo do homem a quem enaltece como o maior de seus filhos, não é algo que uma pessoa empreenda com gosto ou de maneira leviana, sobretudo quando ela mesma pertence a este povo" (Freud, [1939] 2014, p. 33).

Nomeando-se como um "judeu sem deus", Freud sustenta uma espécie de identidade sem identidade, uma reivindicação identitária avisada do fundo de alteridade que compõe qualquer formação de sujeito. Pois, se Freud continua a afirmar-se judeu, é porque, entre outros motivos, ele jamais deixou de sofrer efeitos específicos da leitura de seu nome e de seu corpo na cultura, tal como nos mostra a necessidade do exílio para a Inglaterra como forma de escapar ao genocídio antissemita que espreitava a Europa já em 1938.

A condição atópica na estrutura dos saberes, extemporânea em relação às injunções do tempo histórico, êxtima em relação à ciência, insubmissa ao poder instituído, em suma, esse caráter infamiliar que constitui a própria psicanálise é o que fornece, em um só gesto, sua fragilidade e a perene sensação de sua morte, sua superação, mas, ao mesmo tempo, a força de quem sabe viver de sua própria morte.

Nesse sentido, a psicanálise ainda não nasceu, quer dizer, ela nasce todos os dias, a cada vez que alguém aceita o convite a associar livremente e que essa fala não-qualquer encontra alguém disposto a escutá-la de uma maneira também não-qualquer. E, se ela nasce cotidianamente, nos quatro cantos do mundo, ela também deve estar disposta a morrer continuamente.

∞ ∞ ∞

O que isso tem a ver com o século XXI? Vimos, com Agamben, que contemporâneo não é aquele que consegue enxergar à luz do dia, mas aquele que vê, nas sombras do presente, o brilho cintilante de algo que escapa, que foge, que pode não ser idêntico a si. Quantas vezes nos deparamos com uma citação de Lacan em que ele propõe que aquele que "não conseguir alcançar em seu horizonte a subjetividade de sua época" [deveria renunciar à prática da psicanálise] (Lacan, 1998, p. 332)? Mas quem poderia dizer hoje, sem impostura, qual é a subjetividade de nossa época, ou mesmo que época, afinal, é a nossa? Talvez o mais importante nessa passagem seja justamente o detalhe que parece passar despercebido: o horizonte. "Alcançar no horizonte" é uma imagem do impossível, como alcançar o pote de ouro na origem do arco-íris, ou aquele ponto no oceano em que o disco parece desabar. O horizonte a que o analista visa, sem nunca alcançá-lo, é o real, que faz da clareza do século um obstáculo.

Pertencer ao seu tempo não quer dizer coincidir ou se adequar às demandas do tempo presente. É preciso estar a certa distância, nem muito perto nem muito longe, para mergulhar nas trevas do presente. Sabendo que o presente é uma camada de temporalidades sobrepostas. Sabendo que a psicanálise nunca é muito adequada e, quando tenta ser, perde justamente seu gume.

Com efeito, não existe, a rigor, um ponto ótimo, uma distância segura ou, ao contrário, uma intimidade suficiente que nos permitisse descrever o século em que estamos com a acuidade e a precisão necessárias. Portanto, nem apocalipse nem messianismo; nem esperança nem temor. Os vagalumes, que, de fato, não desapareceram, ensinam-nos a arte da intermitência. Lampejos para dizer o que não se pode dizer, nas brechas de tempos sobrepostos. É o que se faz, cotidianamente, na psicanálise: nas brechas temporais que se abrem num ato falho, num sonho, numa lembrança fortuita, podemos escutar a palavra que fere, que inscreve um destino que parece inexorável, que marca uma vida, que cala um corpo. Recuperando a magia dessa palavra, sua *poiésis* própria, podemos, eventualmente, provocar uma declinação, um *clinâmen*, uma tangência, uma profanação. A palavra que fere também cura.

Encerro este primeiro volume apostando em que a própria psicanálise precisa se deixar fecundar pelas questões que o século XXI permitiu reabrir. Talvez a lição de Freud seja mais contemporânea do que gostamos de admitir. Talvez o contemporâneo seja menos moderno, ou até mesmo mais arcaico, do que gostamos de imaginar.

Infamiliar, nômade, errante, a psicanálise nasce a cada vez que um ser falante se entrega ao convite de falar livremente e encontra um psicanalista disposto a ouvi-lo nessa escuta tênue, que não é atenta nem dispersa, mas flutuante. Ela nasce quando um analista consegue devolver alguma cor e magia à empalidecida palavra. E ela nasce sempre disposta a morrer. Finito e infinito são figuras do infamiliar.

No final do século XX, a psicanálise era o avesso da biopolítica. Foi o que Éric Laurent sugeriu, um tanto tangencialmente, em 2016, no ocaso do século que demorou a acabar. Faz pouco tempo, e, no entanto, tudo parece tão distante. Mas o presente é um emaranhado de temporalidades. A psicanálise do século XXI deverá ir, declarada e decididamente, um pouco mais longe, realizando aquilo do destino que sempre foi o seu: ser o lugar em que os corpos silenciados podem falar em nome próprio. A psicanálise no século XXI será uma nuvem de vagalumes no século da necropolítica.

É o que veremos no próximo volume.

Referências

Agamben, G. *Homo sacer: o poder soberano e a vida nua I*. Belo Horizonte: Editora UFMG, 2002.

Agamben, G. *Nudez*. Belo Horizonte: Autêntica, 2014.

Agamben, G. *O aberto*. 2. ed. Rio de Janeiro: Civilização Brasileira, 2017.

Agamben, G. *Profanações*. São Paulo: Boitempo, 2007.

Agamben, G. *Signatura rerum: sobre o método*. São Paulo: Boitempo, 2019.

Altounian, J. *L'Écriture de Freud. Traversée traumatique et traduction*. Paris: Puf, 2003. (Col. Bibliothèque de psychanalyse).

André, J. *Vocabulário básico de psicanálise*. São Paulo: WMF Martins Fontes, 2015.

Appignanesi, L.; Forrester, J. *As mulheres de Freud*. Rio de Janeiro: Record, 2011.

Assoun, P.-L. *Dictionnaire des œuvres psychanalytiques*. Paris: Presses Universitaires de France – PUF, 2009.

Assoun, P.-L. *Metapsicologia freudiana: uma introdução*. Rio de Janeiro: Zahar, 1996.

Badiou, A. *Le Siècle*. Paris: Seuil, 2005.

Barthes, R. *O império dos signos* [1970]. 2. ed. São Paulo: Martins Fontes, 2016.

Bassols, M. A língua familiar. *Opção lacaniana*, n. 79, jul. 2018.

Bedê, H. *Entre fronteira e litoral: um percurso da recusa histérica aos testemunhos esporádicos do não-todo*. 2022. 105 f. Dissertação (Mestrado em Psicologia) – Faculdade de Filosofia e Ciências Humanas, Universidade Federal de Minas Gerais, Belo Horizonte, 2022.

Beer, P. *A questão da verdade na produção de conhecimento sobre sofrimento psíquico: considerações a partir de Ian Hacking e Jacques Lacan*. 2020. 265 f. Tese (Doutorado em Psicologia) – Instituto de Psicologia, Universidade de São Paulo, São

Paulo, 2020. DOI: https://doi.org/10.11606/T.47.2020.tde-28052020-185500.

Beer, P. *Verdade e sofrimento: ciência, psicanálise e a produção de sintomas*. São Paulo: Perspectiva, 2023.

Belilos, M. *Freud et le prix Nobel: une histoire impossible*. Paris: Éditions Michel de Maule, 2021.

Beradt, C. *Sonhos no Terceiro Reich*. São Paulo: Três Estrelas, 2017.

Bernstein, R. *Freud e o legado de Moisés*. Rio de Janeiro: Imago, 2000.

Borges, J. L. História universal da infâmia. [1935]. São Paulo: Companhia das Letras, 2016.

Brecht, B. A opera dos três vinténs. In BRECHT, B. *Teatro completo*. Rio de Janeiro: Paz e Terra, 1992. v. 3.

Bucci, E. *Incerteza, um ensaio: como pensamos a ideia que nos desorienta (e orienta o mundo digital)*. Belo Horizonte: Autêntica, 2023. (Ensaios).

Bulamah, L. C. *História de uma regra não escrita: a proscrição da homossexualidade masculina no movimento psicanalítico*. 2014. 465 f. Dissertação (Mestrado em Psicologia) – Instituto de Psicologia, Universidade de São Paulo, São Paulo, 2014.

Butler, J. *A força da não violência: um vínculo ético-político*. São Paulo: Boitempo, 2021.

Carroll, L. *Aventuras de Alice no país das maravilhas*. São Paulo: Editora 34, 2015. (Fábula).

Cassin, B. *Avec le plus petit et plus inapparent des corps*. Paris: Fayard, 2007.

Cassin, B. (coord.). *Dicionário dos intraduzíveis: um vocabulário das filosofias. Volume um: Línguas*. Organização de Fernando Santoro e Luisa Buarque. Belo Horizonte: Autêntica, 2018.

Castro, S. O unheimlich, o feminino e o retorno dos patriarcas. *In*: Antelo, M.; Gurgel, I. *O feminino infamiliar: dizer o indizível*. Belo Horizonte: Escola Brasileira de Psicanálise – MG, 2021.

Cazeto, S. J. *A constituição do inconsciente em práticas clínicas na França do século XIX*. São Paulo: Escuta, 2001.

Costa, J. F. *Violência e psicanálise*. Rio de Janeiro: Graal, 1984. 189 p. (Biblioteca de Psicanálise e Sociedade, 3).

Cottet, S. Prefácio. *In*: Koretsky, C. *O despertar: dormir, sonhar, acordar talvez*. Belo Horizonte: Autêntica, 2023. p. 15-20. (Psicanálise no Século XXI).

Deacon, T. *Incomplete Nature: How Mind Emerged from Matter*. New York: WW Norton & Company, 2013.

Deleuze, G. A Imanência: uma vida. *Educação & Realidade*, v. 27, n. 2, p. 10-18, 2002. Disponível em: https://seer.ufrgs.br/index.php/educacaoerealidade/article/view/31079. Acesso em: 3 nov. 2023.

Descartes, R. Meditações metafísicas [1641]. *In*: Civita, V. (ed.). *Descartes*. São Paulo: Abril Cultural, 1973. p. 81-150. (Os Pensadores).

Didi-Huberman, G. *Sobrevivência dos vaga-lumes*. Tradução de Vera Casa Nova e Márcia Arbex. Belo Horizonte: Editora UFMG, 2014.

Dumoulin, Q. Les dispositifs numériques en psychopathologie: nouvelles réalités du sujet et (auto)traitements dans la structure des psychoses. *Bulletin de Psychologie*, n. 575, p. 57-60, 2022. DOI: https://doi.org/10.3917/bupsy.575.0057.

Dunker, C.; Perrone, C.; Iannini, G.; Rosa, M. D.; Gurski, R. Apresentação. *In*: Dunker, C.; Perrone, C.; Iannini, G.; Rosa, M. D.; Gurski, R. (orgs.). *Sonhos confinados: o que sonham os brasileiros em tempos de pandemia*. Belo Horizonte: Autêntica, 2021a. p. 9-23.

Dunker, C.; Perrone, C.; Iannini, G.; Rosa, M. D.; Gurski, R. (orgs.). *Sonhos confinados: o que sonham os brasileiros em tempos de pandemia*. Belo Horizonte: Autêntica, 2021b.

Dunker, C; Iannini, G. *Ciência pouca é bobagem: por que psicanálise não é pseudociência*. São Paulo: Ubu, 2023.

Duras, M. *Escrever*. Tradução: Rubens Figueiredo. Disponível em: https://revistapolichinelo.blogspot.com/2017/04/escrever-marguerite-duras.html. Acesso em: 13 dez. 2023.

Ellenberger, H. *The Discovery of the Unconscious: The History and Evolution of Dynamic Psychiatry*. New York: Basic Books, 1970.

Faye, J. Backward Causation. *In*: Zalta, E. N. (ed.). *The Stanford Encyclopedia of Philosophy*. Spring 2021 Edition. Disponível em: https://plato.stanford.edu/archives/spr2021/entries/causation-backwards/. Acesso em: 3 nov. 2023.

Foucault, M. *As palavras e as coisas*. São Paulo: Martins Fontes, 1995.

Freitas, R. Cidadão de dois mundos. *In*: Freud, S. *O infamiliar [Das Unheimliche]; seguido de O Homem da Areia*. Belo Horizonte: Autêntica, 2019. p. 265-273. Edição bilíngue. (Obras Incompletas de Sigmund Freud; 8).

Freud, S. A análise finita e a infinita [1937]. *In*: *Fundamentos da clínica psicanalítica*. Belo Horizonte: Autêntica, 2016. p. 315-361. (Obras Incompletas de Sigmund Freud; 6).

Freud, S. A moral sexual "cultural" e a doença nervosa moderna [1908]. *In*: *Cultura, sociedade, religião: O mal-estar na cultura e outros ensaios*. Belo Horizonte: Autêntica, 2020. p. 65-97. (Obras Incompletas de Sigmund Freud; 9).

Freud, S. A negação [1925]. *In*: *O infamiliar [Das Unheimliche]; seguido de O Homem da Areia*. Belo Horizonte: Autêntica, 2019. p. 141-150. Edição bilíngue. (Obras Incompletas de Sigmund Freud; 8).

Freud, S. A questão da análise leiga. Conversas com uma pessoa imparcial [1926]. *In*: *Fundamentos da clínica psicanalítica*. Belo Horizonte: Autêntica, 2017. p. 205-313. (Obras Incompletas de Sigmund Freud; 6).

Freud, S. As pulsões e seus destinos (Triebe und Triebschichksale) [1915]. *In*: *As pulsões e seus destinos*. Belo Horizonte: Autêntica, 2013. p. 13-69. Edição bilíngue. (Obras Incompletas de Sigmund Freud; 2).

Freud, S. Carta a Fließ 242 [133] (19 de abril de 1900). *In*: *Fundamentos da clínica psicanalítica*. Belo Horizonte: Autêntica, 2017. p. 47-50. (Obras Incompletas de Sigmund Freud; 6).

Freud, S. *Conferências introdutórias sobre Psicanálise (1916-1917)*. São Paulo: Companhia das Letras, 2014. (Obras Completas; 13).

Freud, S. Considerações contemporâneas sobre a guerra e a morte [1915]. *In*: *Cultura, sociedade, religião: O mal-estar na cultura e outros ensaios*. Belo Horizonte: Autêntica, 2020. p. 99-135. (Obras Incompletas de Sigmund Freud; 9).

Freud, S. *Die Traumdeutung* [1900]. *In*: *Gesammelte Werke: chronologisch geordnet. II/III: Die Traumdeutung/Über den Tram.* Hrsg. v. A. Freud, E. Bibring, W. Hoffer, E. Kris und O. Isakower. Frankfurt am Main: S. Fischer Verlag, 1999. p. 1-643.

Freud, S. *A interpretação do sonho* [1900]. Tradução inédita de Maria Rita Salzano Moraes para a coleção Obras Incompletas de Sigmund Freud. No prelo.

Freud, S. Eine Schwierigkeit der Psychoanalyse [1917]. *In*: *Gesammelte Werke: Chronologisch geordnet. XII: Werke aus den Jahren 1917-1920*. Frankfurt am Main: S. Fischer Verlag, 1999.

Freud, S. *Gesammelte Werke: chronologisch geordnet*. Frankfurt am Main: S. Fischer Verlag, 1999.

Freud, S. Jenseits des Lustprinzips/Além do princípio de prazer [1920]. *In*: *Além do princípio de prazer [Jenseits des Lustprinzips]; seguido do dossiê Para ler Além do princípio de prazer.* Belo Horizonte: Autêntica, 2020. p. 57-220. (Obras Incompletas de Sigmund Freud; 10).

Freud, S. Luto e melancolia [1917]. *In*: *Neurose, psicose, perversão*. Belo Horizonte: Autêntica, 2016. p. 99-121. (Obras Incompletas de Sigmund Freud; 5).

Freud, S. Die Zerlegung der Psychischen Persönlichkeit [1933]. *In*: *Gesammelte Werke: chronologisch geordnet. XV: Neue Folge der Vorlesungen zur Einführung in die Psychoanalyse*. Frankfurt am Main: Fischer Verlag, 1999.

Freud, S. *O homem Moisés e a religião monoteísta* [1939]. Porto Alegre: L&PM, 2014.

Freud, S. O infamiliar/Das Unheimliche [1919]. *In*: *O infamiliar [Das Unheimliche]; seguido de O Homem da Areia*. Belo Horizonte: Autêntica, 2019. p. 27-125. Edição bilíngue. (Obras Incompletas de Sigmund Freud; 8).

Freud, S. O método psicanalítico freudiano [1905]. *In*: *Fundamentos da clínica psicanalítica*. Belo Horizonte: Autêntica, 2017. p. 51-61. (Obras Incompletas de Sigmund Freud; 6).

Freud, S. O Moisés, de Michelangelo [1914]. *In: Arte, literatura e os artistas*. Belo Horizonte: Autêntica, 2015. p. 183-219. (Obras Incompletas de Sigmund Freud; 4).

Freud, S. O poeta e o fantasiar [1908]. *In: Arte, literatura e os artistas*. Belo Horizonte: Autêntica, 2015. p. 53-68. (Obras Incompletas de Sigmund Freud; 4). Publicado anteriormente em: Duarte, R. *O belo autônomo: textos clássicos de estética*. Belo Horizonte: Autêntica, 2012.

Freud, S. *Projeto de uma psicologia* [1895]. Rio de Janeiro: Imago, 1995.

Freud, S. Quelques considérations pour une étude comparative des paralysies motrices organiques et hystériques [1893]. *In: Gesammelte Werke: chronologisch geordnet. I: Werke aus den Jahren 1892-1899*. Frankfurt am Main: S. Fischer Verlag, 1999.

Freud, S. Sobre a dinâmica da transferência [1912]. *In: Fundamentos da clínica psicanalítica*. Belo Horizonte: Autêntica, 2017. p. 107-120. (Obras Incompletas de Sigmund Freud; 6).

Freud, S. Sobre a psicogênese de um caso de homossexualidade feminina [1920]. *In: Neurose, psicose, perversão*. Belo Horizonte: Autêntica, 2016. p. 157-192. (Obras Incompletas de Sigmund Freud; 5).

Freud, S. Sobre o sentido antitético das palavras primitivas [1912]. *In: Neurose, psicose, perversão*. Belo Horizonte: Autêntica, 2016. p. 59-70. (Obras Incompletas de Sigmund Freud; 5).

Freud, S. Sobre tipos neuróticos de adoecimento [1912]. *In: Neurose, psicose, perversão*. Belo Horizonte: Autêntica, 2016. p. 71-81. (Obras Incompletas de Sigmund Freud; 5).

Freud, S. Tratamento psíquico (tratamento anímico) [1890]. *In: Fundamentos da clínica psicanalítica*. Belo Horizonte: Autêntica, 2017. p. 19-50. (Obras Incompletas de Sigmund Freud; 6).

Freud, S; Ferenczi, A. *Correspondance (1914-1919)*. Paris: Calmann-Lévy, 1996.

Frisch, M. Causation in Physics. *In*: Zalta, E. N. (ed.). *The Stanford Encyclopedia of Philosophy*. Spring 2022 Edition.

Disponível em: https://plato.stanford.edu/archives/spr2022/entries/causation-physics/. Acesso em: 3 nov. 2023.

Froes, H. *Rumo ao inconsciente psicanalítico: das origens do conceito às primeiras elaborações freudianas*. Lisboa: Placebo, 2013.

Gaffiot, F. *Dictionnaire latin-français* [1934]. Nouvelle édition revue et augmentée, dite Gaffiot 2016. Paris: Hachette, 2016.

Gay, Peter. *Freud: uma vida para o nosso tempo*. Rio de Janeiro: Cia das Letras, 1989.

Gislon, G. Z. Não atores e os sistemas: entrevista com Stefan Kaegi. *Conceição/Conception*, Campinas, v. 8, n. 2, p. 298-309, jul.-dez. 2019. Disponível em: https://periodicos.sbu.unicamp.br/ojs/index.php/conce/article/view/8656402/21888. Acesso em: 3 nov. 2023.

Gonzales, L. Racismo e sexismo na cultura brasileira. *Revista Ciências Sociais Hoje*, São Paulo, p. 223-244, 1984. Disponível em: https://edisciplinas.usp.br/pluginfile.php/4584956/mod_resource/content/1/06%20-%20GONZALES%2C%20L%C3%A9lia%20-%20Racismo_e_Sexismo_na_Cultura_Brasileira%20%281%29.pdf. Acesso em: 27 jul. 2023.

Guerra, A. M. C. *Sujeito suposto suspeito: a transferência psicanalítica no sul global*. São Paulo: n-1 edições, 2022.

Greco, M.; Ganz, L. (org.). *Desembola na Ideia: arte e psicanálise implicadas na vulnerabilidade juvenil*. Belo Horizonte: AIC, 2021. Primeira Parte: Ata.

Han, B.-C. *Sociedade do cansaço*. Petrópolis: Vozes, 2015.

Hansson, S. O. Science and Pseudo-Science. *In*: Zalta, E. N. (ed.). *The Stanford Encyclopedia of Philosophy*. Fall 2021 Edition. Disponível em: https://plato.stanford.edu/archives/fall2021/entries/pseudo-science/. Acesso em: 3 nov. 2023.

Hesse, M. *Revolutions and Reconstructions in the Philosophy of Science*. Bloomington: Indiana University Press, 1980.

Hoffmann, E. T. A. O Homem da Areia [1815]. *In*: Freud, S. *O infamiliar [Das Unheimliche]; seguido de O Homem da*

Areia. Belo Horizonte: Autêntica, 2019. p. 219-264. Edição bilíngue. (Obras Incompletas de Sigmund Freud; 8).

Hudson, R. *Language Networks: The New Word Grammar*. Oxford: Oxford University Press, 2007.

Hudson, R. *An Introduction to Word Grammar*. Cambridge: Cambridge University Press, 2010.

Iannini, G. *Estilo e verdade em Jacques Lacan*. Belo Horizonte: Autêntica, 2012.

Iannini, Gilson. Não há formalização sem restos: Frege com Lacan. *Revista Estudos Lacanianos*, v. 2, n. 3, p. 99-110, 2009.

Iannini, G.; Gerber, K. F.; Cárdenas, O. D. M.; Tvardovskas, L. S.; Rodrigues, G. H. "Presente": Tempo De Sonhar. *In*: Dunker, C.; Perrone, C.; Iannini, G.; Rosa, M. D.; Gurski, R. (orgs.). *Sonhos confinados: o que sonham os brasileiros em tempos de pandemia*. Belo Horizonte: Autêntica, 2021. p. 71-107.

Iannini, G.; Tavares, P. H. Freud e o infamiliar. *In:* Freud, S. *O infamiliar [Das Unheimliche]; seguido de O Homem da Areia*. Belo Horizonte: Autêntica, 2019. p. 5-16. Edição bilíngue. (Obras Incompletas de Sigmund Freud; 6).

Jaeger, J. V. *Psicanálise e surdez: reflexões acerca da escuta bilíngue em português e Libras*. 2023. Dissertação (Mestrado em Psicanálise) – Departamento de Psicologia, Universidade Federal do Rio Grande do Sul, Porto Alegre, 2023.

Jiménez, F. Warum die Psychoanalyse ein Comeback feiert. *Welt*, 1 März 2016. Disponível em: https://www.welt.de/gesundheit/psychologie/article152795956/Warum-die--Psychoanalyse-ein-Comeback-feiert.html. Acesso em: 25 set. 2023.

Katz, C. S. A clínica e o sofrimento; familiar e infamiliar. *In*: Katz, C. S. (org.). *Férenczi: história, teoria, técnica*. São Paulo: Editora 34, 1996. p. 121-148.

Kaufmanner, H. *Os mortos-vivos e a psicanálise: dos zumbis às formas contemporâneas do arrebatamento*. 2022. Tese (Doutorado em Psicologia) – Faculdade de Filosofia e Ciências Humanas, Universidade Federal de Minas Gerais, Belo Horizonte, 2022.

Kim, B.; Visser, E.; Phillips, E. Two Uncanny Valleys: Re-evaluating the Uncanny Valley Across the Full Spectrum of Real-world Human-like Robots. *Computers in Human Behavior*, v. 135, 107340, Oct. 2022. DOI: https://doi.org/10.1016/j.chb.2022.107340.

Kim, H.-S. The Uncanny Side of the Fairy Tale: Post-apocalyptic Symbolism in Terunobu Fujimori's Architecture. *The Journal of Architecture*, v. 21, n. 1, p. 90-117, 2016. DOI: 10.1080/13602365.2016.1142464.

Koretzky, C. *O despertar: dormir, sonhar, acordar talvez*. Belo Horizonte: Autêntica, 2023. (Psicanálise no Século XXI).

Koyré, A. *Estudos de história do pensamento científico*. Brasília: Forense Universitária, 1982.

Lacan, J. A ciência e a verdade [1965]. *In*: *Escritos*. Rio de Janeiro: Zahar, 1998. p. 869-892.

Lacan, J. Conférences dans les universités nord-américaines : le 2 décembre 1975 au Massachusetts Institute of Technology. *Scilicet*, n. 6-7, p. 53-63, 1975. Disponível em: https://ecole-lacanienne.net/wp-content/uploads/2016/04/1975-12-02.pdf. Acesso em: 26 jul. 2023.

Lacan, J. *Écrits*. Paris: Seuil, 1966.

Lacan, J. Entrevista de Jacques Lacan ao jornal *L'Express*. LavraPalavra, abr. 2021. Disponível em: https://lavrapalavra.com/2021/04/13/entrevista-de-jacques-lacan-ao-jornal-lexpress/. Acesso em: 3 nov. 2023.

Lacan, J. Lituraterra [1971]. *In*: *Outros escritos*. Rio de Janeiro: Zahar, 2003. p. 15-25.

Lacan, J. O aturdito [1972]. *In*: *Outros escritos*. Rio de Janeiro: Zahar, 2003. p. 448-497.

Lacan, J. O engano do sujeito suposto saber [1967]. *In*: *Outros escritos*. Rio de Janeiro: Zahar, 2003. p. 329-340.

Lacan, J. *O seminário, livro 6: O desejo e sua interpretação* [1958-1959]. Rio de Janeiro: Zahar, 2016.

Lacan, J. *O seminário, livro 10: A angústia* [1962-1963]. Rio de Janeiro: Zahar, 2005.

Lacan, J. *O seminário, livro 11: Os quatro conceitos fundamentais da psicanálise* [1964]. Rio de Janeiro: Zahar, 2008.

Lacan, J. *O seminário, livro 17: O avesso da psicanálise* [1969-1970]. Rio de Janeiro: Zahar, 1992.

Lacan, J. *O seminário, livro 18: De um discurso que não fosse do semblante* [1971]. Rio de Janeiro: Zahar, 2009.

Lacan, J. *O Seminário, livro 20: Mais, ainda* [1972-1973]. Rio de Janeiro: Jorge Zahar, 1985.

Lacan, J. *O seminário, livro 23: O sinthoma* [1975-1976]. Rio de Janeiro: Zahar, 2007.

Lacan, J. Subversão do sujeito e dialética desejo no inconsciente freudiano [1960]. *In: Escritos*. Rio de Janeiro: Zahar, 1998. p. 807-842.

Lacan, J. Une pratique de bavardage. *Ornicar?*, Paris, n. 19, 1979.

Latour, B. *Onde aterrar? Como se orientar politicamente no Antropoceno.* Rio de Janeiro: Bazar do Tempo, 2020a.

Latour, B. Por que a crítica perdeu a força? De questões de fato a questões de interesse. *O que nos faz pensar?*, v. 29, n. 46, 2020b. DOI: https://doi.org/10.32334/oqnfp.2020n46a748.

Laurent, É. *A batalha do autismo: da clínica à política.* Rio de Janeiro: Zahar, 2014.

Laurent, É. *O avesso da biopolítica: uma escrita para o gozo.* Rio de Janeiro: Contra Capa, 2016. (Opção Lacaniana; 13).

Ludwig, D.; Ruphy, S. Scientific Pluralism. *In*: Zalta, E. N. (ed.). *The Stanford Encyclopedia of Philosophy.* Winter 2021 Edition. Disponível em: https://plato.stanford.edu/archives/win2021/entries/scientific-pluralism/. Acesso em: 3 nov. 2023.

Martin, N. *Escute as feras.* São Paulo: Editora 34, 2021.

Mbembe, A. *Crítica da razão negra.* São Paulo: n-1 edições, 2020a.

Mbembe, A. *Políticas da inimizade.* São Paulo: n-1 edições, 2020b.

McDougall, J. Quelles valeurs pour la psychanalyse?. *Revue Française de Psychanalyse*, v. 52, n. 3, p. 585-612, 1988.

Miller, J.-A. *De la naturaleza de los semblantes*. Buenos Aires: Paidós, 2011.

Miller, J.-A. *Elementos de biologia lacaniana*. Belo Horizonte: Escola Brasileira de Psicanálise – MG, 2001.

Miller, J.-A. *Extimidad* [1985-1986]. Buenos Aires: Paidós, 2010.

Miller, J.-A. Jacques Lacan e a voz. *Opção Lacaniana Online*, ano 4, n. 11, p. 1-13, 2013. Disponível em: http://www.opcaolacaniana.com.br/pdf/numero_11/voz.pdf. Acesso em: 25 jul. 2023.

Miller, J.-A. Ler um sintoma. *Afreudite – Revista Lusófona de Psicanálise Pura e Aplicada*, Lisboa, v. VII, n. 13-14, 2011, p. 1-30. Disponível em: https://recil.ensinolusofona.pt/jspui/bitstream/10437/4347/1/ler%20um%20sintoma.pdf. Acesso em: 25 jul. 2023.

Miller, J.-A. O inconsciente e o corpo falante. *Scilicet: o corpo falante – Sobre o inconsciente no século XXI*. São Paulo: Escola Brasileira de Psicanálise, 2016.

Monteiro, J. M. *O que a Esfinge ensina a Édipo: sobre os limites de interpretação na arte contemporânea*. Rio de Janeiro: Ape'ku, 2021.

Moreira, A. J. *Cidadania sexual: estratégia para ações inclusivas*. Belo Horizonte: Arraes, 2017.

Moreira, C. M. S. *Servir-se do pai: uma leitura de "O homem Moisés e a religião monoteísta"*. 2014. 227 f. Tese (Doutorado em Teoria Psicanalítica) – Instituto de Psicologia, Universidade Federal do Rio de Janeiro, Rio de Janeiro, 2014.

Mori, M. 不気味の谷 [*Bukimi no tani genshō*]. *Energy*, v. 7, n. 4, 1970, p. 33-35.

Mori, M. La Vallée de l'étrange [1970]. *Gradhiva* [en ligne], n. 15, p. 36-33, 2012. DOI: https://doi.org/10.4000/gradhiva.2311.

Mori, M. The uncanny valley. Translated by MacDorman, K. F.; Kageki, Norri. *IEEE Robotics and Automation*, New York City:

Institute of Electrical and Electronics Engineers, v. 2, n. 19, p. 98-100. doi:10.1109/MRA.2012.2192811.

Nancy, J.-L. *L'Intrus* [2000]. Nouvelle édition augmentée de deux post-scriptum de l'auteur (2005; 2010). Paris: Éditions Galilée, 2010.

Nancy, J.-L. Vivemos em um mundo inteiramente unheimlich [1993]. *Correio*, n. 82, p. 11-28, out. 2019.

Nodari, A. "Tornar-se": notas sobre a "vida secreta" de Clarice Lispector. *Clarice Lispector*, 21 dez. 2017. Disponível em: https://site.claricelispector.ims.com.br/2017/12/21/tornar-se-notas-sobre-a-vida-secreta-de-clarice-lispector/. Acesso em: 21 jul. 2023.

O'Connor, T. Emergent Properties. *In*: Zalta, E. N. (ed.). *The Stanford Encyclopedia of Philosophy*. Winter 2021 Edition. Disponível em: https://plato.stanford.edu/archives/win2021/entries/properties-emergent/. Acesso em: 3 nov. 2023.

Paré, Z. Esthétiques de la manipulation. *Gradhiva* [en ligne], n. 15, p. 120-143, 2012. DOI: https://doi.org/10.4000/gradhiva.2350.

Pelbart, P. P. *Pandemia crítica: inverno 2020*. São Paulo: Edições SESC; n-1 edições, 2021.

Pontalis, J.-B.; Mango, E. B. *Freud com os escritores*. São Paulo: Três estrelas, 2013.

Pontalis, J.-B. Preface. *In*: Freud, S. *Un souvenir d'enfance de Léonard de Vinci*. Paris, Gallimard, 1991.

Rancière, J. *O inconsciente estético*. São Paulo: Editora 34, 2009.

Rancière, J. *O ódio à democracia*. São Paulo: Boitempo, 2014.

Ribeiro, S. *O Oráculo da noite: a história e a ciência do sonho*. São Paulo: Cia das Letras, 2019.

Rimini Protokoll. *Unheimliches tal*. Alemanha, 2018. Teatro. Disponível em: https://www.rimini-protokoll.de/website/en/project/unheimliches-tal-uncanny-valley. Acesso em: 02/02/2024.

Rodrigues, C. *Duas palavras para o feminino: hospitalidade e responsabilidade. Sobre ética e política em Jacques Derrida*. Rio de Janeiro: NAU, 2013.

Rodrigues, C. *O luto entre clínica e política: Judith Butler para além do gênero*. Belo Horizonte: Autêntica, 2021. (Filô Margens).

Rosa, M. *Por onde andarão as histéricas de outrora?* Belo Horizonte: ed. da autora, 2019.

Roudinesco, E. *Retorno à questão judaica*. Rio de Janeiro: Jorge Zahar, 2010.

Roudinesco, E. *Sigmund Freud na sua época e em nosso tempo*. Tradução de André Telles. Rio de Janeiro: Zahar, 2016.

Said, E. W. *Freud e os não-europeus*. São Paulo: Boitempo, 2004.

Santiago, J. Letra: rasura de traço algum que seja anterior. *Curinga*, n. 55, p. 49-60, jul. 2023.

Santoro, F. Intradução. *In*: Cassin, B. (coord.). *Dicionário dos intraduzíveis: um vocabulário das filosofias. Volume um: Línguas*. Organização de Fernando Santoro e Luisa Buarque. Belo Horizonte: Autêntica, 2018.

Schwarcz, Lilian. *Quando acaba o século XX*. São Paulo: Companhia das Letras, 2020.

Searle, J. *Mente, linguagem e sociedade*. Rio de Janeiro: Rocco, 2000.

Schönau, W. Sigmund Freud Prosa. *Literarische Elemente seines Stils*. Stuttgart: Metzler, 1968.

Simanke, R. Fontes científicas: Um reino de possibilidades ilimitadas. *In*: Freud, S. *Além do princípio de praz*er [*Jenseits des Lustprinzips*]; seguido do dossiê "Para ler Além do princípio de prazer". Belo Horizonte: Autêntica, 2020. p. 57-220. (Obras Incompletas de Sigmund Freud; 10).

Souza, M. W. L. *O inconsciente e a língua de sinais: a não-exclusividade da dimensão sonora na constituição do sujeito*. 2021. 252 f. Tese (Doutorado em Psicologia) – Faculdade de Filosofia e Ciências Humanas, Universidade Federal de Minas Gerais, Belo Horizonte, 2021.

Souza, N. S. O estrangeiro: nossa condição [1998]. *In: Tornar-se negro: ou as vicissitudes da identidade do negro brasileiro em ascensão social*. Rio de Janeiro: Jorge Zahar, 2021.

Strachey, J. Nota do editor inglês: Warum Krieg. *In*: Freud, S. *Edição Standard brasileira das Obras psicológicas completas de Sigmund Freud*. Rio de Janeiro: Imago editora, 1980. v. XXII.

Taminato Hara, E. *Psicanálise e escrita japonesa: os japoneses precisam de análise ou a psicanálise precisou dos japoneses?*. 2022. 119 f. Dissertação (Mestrado em Psicologia Clínica) – Instituto de Psicologia, Universidade de São Paulo, São Paulo, 2022.

Teixeira, A. Le Savoir y faire de la gambiarra. *Revista aSEPHallus de Orientação Lacaniana*, v. 17, n. 34, p. 82-91, 2022.

Van Haute, P.; Geyskens, T. *Psicanálise sem Édipo? Uma antropologia clínica da histeria em Freud e Lacan*. Belo Horizonte: Autêntica, 2016.

Veras, M. *A cientista e o ornitorrinco*. 2023. Inédito.

Vieira, M. A. *A escrita do silêncio (voz e letra em uma análise)*. Rio de Janeiro: Subversos, 2018.

Vieira, M. A. Meus dias de branco. *Derivas Analíticas*, n. 18, 2022. Disponível em: https://www.revistaderivasanaliticas.com.br/index.php/dias-de-branco. Acesso em: 27 jul. 2023.

Vieira, M. A. O analista e as cidades. *In*: Vieira, M. A. *Restos: uma introdução lacaniana ao objeto da psicanálise*. Rio de Janeiro: Contra Capa, 2008. p. 135-141.

Vieira, M. A. O Japão de Lacan. *Latusa*, Rio de Janeiro, v. 8, p. 35-39, 2003.

Whitworth, G. AI Generated Faces Are More Trustworthy Than Real Faces Say Researchers Who Warn of "Deep Fakes". *Neuroscience News*, Lancaster University, Feb. 14, 2022. Disponível em: https://neurosciencenews.com/ai-generated-faces-trust-20071/. Acesso em: 24 jul. 2023.

Zupančič, A. *O que é sexo?*. Belo Horizonte: Autêntica, 2023. (Psicanálise no Século XXI).

Agradecimentos

Este livro é inspirado em Jeferson Machado Pinto, quem mais me desvirtuou nos caminhos da formação analítica. Foram mais de duas décadas de cumplicidade alegre, compartilhadas em quilômetros e quilômetros em volta da Lagoa, regados a suco de abacaxi com coco, gengibre e hortelã, dos quais ainda sinto o sabor. Entre outras coisas, Jef ensinou a diferença entre a doença entrar na pessoa e a pessoa entrar na doença. Ele me ensinou que a psicanálise é feminina e singular.

Agradeço a meus novos interlocutores jovens. O que aprendi com a orientação das dissertações e teses não tem tamanho: Vinícius Moreira Lima e Henri Kaufmanner são interlocutores decisivos deste livro. Ao inigualável Jean Dyêgo Gomes Soares, que lê em mim mais do que eu. Ao Fillipe Dória Mesquita, pela disposição e pela inteligência. A Bernardo Sollar Godoi, pelas aulas de epistemologia e pelo cuidado na revisão das referências bibliográficas. Ao jovem Marcus André Vieira, que está sempre duas ou três casas à frente de tudo. Ao Pedro Heliodoro Tavares, pela parceria nessa aventura de traduzir e editar Freud no Brasil. Agradeço ainda a Maria Rita Salzano Moraes, por seu rigor e vigor na tradução de Freud.

Agradeço também ao amigo Antônio Teixeira, que me apresentou duas das principais categorias empregadas em minha leitura de Freud: método paradigmático e classe paradoxal, além de sua original contribuição à psicanálise brasileira: a gambiarra. Obrigado, ainda, a Romero Freitas e Ernani Chaves, também sempre companheiros nos labirintos do alemão, língua que cada vez desconheço mais. Às jovens leitoras Julia Somberg, Dalila Amorin e Marina Fraga. A Júlia Werneck, pelo livro dos Vagalumes. Ao jovem Musso Greco, cúmplice. A Andrea Guerra, parceira de aventuras. A Sueli Souza dos Santos, que me mostrou alguns labirintos, numa interpretação decisiva. A Ricardo Augusto, pelo reencontro. A Alexandre Barbosa, pela interlocução sobre imunologia. Ao sensei Diogo César Porto da Silva, que me ajudou com os ideogramas japoneses. A Cleyton Andrade, de coração. A João Pedro Campos, que me ajuda com assuntos de IA. A Anamaris, pelo eterno aconchego e pela mulher-urso. Às mulheres que me escutaram: Cristina Drummond, que, quando tentei recomeçar uma análise depois de 10 anos, convidou-me para um café; Leila Mariné, que, ao me indicar para compor um cartel do passe, fez-me decidir pela clínica de uma vez por todas; Fernanda Otoni, que me escuta desde o furo. A Jurandir Freire Costa, pela orelha.

A Carla Rodrigues, por sua generosidade e sua parceria durante os tempos mais duros da pandemia. A Christian Dunker, pela generosidade. A Jésus Santiago, pelo entusiasmo. Aos alunos e pesquisadores do coletivo Sonhos Confinados, por se aventurarem comigo nesse sonho compartilhado. À Rejane, pela aposta. À equipe da Autêntica Editora, sempre tão afiada, especialmente Cecília, Diogo, Betinho, Rafa e Núdia.

Ao meu irmão, Luis Augusto, que tanto admiro. Ao meu pai, a quem devo os livros, o piano, as línguas, a alegria.

Origem dos textos

Escrevi este livro sozinho, mas não sem alguns outros. Na composição do volume, reuni textos escritos em parcerias várias, com amigos, colegas, professores e alunos. Inicialmente, fantasiei restituir minhas elaborações próprias e afastar ao máximo as contribuições de outros autores. A certa altura, no entanto, percebi que isso não era mais possível. Que meu jeito de pensar e de escrever tinha sido indelevelmente contaminado por esses outros, sendo muitas vezes impossível determinar o que era "meu" no meu texto.

À exceção do prólogo ("De peito aberto"), todos os demais contêm marcas profundas da leitura minuciosa de Vinícius Moreira Lima, cujos inúmeros comentários à margem do arquivo foram sendo incorporados, com seu consentimento, à malha do texto, até se tornarem tão orgânicos que migraram da margem ao coração do arquivo. Às vezes, uma frase, uma citação, às vezes um ou dois parágrafos até chegar a uma ou duas páginas inteiras. Aceitei de bom grado várias sugestões de suprimir ou deslocar trechos substantivos para os volumes vindouros.

Quanto à língua de Freud, já não consigo me separar das inestimáveis contribuições de Pedro Heliodoro Tavares, coautor de tantas linhas nos textos de prefácios, notas editoriais e demais paratextos que preparamos para a coleção

Obras Incompletas de Sigmund Freud. Na listagem a seguir, mesmo sabendo impossível, tento reconhecer as contribuições de cada um a este livro. Mas, em todos os casos, assumo inteira e solitariamente a responsabilidade pelas perspectivas aqui defendidas. Muitos capítulos ou partes deles foram apresentados em diversos eventos, presenciais e virtuais, pelo país. Agradeço pela acolhida, pelas reverberações e, especialmente, pelas críticas.

De peito aberto é inédito.

Biblioteca, labirinto, extimidade é, na maior parte, inédito, mas retoma trechos extraídos de "Intimus Extimus", que publiquei em http://www.ebp.org.br/a-diretoria-na-rede/extimidade-extimus-intimus-gilson-iannini/.

O corpo na biblioteca é inédito.

Quanto tempo dura um século? é composição inédita. Retoma trechos autorais de "Sobre amor, sexualidade, feminilidade", escrito em parceria com Pedro Heliodoro Tavares e publicado em Freud, S. *Amor, sexualidade, feminilidade*. Belo Horizonte: Autêntica, 2018. (Obras Incompletas de Sigmund Freud). Há colaborações incidentais de Pedro Heliodoro Tavares.

Vinte e um é inédito.

Psicanálise entre ciência e arte era inédito até dezembro de 2023, quando emprestei parte da argumentação a um capítulo de *Ciência pouca é bobagem: por que psicanálise não é pseudociência* (Ubu, 2023), escrito em parceria com Christian Dunker. Apenas uma pequena parte do texto havia sido publicada anteriormente como "Atitude científica e pensamento estético em Freud" em *Viso: Cadernos de Estética Aplicada*, v. 19, p. 111-121, 2016, que, mesmo assim, foi bastante reformulada para este livro. A seção acerca do cofuncionamento de fatores constitucionais e acidentais foi escrita em grande parte com Vinícius Moreira Lima.

Intersecções freudianas é inédito, embora retome algumas notas editoriais do texto "Moral sexual 'cultural' e doença nervosa moderna", publicado no volume Freud, S. *Cultura, sociedade, religião: O mal-estar na cultura e outros ensaios*. Belo Horizonte: Autêntica, 2020. (Obras Incompletas de Sigmund Freud).

O que é psicanálise? é inédito. Retoma trechos do texto de Apresentação – também escrito em parceria com Pedro Heliodoro Tavares – do volume Freud, S. *Fundamentos da clínica psicanalítica*. Belo Horizonte: Autêntica, 2016. (Obras Incompletas de Sigmund Freud).

Magia empalidecida é, na maior parte, inédito, embora retome ideias dispersas em várias notas editoriais da Coleção Obras Incompletas de Sigmund Freud.

Heresias, minimalismo é inédito.

Pulsões, fronteiras, litorais e **Indeterminação pulsional** retomam partes substantivas de "Epistemologia da pulsão: fantasia, ciência, mito", em Freud, S. *As pulsões e seus destinos*. Belo Horizonte: Autêntica, 2014. Edição bilíngue. (Obras Incompletas de Sigmund Freud).

Corpo falado, corpo falante é inédito.

Para que serve uma análise? é composição inédita. A primeira parte aproveita trechos de notas do editor publicadas por mim no volume Freud, S. *Fundamentos da clínica psicanalítica*. Belo Horizonte: Autêntica, 2016. (Obras Incompletas de Sigmund Freud).

Sonhos litorais foi quase completamente reescrito, a partir de três fontes principais. A introdução foi reescrita por mim, a partir de um texto a quatro mãos publicado com Rose

Gurski. **Sonhos infamiliares** foi reescrito por mim, mas pode conter traços de escrita de Ana Cláudia Castello Branco Rena, Ana Luisa Sanders Britto, André Gil Alcon Cabral, Débora Ferreira Bossa, Fídias Gomes Siqueira, Gustavo Andrade Soares, Isa Gontijo Moreira, Juliana de Moraes Monteiro e Olívia Ameno Brun (em Dunker, C.; Perrone, C.; Iannini, G.; Rosa, M. D.; Gurski, R. (org.). *Sonhos confinados: o que sonham os brasileiros em tempos de pandemia*. Belo Horizonte: Autêntica, 2021). **Sonhos artificiais** foi escrito por mim e por João Pedro Campos, que ainda realizou toda a parte relativa ao aprendizado de máquina IA. **Despertar** é inédito.

Sonhos desmascarados é inédito e fruto de pesquisa coletiva. A presente versão foi bastante reescrita. Contém traços de escrita e contribuições autorais de várias pessoas: Ana Lima; Ana Paula Araki; Carla Rodrigues; Dalila Amorin; Edson Salles El Ghazzaoui Malvar; Enrico Martins Poletti Jorge; Lucas Alves; Juliana de Moraes Monteiro; Renan Marinho; Paulo Henrique Vieira de Jesus; Pedro Furtado; Raíssa Emmerich; Victor Sidartha Mandelli Noujeimi. A coordenação da pesquisa e a redação final são minhas. A seção intitulada **Redes** foi escrita em parceria com Ricardo Augusto de Souza e Flávia Alvarenga coautores dessa passagem.

Mas, afinal, o que é o infamiliar? e **Generalização contemporânea do infamiliar** são, ambos, composições inéditas, embora reproduzam partes substanciais de "Freud e o infamiliar", escrito em parceria com Pedro Heliodoro Tavares e publicado em Freud, S. *O infamiliar [Das Unheimliche]; seguido de O Homem da Areia*. Belo Horizonte: Autêntica, 2019. (Obras Incompletas de Sigmund Freud). Outra parte foi publicada em "O feminino infamiliar", em Antelo, M.; Gurgel, I. *O feminino infamiliar: dizer o indizível*. Belo Horizonte: Escola Brasileira de Psicanálise, 2021.

Bem-vindos ao vale infamiliar! é um texto inédito. Ouvi falar pela primeira vez do *uncanny valley* em uma intervenção de Caique Belchior. Contém contribuições autorais significativas de João Pedro Campos, especialmente no que toca à robótica e à IA. Diogo César Porto da Silva forneceu uma verdadeira aula sobre as palavras japonesas e as referências estéticas de Mori.

Vagalumes é inédito. Deve muito, se não tudo, a Claudia Moreira.

Este livro foi composto com tipografia Adobe Garamond Pro e
impresso em papel Off-White 70 g/m² na Formato Artes Gráficas.